一把龍椅上
禪來禪去的歷史

司馬昭之心、趙匡胤之袍、孺子嬰之死、宇文氏之亂……
為求名正言順，「篡位」也可以講成「禪位」！

張程 —— 著

所謂的「禪讓」，其實一點也不民主？
為了鞏固政權合法性，動刀動槍也要裝出和平的局面？

司馬昭之心 × 杯酒釋兵權 × 新莽篡漢室 × 陳霸先開國……
他們的 os 是：雖然我搶了皇位，但也要體面的口碑！

目錄

目錄

前言

禪讓對現代讀者來說可能是個陌生的名詞。

古代帝王之間一方和平、自願地將最高權力轉讓給另外一方，這就叫做禪讓。與金戈鐵馬般的武力搏殺不同，禪讓能夠在傳國玉璽交接的一剎那間讓一個帝國結束，同時誕生另一個帝國。那一瞬間，一個帝王黯然神傷地交出了璽綬，一個臣子頃刻之間成了「萬國衣冠拜冕旒」的天子。身分瞬間置換，山河隨即變色。

讓出最高權力的一方的舉動叫做禪位，接受最高權力的那一方的舉動叫做受禪。雙方在一個叫做受禪臺的平壇上舉行隆重的禪讓典禮。古代中國從第一個皇帝秦始皇到末代帝王宣統宣布退位，除了秦、兩漢及元、明、清等少數幾個王朝外，其餘的大王朝都是以禪讓的方式獲得政權的。本書就是從禪位與受禪的角度看中國的王朝史，尤其是亂世開國史。在書中，讀者能夠看到高風亮節，也能看到道貌岸然；能夠看到神情怡然，又能看到咬牙切齒。我們既關注輝煌燦爛的禪讓大典，也關注禪讓背後的故事與傳說。

張鳴先生在〈騙術與禪讓〉一文中說道：「禪讓是中國古代傳說中只有聖賢之君才能操練的一種繼承之法。傳說畢竟是傳說，按顧頡剛的說法，古史是累層堆積起來的，傳說中實行禪讓的堯舜，這兩個人事實上有沒有還是個問題，更何況禪讓？即便是有，按另一些人的說法，也不過是因為這些賢君其實不過是部落酋長，或者部落聯盟的領袖，工作操勞有餘，實惠不足，所以樂於讓出來。」

張鳴先生指出了原始禪讓的深層含義。第一，禪讓是少數人的遊戲。並不是所有的人都能參與禪讓過程，具有受禪的資格的。作為古代

權力結構演變的過渡形態，禪位和受禪是少數權力既得者的遊戲。在整個過程中，真正能發揮作用的是四嶽等部落首領的意見。而其中的「大佬」，比如堯舜的決定、部落聯盟首領的個人意見則是至關重要的。可見禪讓過程中的民主程度非常有限。普通百姓始終是禪讓過程的看客。這可能會使那些將禪讓與民主緊密連繫在一起的讀者失望了。

第二層意思是在禪讓盛行之時，被禪讓的權力附帶的利益是負的。也就是說，遠古的權力擁有者是真正的公僕。堯當上部落聯盟的首領，和大家一樣住茅草屋，吃糙米飯，煮野菜作湯，夏天披件粗麻衣，冬天只加塊鹿皮禦寒，衣服、鞋子不到破爛不堪絕不更換。老百姓擁護他，是因為他的確操行出眾，真的為百姓做了實事好事。與後世不同，堯舜不能從手中的最高權力裡獲得絲毫個人利益。當權力意味著付出，當在位意味著服務的時候，相信之後熱衷禪讓的政治人物都會望而卻步。

禪讓的劇本一再上演卻是因為政治人物需要利用人們對禪讓顧名思義的好感和莫名的擁護，來為權力轉移遮掩裝飾。權力轉移的方式很多。現在呼聲最高的形式是民主選舉。遺憾的是選舉在實踐中也常常選舉出庸才上臺。體制外的人們習慣於以暴力革命成功改朝換代。但是這樣的形式以無數人的鮮血洗滌神州大地，代價也太慘重了。體制內的權力既得者推崇平和的世襲方式。這是中國歷史上所採取的最普遍的方式：以血緣關係作為唯一的標準。遺憾的是，世襲方式雖然震盪小，但是產生的絕大多數新權力者，其修養才幹實在不敢恭維。除了這三種方式，政治陰謀是剩餘的選擇。不同種類、不同階層的人們都在內心青睞它。

在中國歷史上，許多權力交接都是透過禪讓完成的。禪讓能以少流血、不流血的方式完成政權的交替，可以最大限度地保持國家政治經濟的穩定，最大限度地維持政治經濟的連續性和平穩性。要達成這樣的效果，最關鍵的是往受讓者臉上貼金，增加繼位者在血緣、操行、能力和

功績等方面的光彩。一來老百姓相信這些、推崇這些；二來它們畢竟是既有體制在臺面上的遊戲規則。

金戈鐵馬的歷史的確令人熱血沸騰，但歷史上的政治變更多數還是以水到渠成的和平方式完成的。

歐洲的王位繼承和改朝換代遠比中國要頻繁和複雜。其中的陰謀不勝列舉。與東方不同，歐洲王朝是承認女性繼承權的。因此野心家、篡位者特別喜歡迎娶權力擁有者的女兒、姐妹，甚至遺孀。如果在位的掌權者實在沒有這些女性血緣關係，野心家和篡位者們就會搖身變換成前者的堂兄弟、表兄弟、侄子、外孫、外甥等。只要能在血緣上向現存王朝上靠攏，他們不惜背棄自己真正的祖先。實在不行，那就只能請教皇出來給自己加冕了。這樣也能在宗教上為自己加上神聖的光環。當然，如果你能在血緣和宗教兩方面給自己貼金就最好了。

與歐洲不同，中國是一個非常講究正統、更加講究父權的國家。名不正則言不順。由此我們就不難理解為什麼中國古代歷史上的政治人物發明了中國式的禪讓制度。

當初，曹丕受禪後，非常客氣地對劉協說：「天下之珍，吾與山陽共之。」意思就是說，天下的珍寶財富，我都和你山陽公（劉協禪讓後的封號）共享。（權力是珍寶財富之源，當然不算在珍寶財富之類。）那麼劉協是不是真的共享到了所謂的「天下之珍」呢？不得而知。文人色彩濃厚的曹丕是相對客氣仁慈的。仁慈永遠是強者的特權。禪讓和受禪是實力對比的客觀結果。事實上，實力的天平早已傾斜向了受禪者，禪讓者往往「非禪不可」了。實力才是這一套遊戲的主導語。

最後，用石勒的一段話來結束前言：

「大丈夫行事當磊磊落落，如日月皎然，終不能如曹孟德、司馬仲達父子，欺他孤兒寡婦，狐媚以取天下也。」

從一代完人到禪讓導演

　　燈下讀王莽，最令人頭痛。因為我們後來人常常搞不清楚王莽到底是個失敗的、品行高潔的理想主義者，還是個沽名釣譽、結黨營私的陰謀家。中國通常有以成敗論英雄的思想習慣，王莽被多數現代人認為是奸詐的竊國大盜。這位沒有牢固權力基礎的外戚只能在道德上為自己爭取分數，結果導演了一場有驚人的情節、感動的淚水、洶湧的掌聲，並夾雜著絲絲血光的大戲。

親生兒子的代價

西元前三年，一個驚人的消息在長安官場上傳播：新都侯王莽的兒子王獲自殺了！

王獲是王莽的第二個兒子，平常也沒有特別突出的表現，因此並不受朝野的矚目。王莽對這個兒子並不怎麼重視。直到有一天王莽外出，得知自己的次子在幾天前殺死了一個家奴。

西漢末年，貴族官僚家中豢養著許多奴婢僕人。這些家奴地位低下，待遇惡劣，還經常受到虐待甚至殺戮。奴婢問題成為困擾朝廷的一大難題。但是官府對越來越多的家奴被殺事件卻視若無睹，並不追究。王莽完全可以和其他貴族官僚一樣，將兒子殺家奴這件事大事化小，小事化無。憑藉王家的勢力，也不會有人抓住這樣的小事大做文章的。

但是王莽沒有這麼做，反而是召集了所有的家人和奴婢下人，公開責罵王獲。王莽怒斥兒子說：「我們王家一向寬厚友善，家風嚴謹。父親我在朝廷的時候就力主解決奴婢問題，強烈反對虐殺家奴。朝廷體恤王家，如今讓我歸隱封地安度餘生，我更應該身體力行，在封地內寬待家奴，做天下表率。現在你竟然做出這樣殘忍不法的行為，我們王家還怎麼容得下你！」

王獲剛要申辯，王莽便用更加嚴厲的話語截住他：「今天有天地在此，在場人人為證。獲兒，你自盡吧！用你的生命償還冤魂的委屈，洗刷王家蒙受的羞。」

王獲嚇得說不出話來。貴族殺害家奴即使嚴格按照朝廷律法來辦，通常只是判罰錢出役，最多也就是削官去爵，萬萬是不會要了他的性命的。王獲簡直不敢相信父親的決定。直到看到家人遞過來的利劍，他才

知道這一切都是真實的。在父親嚴酷的眼神逼視下，王獲不得不在當天自殺謝罪。

王家發生的這一幕震驚了朝野。它彷彿是射向弊端的一道閃電，照亮了黑暗已久的朝政。百姓們口耳相傳，讚揚王莽是如何地體恤下人、嚴以律己，與其他作威作福的貴族官僚是如何的不同。官員們在自省的同時，也對王家的家風和王莽的品行表示佩服。對王莽的好感從新都開始擴散，一直傳播到全國各地。

兩年前，王莽被排擠出京都長安的時候，就有人替他打抱不平。在封國的三年時間裡，王莽結交儒生，克己節儉，以身作則，處處閃現著耀眼的道德光芒。而在長安得勢的傅氏和丁氏外戚家族，一人得道，雞犬升天。兩家的人充斥朝廷上下，將朝政弄得烏煙瘴氣。人們有充分的理由相信王莽是被小人排擠出政治舞臺的，而要改變黑暗現狀的辦法就是重新由王莽主政。大義滅親後，要求替王莽平反，招回朝堂的呼聲和上書開始此起彼伏，並日漸形成高潮。一些人不僅為王莽鳴冤叫屈，甚至辭官不做以示抗議。

為了堵住眾人之口，在位的小皇帝劉欣謀劃著以王莽的姑姑太皇太后王政君的名義把王莽重新召回京師，讓他在京師賦閒了事。元壽元年（西元前二年），長安發生日食。皇帝按例召賢良詢問日食原因和對策。周護、宋崇等人在廷議的時候大力稱頌王莽的功德，認為日食是上天對朝廷外貶王莽的警示。朝廷於是正式徵王莽返回京師。不久，王莽重新回到了西漢的政治中心，重登權力舞臺。

回顧大義滅親的整個過程，後人常常為王獲感到可惜。他就必須要以死來為殺奴事件負責任嗎？答案是肯定的。因為王莽之前替自己樹立的道德標準太高了——圍繞在他身上的道德光芒和人們對他的政治期待使他不得不殺死兒子，來延續自己的道德和政治生命。要理解這一難

題，我們的故事還得倒退到王莽的身世說起。

王莽出身於漢朝末期赫赫有名、權勢熏天的外戚王家。

王家的興起是由於女兒王政君。王政君曾許配過兩次人家，每次都是還沒過門丈夫就亡故了。家長找算命先生幫她算命，算命先生胡謅了一句「此女貴不可言」王家卻篤信不疑，就不再將王政君許配別人，而是教她習文識字，坐等富貴。巧了，十八歲時王政君被選入宮，沒幾天又被選中去陪伴因為喪妻而悲傷欲絕的太子劉奭。王政君只和太子相伴一晚，就懷了孕，並且生下了皇長孫劉驁。劉奭即位後就是漢元帝，立劉驁為太子，冊封王政君為皇后。漢元帝雖然不喜歡王政君，但對王家還是盡到了禮數，封侯拜相，使王家出現了「五將十侯」的赫赫權勢局面。王家的權勢使王莽獲得極高的政治起點。

漢元帝死後，年幼的劉驁登基，成為漢成帝。皇太后王政君輔政。王政君為了牢固掌握政權，將信任和希望都寄託到兄弟身上。王政君有八個兄弟，除了弟弟王曼早死外，其他七個都被封為侯。其中最大的兄弟王鳳被封為大司馬、大將軍，執掌朝政。王家權勢熏天。

王家所屬的外戚群體是帝國政界中特殊的一群人。他們的政治根基就是家族與皇室聯姻的那個女人。當皇帝年幼，需要母系親屬輔政的時候，外戚就能升入朝堂。短時間的地位差距劇變產生的心理落差和權力誘惑，常常讓外戚們無所適從。一般而言，外戚們在主政前往往缺乏政治歷練，缺乏執政能力，主政後便會顯露出政治暴發戶的消極面孔來。王家七兄弟及其子弟頃刻間獲得崇高地位，便立即飛揚跋扈起來。

成都侯王商繼王鳳之後主政。一次，王商生病需要降溫去熱，竟然向漢成帝借用涼爽的明光宮養病。王商雖然是漢成帝的舅舅，但公然占據宮殿，大有與皇帝享受同等待遇的不臣之心。後來，王商想在自己的府邸裡泛舟行船，娛樂身心，竟然擅自鑿穿長安城牆將澄水引入王家。

王商為了一己之私，公然置朝廷律法於不顧，破壞成規制的長安城的風水，破壞首都城防。朝野上下迫於王家的權威，沒有人敢出來揭發這件事。最後還是漢成帝去王家走親，才發現王商為了引水娛樂鑿穿了長安城，大為震驚。年輕的漢成帝雖然非常憤怒，但也無可奈何，只好忍氣吞聲。「日暮漢宮傳蠟燭，輕煙散入五侯家。」後人的這句詩說的就是王家的炙手可熱。

漢成帝是個不稱職的皇帝，在母后和舅舅們的干政下，在位期間不理朝政，加劇了外戚的專權。而民間自然是對外戚王家印象不佳，甚至多有微詞。

王莽卻是王家的另類。他的父親就是王家八兄弟中早死的王曼。因為父親早死，王莽沒能受封官爵。不久哥哥王水也去世了，王莽一人擔起了全家生活的責任。他孝順母親，尊敬嫂子，撫養侄兒，各方面都照顧得井井有條，受人稱讚。王莽平日裡一副標準儒生的形象。他是著名學者陳參的學生，跟從陳參學習《周禮》，平日博學多覽，手不釋卷，學業還不錯。雖然背景特殊，家境富裕，但王莽始終保持樸素的儒生打扮，生活儉樸，為人謙恭有禮，喜歡結交社會賢達俊士。與王家的叔叔伯伯和堂兄弟們相比，王莽可以稱得上是出類拔萃、德才兼備的人才了。

可能總是顯得與家族其他成員格格不入的原因，二十四歲的王莽一直是布衣之身，王家的叔伯兄弟都沒有提攜他。

儘管沒有得到家族的幫助，王莽對待長輩和親戚還是非常恭敬禮貌。官居大司馬的大伯王鳳生病時，王莽親自煎藥嘗湯，守在病榻前數月。王鳳的那些公子遠遠做不到王莽這種地步。王鳳深受感動，認定這個侄子的確是品行高卓。臨死前王鳳囑託妹妹王政君，要求多照顧王莽。王政君也覺得王莽既可憐又出色，就在陽朔三年（西元前二二年），拜王莽為黃門郎，稍後提拔為射聲校尉。黃門郎是皇宮中的中層辦事人

員，而射聲校尉則是掌管首都弩兵的高階軍官。王莽開始進入西漢王朝的政治中樞。

王莽在更大的舞臺上向更多的人展現了自己的傑出品行。擔任高官後王莽依然生活樸素，勤政守法，謙恭下士。他似乎還是那個聽到別人誇獎就會臉紅的年輕人。與親戚們的窮奢極欲不同，王莽經常把自己的俸祿和皇帝的賞賜分給賓客，甚至賣掉車馬，救濟窮人。哥哥王永早死，留下一個姪子王光給王莽。王莽督促王光求學於朝廷博士門下。王莽經常沐浴更衣後，駕著車騎帶上羊酒，去看望姪子的老師，對姪子的所有同學都非常有禮，頻繁餽贈。王莽每次去學館看望姪子，總是引來所有學生的圍觀，博士老師們感慨嘆息不止。王光的年紀比王莽的大兒子王宇要小很多。但王莽堅持要先讓姪子娶親，再操辦親生兒子的婚事。結果堂兄弟倆同日結婚，王莽親自操辦了姪子和長子的婚禮，賓客滿堂。在婚禮進行時，有下人稟告說老夫人生病不舒服了，要吃某種藥，王莽好幾次中斷婚禮進行，拋下賓客，去服侍母親。這樣一來，賓客們更加稱讚王莽的品德了。

沒幾年功夫，整個長安城都在稱讚王莽。王莽聲望之高，遠遠超越了叔叔伯伯們。

當中也有一個小插曲。王莽這段時期內曾經偷偷摸摸地買了個侍婢。這件事在親戚圈子裡先傳播開了。大家的意思是想不到王莽這小子也私自納妾啊。王莽聽到傳聞後，嚴肅地說：「後將軍朱子元沒有子嗣，我聽說此女子十分有望生兒子，所以就替朱將軍買了她。」當天，王莽就將那位侍婢送給了朱子元。對這件事，後來人有不同的評價。有好有壞，這裡暫且不論。

但這絲毫不影響王莽越來越高的聲望。大家都覺得朝廷對王莽不夠重用。叔父王商上書漢成帝，表示願意把自己的部分封邑轉給王莽；朝

中有多位大臣上表推薦王莽。六年後，王莽就被封為新都侯，擔任騎都尉、光祿大夫、侍中，成為貴族近臣。後來，接替王商輔政的大司馬王根重病，上書推薦侄子王莽出任大司馬，接替自己主政。王莽這時三十八歲。

王莽如眾人所願，擔任了主政大臣。王莽的母親生病了，貴族公卿紛紛派夫人去王家探望老夫人的病情。貴夫人們到後，王家出來一個老婦人迎接大家。這位老婦人衣不曳地，膝蓋部分用布料遮蓋著。貴婦人們以為這只是王家的僕人或者老媽子，進府之後才知道她竟然是王莽的妻子、西漢的侯爵夫人。消息傳出來舉世皆驚。王莽成為王家代表人物後，約束家族成員過火的行為，使他的聲望繼續升高。人們對王家的印象也開始改觀。

遺憾的是外戚的權力根基決定他們的權力是不牢固的。當新的皇帝登基後新的外戚將取代舊的外戚。王莽做了一年多大司馬後，年輕的漢成帝駕崩。這是西元前七年的事。漢成帝沒有子嗣，朝廷迎定陶王劉康的兒子劉欣即皇帝位，成為新皇帝，史稱漢哀帝。

漢哀帝年幼，由母親定陶丁王后主政，原來的皇太后王政君被尊為太皇太后，失去了掌握實際政權的理由。漢哀帝祖母傅昭儀、母親丁王后兩家族成為新的得勢外戚。傅、丁兩家人要求掌握朝政，自然與占據實權的王氏外戚發生衝突。

一天，新皇帝在未央宮設酒宴，大會貴族群臣。內者令設定的宴會席位是傅太后坐於太皇太后王政君座位旁邊。王莽見了，離席責備內者令說：「定陶傅太后是藩王的妾室，不能與至尊的太皇太后同座！」內者令更改安排，重新為傅太后安排座位。傅太后聽說後，非常生氣，拒絕參加宴會，對王莽恨之入骨。太皇太后王政君不想朝廷爆發權力衝突，下命王莽辭職，緩和矛盾。一向表現得無私奉獻、顧全大局的王莽隨即

上書辭職。漢哀帝賜王莽黃金五百斤，安車駟馬，讓他在長安賦閒。公卿大夫對王莽的主動讓位非常同情。皇帝也依然表現出對王莽的恩寵，經常派人去王家探望慰問，每十天賜餐一次。朝廷對新都侯王莽增加了三百五十戶封邑，車駕侍從如前，禮如三公。

兩年後，傅太后、丁太后都稱尊號。丞相朱博上奏：「王莽之前不贊成兩位太后稱尊號，虧損孝道，應當法辦。考慮到王莽在職時對朝廷多有功勞，請免王莽為庶人。」朝廷討論後，認為王莽是太皇太后的外甥，不免他的爵位，但嚴令王莽搬離長安，避居自己的封地新都。

本文開頭出現的王獲自殺的情節就發生在新都。王獲犯事的時候，正是父親處於政治低谷的時候，一向律己嚴格、道德高尚的王莽能不嚴懲兒子嗎？王莽迫令王獲自殺，不僅維持了王家家風，維護了高標準的個人品德，而且取得了實質性的政治收益──他回到了長安。

與五年前的壞運氣不一樣，王莽回到長安的一年時間裡，歷史補償給他一個巨大的機遇──傅太后、丁太后先後死去；西元前一年，年幼的漢哀帝駕崩。王政君以太皇太后的身分在漢哀帝駕崩的當天收取皇帝璽綬，派遣使者將王莽招進皇宮，共商大事。王政君下詔給尚書，命令發兵符節、百官奏事都先請示王莽，中黃門期門兵也歸屬王莽直接指揮。

漢哀帝是同性戀，寵愛男友董賢，給予後者高官厚爵。王莽一入宮，就要求除去董賢。他對王政君說：「大司馬、高安侯董賢年少無能，沒有絲毫威望，應該立即革職。」董賢當天就自殺了。大司馬死了，王政君要讓公卿推舉大司馬的繼任人選。大司徒孔光、大司空彭宜兩人推舉王莽。不知趣的前將軍何武、後將軍公孫祿兩人互相推舉。於是王政君拜王莽為大司馬執掌政權。

漢哀帝沒有子嗣，重登大司馬寶座的王莽當務之急是選擇新皇帝。

王莽決定迎立中山王劉興年僅九歲的兒子劉衎為帝。劉衎是漢哀帝劉欣的平輩，母系勢弱，便於王政君繼續臨朝聽政。王莽於是推薦自己的堂弟、品行不錯、能夠讓王政君接受的安陽侯王舜為車騎將軍，去迎接劉衎繼承皇位——當作王政君的兒子漢成帝的繼承人，史稱漢平帝。漢平帝繼位後，王政君臨朝稱制，王莽輔政。

王莽一上臺就清除了丁傅外戚的勢力，廢黜漢成帝皇后趙氏，漢哀帝皇后傅氏，逼兩人自殺。王莽還為在丁傅在位時的冤假錯案平反昭雪，受到朝野上下的擁戴。

《漢書》稱王莽「於是附順者拔擢，忤恨者誅滅」，重新掌握大權的王莽迅速營建了自己的政治團隊。這是正史上明確記載、結構嚴密的小團體組織。大司徒孔光是孔子嫡系後裔，是一代名儒也是朝廷三代元老，享有崇高的威望。連太皇太后都對孔光非常尊重。王莽也對孔光非常尊敬，還提拔孔光的女婿甄邯為侍中、奉車都尉。王莽整理了漢哀帝時的外戚及敵對大臣的罪行，計劃清除這批人。他命令甄邯將這些案宗都轉給孔光。孔光畏慎王莽的勢力，不敢不代為向朝廷上奏。王莽再幫王政君出謀出策，批准這些奏摺。朝廷和百姓都認為這是孔光的主意。之後前將軍何武、後將軍公孫祿因為互相推舉擔任大司馬而被廢黜，丁傅及董賢的親屬都被免去官爵，流放遠方。黨同伐異之後，王莽身邊形成了以王舜、王邑為腹心，甄豐、甄邯負責糾察，平晏掌管機要，劉歆負責理論研究，孫建為爪牙的團隊。甄豐的兒子甄尋、劉獻的兒子劉棻、涿郡人崔發、南陽人陳崇也因為一技之長和對王莽的忠心而盤旋在核心團隊周圍。

結果，只要王莽心思一動，想有什麼舉動，周圍的人就事先計劃，代為上奏。好事壞事都不用王莽親自出手，總有人秉承他的意思上下操辦。王莽或建議，或退讓，或慷慨陳詞，或默不做聲，計畫總會實現。

《漢書》評價說王莽「上以惑太后，下用示信於眾庶。」

朝堂上的這一切天下百姓和普通官員是不會知道，也不能理解的。

人們對王莽的印象依然停留在先前的言行高尚、大義滅親。

謙虛禮讓的東方耶穌

　　漢平帝元年正月的一天，王莽率領百官到長樂宮長信殿，祝賀太皇太后王政君新春。

　　禮拜完畢後，大司徒孔光上奏說有越裳國使臣前來朝貢，將珍寶獻給太皇太后。越裳國在西南蠻荒之地，距離中原有千山萬水，很久沒有向朝廷朝貢了。王政君聽說後，非常驚喜，傳令召見。

　　越裳國的使節是兩個青帕裹頭、滿身銀飾、腳穿草鞋的小個子。他們各自捧著一個金絲編織的鳥籠，裡面都裝著一隻潔白如雪、纖塵不染的白雉。兩人恭敬地向王政君拜賀，將白雉獻給太皇太后。

　　古書曾載越裳國獻白雉的事，被人們視作祥瑞，是國家昌盛發達的兆示。王莽帶頭向王政君行禮致敬：「今日祥瑞再現，外藩來朝，這是上天嘉獎我朝繁榮昌盛，太皇太后德高望重。太皇太后萬歲！」群臣也一齊跪拜祝賀：「太皇太后萬歲！」

　　王政君非常高興，又問越裳國可有國書。使節說有。王政君忙讓使臣將國書呈遞上來，讓孔光代為宣讀。孔光當眾朗讀起來：「越裳小國，久慕大漢，欣聞皇上新立，大司馬王莽輔政。大司馬以周公之賢必將再見成康之治，漢武盛世。蕞爾小國，無以貢獻，謹以白雉一雙，上敬太后。」

　　成康之治是周公輔佐周成王開創的盛世，漢武帝時期漢朝達到了政治巔峰，為後世君主所景仰。越裳國獻白雉於朝本來就是盛世徵兆，現在國書又這麼說，不僅給足了漢朝面子，也大大拍了輔政的王莽的馬屁。

　　孔光讀罷，幾位大臣馬上跪奏：「故大司馬霍光有安宗廟之功，益封三萬戶，疇其爵邑，比蕭相國。大司馬王莽也有定策之功；臣等請太皇

太后順應天意人心，批准王莽依照光的待遇輔政，以示褒獎。」霍光是漢武帝之後，握有皇帝廢立大權的輔政權臣。眾大臣見有人牽頭，都紛紛跪下拜請太皇太后降旨提升王莽的待遇賦予王莽更大的權力。

沒等太皇太后開口，王莽惶恐地跪下來，大聲道：「越裳國進獻白雉，全是因為太皇太后德高望眾的緣故。說到國家興盛，也是太皇太后勤政愛民，臣與孔光、王舜、甄豐、甄邯等下臣兢兢業業的結果。我怎麼能獨享其功呢？懇請太皇太后褒獎孔光等眾位功臣。我是您的骨肉至親，不應受賞。」

甄邯隨即上奏：「『無偏無黨，王道蕩蕩。』舉賢不避親，封賞也不避親。王莽有定策安國之功，不可以蔽隱不揚。請太皇太后下令大司馬不能再行退讓。」許多大臣也紛紛點頭贊同。王莽是越被推舉越是推讓，雙方爭執不下。王政君見狀，感慨地說：「多年來只見大臣貴族們爭權奪利，現在各位謙禮退讓，真是國家的福祉啊。」幾個年老的宮人和大臣也跟著唏噓感嘆起來，稱讚王莽的高風亮節。

王莽匍匐在地，大聲說道：「王莽誓不受封。若不能如臣所請，臣便告退還鄉！」

一句話，說得眾大臣和太皇太后更加感動，當場甚至有人淚流滿面的。王政君不顧外甥的固執反對，公示天下：「大司馬新都侯莽三世為三公，典周公之職，建萬世策功德為忠臣宗，化流海內，遠人慕義。越裳氏重譯獻白雉。其以召陵，新息二縣戶二萬八千益封莽，復其後嗣，疇其爵邑，封功如蕭相國。以莽為太傅，幹四輔之事，號曰安漢公。以故蕭相國甲第為安漢公第定著於令，傳之無窮。」

王莽增加了兩萬八千戶食邑，加官太傅，被稱為「安漢公」。西漢開國皇帝劉邦在平定異姓王叛亂後，曾經立下鐵律：「非劉氏不得封王，如有外姓人稱王，天下共擊之。」在這之後到王莽時期，西漢沒有封任何

一個外姓為王，也沒有封任何一個外姓公爵。王莽雖然只是獲得了「安漢公」的稱號，但已經是一個等級飛越般的提升了。

相信當時的天下，絕大多數人認定高風亮節、功勳卓著的王莽稱「安漢公」是應該的。但根據《漢書》記載，這一切似乎都是王莽導演的陰謀。王莽為了媚事太后，營造四海昇平的跡象，派遣使者攜帶黃金、幣、帛，賄賂周邊少數民族領袖。其中就要求匈奴單于上書說：「聽說天朝上國認為匈奴名字不合適，現在我們更換回原來的名字囊知牙斯，慕從聖制。」匈奴還在王莽的主導下派遣王昭君的女兒須卜居次回西漢朝廷。越裳國朝貢的事也是王莽用重金賄賂安排的。

當時是西元一年，耶穌誕生的日子。不誇張地說，王莽就是當時很多漢朝臣民心中的東方耶穌。

王莽推辭再三後才接受了「太傅」、「安漢公」的爵位，但堅決辭去二萬八千戶的賞賜，又乘機奏請封賞劉姓皇室子弟數十人。他掀起了一股封賞風潮，連那些在家的退休、賦閒官吏也一一得到賞賜。於是，朝野上下到處是對王莽的感恩戴德之聲。

此時，年邁的王政君依然握有相當大的權力。王莽需要完全獨攬大權，越來越覺得姑姑的最高權力是障礙。於是他指使爪牙上書說：「之前因功升遷到二千石的官員、州部舉薦的茂才、考核優秀的管理等人，其中有許多不稱職的人。今後可以由安漢公負責考核這些人事，太皇太后貴體重要，這樣的煩碎小事就沒有必要事事親為了。」王政君因為年事已高覺得這個意見十分有道理，決定以後除了封爵大事由自己定奪外，其他的人事都交給王莽處理。從此州郡一把手、二千石官員、舉薦的人才、考核優等的官吏除了向皇帝直接奏事的外，都先晉見王莽。王莽詢問履歷，決定使用情況。掌握了人事實權後，王莽幾乎就是有實無名的皇帝了。

王莽顯然是個不知道滿足的人。他決定向更高的地位衝刺。

西元二年，中原發生了旱災，蝗災隨即而來。西漢後期以來，因為嚴重的土地兼併和貴族官僚的剝削，百姓們已經處於貧困艱難的境地。現在遭遇嚴重的災荒，老百姓更是無法繼續生活，隱隱有騷動的跡象。為了撫平騷動緩和矛盾，主政的王莽建議官府和貴族官員節約開支，捐獻糧食和布帛。他率先捐獻了一百萬錢，三十頃地，當作救濟災民的費用。雖然財物不算多，但下屬和家人們解釋說王莽家境並不寬裕，王莽日夜擔憂災荒寢食不安，節衣縮食，都經有半年不吃肉食了。太皇太后王政君再一次被感動了，降旨要求甥王莽要注意身體，為了百姓而多吃肉。

原文是：「聞公菜食，憂民深矣。今秋幸熟，公勤於職，以時度肉，愛身為國。」這是一篇千古奇文。太皇太后真心要求主政大臣工作不要太辛苦了，為國為民而注意身體；王政君還將新野地區的二萬多頃地賞給王莽。王莽再次堅決地推辭了。

王莽的舉動造成了不錯的效果。朝野的貴族官員也都拿出土地和財物來賑災救民。為了徹底解決中原的騷動，王莽還派出八位大臣分頭到各地去觀察風土人情。他們收集地方意見的同時，大力宣揚王莽的高風亮節和愛民風範。飽受土地兼併之苦、怨恨貴族官僚的老百姓和中下層地主們無不將王莽看作千古難尋的忠臣、能臣和父母官。

說來也怪，西漢的天下適時出現了許多的祥瑞。先是江河湖海中出現了黃龍，接著是遠在天涯海角的海中小國進貢犀牛，還有禾苗不種自生、蠶繭不養自成。種種祥瑞讓越來越多的人相信國家將有令人震驚的、正面積極的變動。王莽則表現得更加謙謹禮讓。逢年過節，他都安排太皇太后出巡。王政君之前見慣了亭臺樓閣、貴族大臣，現在看到市井人家、青山綠水，既好奇又高興。加上許多百姓為朝廷和王莽歌功頌

德，老太后更加高興。會辦事的王莽準備了大量錢財布帛，供姑姑出巡賞賜百姓之用。老太后聯想到平日裡身邊的人對王莽的交口稱讚，於是乎對王莽更加滿意放心，對自己的放權決定更加堅定，索性把全部朝政放手交與王莽。王莽感恩戴德，對王政君一如既往地恭敬，請示不斷。

轉眼過了兩年，漢平帝劉衎已經十一歲。王莽決定為漢平帝挑選皇后。

《漢書》說王莽想讓自己的女兒成為皇后，鞏固王家和自己的權勢。這個記載不知道是真是假。的確當時王莽建議貴族、大臣及周公、孔子世家列侯的女子都列在候選範圍內。結果候選名單出來後，其中有許多王家的女子。王莽十四歲的女兒就在名單裡面。

王莽這時候上書說：「王莽我德才低下，不應該將我的女兒列在名單裡。」王政君覺得這是王莽至誠的表現，就下詔說：「王氏女是我的外家，這次就不作為候選人了。」

消息一傳開，百姓、諸生、郎吏每天有上千人去宮殿上書請願；公卿大夫們有的直接入宮求見太皇太后和皇帝，有的直接找相關部門，都說：「安漢公王莽道德功勞古今罕見，現在挑選皇后，為什麼要排除王家的女兒？不選王家的女兒，怎麼能讓天下安心呢？」許多人乾脆直接指出，王莽的女兒德才兼併，應該直接立為皇后。王莽慌忙派人分頭疏通大家的意見，結果上書要求立王莽女兒為皇后的上書請願越來越多。

王政君不得已，同意採納公卿大臣們選王莽女兒為皇后的意見。王莽讓步說：「皇上應該博選眾女。」馬上有公卿大臣爭辯說：「皇帝不應該多納後宮，不利於皇室正統。」王莽又說：「希望朝廷能考察我女兒的實際情況。」太皇太后覺得有道理，派遣長樂少府、宗正、尚書令去王家考察。大臣們回來後說：「王家女兒漸漬德化，有窈窕之容，非常適合做皇后。」

　　王政君再令大司徒、大司空等人去宗廟祭祀占卜，得到一個吉符。王莽女兒立為皇后的事至此成為定局。

　　相關部門上奏說：「古代天子封岳父百里之地。帝王岳父尊而不臣，為天下孝道榜樣。」他們建議賜予王莽新野兩萬五千六百頃田地，以符合古禮中帝王岳父田地滿百里的規定。王莽還是極力推辭：「臣王莽的女兒本來就不足以嫁給皇上，現在朝廷又聽從群臣的意見加封我土地。我真是誠惶誠恐，感動肺腑。如果我的女兒能夠符合天下的道德要求，能夠伺候好皇帝，那我現在的封地已經完全可以滿足王家的開支了，不需要增加封地。我特向朝廷請求歸還封地。」王政君接受了王莽的退地。

　　相關部門上奏：「依照慣例皇室聘皇后需要黃金二萬斤，錢二萬萬。」王莽又完全推辭了這麼重的聘禮，只接受其中的四千萬錢幣，將其他錢財都分給十一個媵家。又有大臣說：「現在皇后家接受的聘禮和群妾沒有差異了，這樣不符合制度。」朝廷商量的結果是再增加二千三百萬錢幣。王莽又把這筆千萬財物贈送給了王姓家族中貧困的人。

　　西元三年，王莽的女兒正式進宮，成為母儀天下的皇后。天下臣民都覺得這是天經地義的事，因為新皇后有一個亙古未有的聖賢父親。如果有什麼不滿意的地方，那就是王莽的品德太高了，常常退地拒賞，因為過於無私謙讓引起了全國臣民的「公憤」。

　　朝廷因為新立皇后，因為出了大聖人而大赦天下。

又一個自殺的兒子

就在普天同慶的喜慶中，長安城裡發生了一件極不和諧的惡性事件。

在一個伸手不見五指的夜晚，王莽的家門口出現幾個鬼鬼祟祟的身影。

他們每個人都提著一桶豬血或狗血。一聲令下，一桶桶的豬血、狗血被潑在王家門上和牆壁上。

一夥人匆忙潑完就劈里啪啦地丟下木桶，慌忙消失在夜幕之中。

王家的僕人聽到響聲出來一看，這還了得，趕緊報告王莽去了。

長安官府知道案件後，不敢有絲毫馬虎，四處派人偵緝。嫌疑犯很快陸續落網。逐漸被描述出來的案情指向一個令人難以相信的事實：整件事情的幕後主使是王莽的長子王宇。也就是說，這是王宇自己在自己家門口潑豬血狗血。

王莽大怒，在家中訓斥王宇。王宇也不隱瞞，一五一十地招認了自己的「罪狀」。

原來王莽為了防止出現新的外戚勢力，阻止皇帝劉衎的母親衛氏進京干政，一直將皇帝和生母隔離在兩地。對於衛氏的兩個兄弟衛寶、衛玄，王莽也是處處提防他們掌握實權，威脅到自己的地位。在四年時間裡，無論衛氏一家和漢平帝劉衎如何要求，王莽都強硬地拒絕，密切防止劉衎母子團聚，防止衛氏兄弟取代自己的地位。

王宇在外表上與王莽一樣，是個溫文爾雅的讀書人；不同的是，王宇在心裡也是一個溫文爾雅的讀書人。歷史與現實一再證明這樣的人是不適合參與政治的。王宇多次勸父親不要阻斷皇帝母子的團聚，不要大權獨攬，要為王家留條退路。王宇不明白的是，政治鬥爭是殘酷的，絲

毫的仁慈可能埋下巨大的隱患。他更不明白的是，父親王莽不滿足只做個簡單的輔政大臣，而有更雄偉的計畫。王莽斷然拒絕了兒子的勸說。他對這個極可能繼承自己地位的兒子感到失望，一時也解釋不清楚自己為什麼要這麼做。而在王宇看來，父親王莽極冷漠地回應了自己的好意。

父親的拒絕加深了王宇的憂慮。他怕王家與衛家結仇，有朝一日對家族不利；更害怕皇帝怨恨王莽，一旦親政就懲罰王家。於是王宇經常以個人名義與外地的衛寶、衛玄兄弟通訊聯絡感情，盡量消除兩家的隔閡；王宇還勸居外地的皇帝生母主動寫奏章上呈太皇太后王政君，要求進京見兒子。但是王宇的這些努力效果甚微。王宇看到父親獲取了越來越大的權力和越來越高的聲望總覺得這些都是海市蜃樓，埋伏著危機。王家被舉得越高，摔下來後就越危險。王宇身為王家的長子，覺得自己有義務制止父親的危險舉動，讓父親冷靜下來。

王宇接下來的舉動完全說明了一個讀書人的政治幼稚。王宇找自己的老師吳章和小舅子呂寬商量怎麼辦。吳章認為王莽正處在飛速上升時期，不可勸諫，但是王莽信好鬼神，可以做一些鬼怪之事嚇唬他。之後吳章再向王莽進言，勸說他歸政衛氏家族。王宇很認同這個主意。三人決定在家門口潑豬血、狗血來警示王莽。事情的具體執行者是呂寬。他夜裡帶幾個人捧著汙血灑門。官府就是從他那裡開啟的缺口。

王莽聽完王宇的招認後，沒有絲毫的悔恨，反而大義凜然地將王宇送到官府關入監獄。王莽給了長子一瓶毒酒。王宇想到弟弟王獲的結局，知道難以挽回父親的心意，在獄中飲酒自殺了。王莽向朝廷上奏說：「王宇被呂寬等人所誤導，流言惑眾，犯下了滔天大罪。臣不敢隱瞞，王宇已經在監獄中伏誅。」王宇的妻子當時懷孕多時，臨產期就要到了，也被關入監獄中。王宇死後王莽也殺了她。就這樣，王莽親手殺死了長子、兒媳及兒媳腹中即將出生的胎兒。

這本來是一件壞事，是巨大的家醜。它表明王莽的所作所為都遭到了長子的反對。反對派可以利用它來沉重打擊王莽。王莽的強悍和精明之處就在於他能夠利用這些壞事，讓它們變成政治鬥爭的利器扭轉形勢，變廢為寶。甄邯等人鼓動王政君下詔，先是大大表揚了王莽，說王莽「居周公之位，輔成王之主」，大義滅親，值得褒獎；同時又授權王莽「專意翼國，期於致平」。王莽於是大張旗鼓地追究呂寬等人的罪過，大開殺戒。先是衛寶、衛玄等人因為「聯接朝臣、謀求不軌」的罪名遭拘捕殺害；之後此案廣為牽涉，連外地郡國中對王莽有非議、不順從的貴族官員都被網羅入內；敬武公主、梁王劉立、紅陽侯劉立、平阿侯劉仁等人都被迫自殺。《漢書》載「死者以百數，海內震焉。」

王莽寫了八篇文章，就此事告誡家人子孫。王莽的黨羽就上書說，安漢公大公無私，為帝室著想殺了長子，這樣的行為應該詔告天下，當作天下人的表率。於是朝廷明令將此八篇誡書與《孝經》列作國家選拔人才的書目。誡書頒布各郡國，由專門的學官教授百姓。

王莽再一次從兒子的死中獲得了巨大的利益。西元四年，王莽被加號宰衡，位在諸侯王公之上。王莽繼續在道德上大做文章，他大力宣揚禮樂教化，增加各經博士的名額，由一人增加到五人；長安城廣建學校、宿舍，招攬有才學之士前來教學，頓時文教昌盛。王莽因此受到了文人儒生的擁戴，天下的讀書人成為了擁戴王莽的主要群體。

西元五年正月，朝廷檢祭明堂，諸侯王二十八人，列侯一百二十人，宗室成員九百餘人，徵助祭。禮畢，王莽主持封孝宣曾孫三十六人為列侯，其他的都賜爵加封邑；大家都得到了金帛的賞賜，皆大歡喜。貴族官員對王莽的好感也大大加深。

王莽主政後，全國各地上書替王莽請功請賞的人絡繹不絕。到西元五年，全國上書為他請賞的人高達四十萬七千五百七十二之多，這個數

字猜想相當於當時會讀書寫字的人口的一半以上。還有人專門收集各式各樣歌頌王莽的文字，一共有三萬多字。王莽的威望越來越高。於是公卿大夫、博士、議郎、列侯等九百零二人聯名上書朝廷，為王莽請九錫。朝廷批准，賜王莽九錫。

至此，王莽完成了從外戚到輔政大臣，再到宰衡，最後被加九錫的身分變化。他的地位和權力已經到達了人臣的極點。

王莽的道德光芒和權力完全遮蓋了漢平帝，漢平帝覺得自己的權威受到了損害。王莽繼續分隔他和母親還利用王宇事件誅殺了漢平帝舅舅全家，加深了漢平帝對王莽的仇恨。漢平帝漸漸長大了，開始將心底的仇恨流露出來。

他畢竟是個無知的少年，輕易地在宮中抱怨王莽，還時常公開要求接母親衛氏入宮。這些自然都被報告到王莽的耳朵裡。

西元五年漢平帝生日的那一天，群臣入宮為皇帝慶壽。王莽向漢平帝獻酒慶祝。漢平帝在生日這天更加思念生母，又一次要求王莽接衛氏入宮。王莽想繼續搪塞，漢平帝以不容否定的強硬態度，要求過幾天就要看到生母。宴會出現了僵局。王莽不得不同意，承諾馬上就派人去接帝母入宮。漢平帝這才喜笑顏開，宴會繼續進行。入睡前，漢平帝還喝了一碗粥。

第二天，王莽沒有去接衛氏，而是離開長安去巡視辦公。路上，宮裡急使追上王莽一行，說漢平帝得了重病，臥床不起了。王莽連忙趕回長安，覲見皇帝，並以自身祈禱上天，願意代漢平帝接受疾病和死亡的災難。

幾天後十四歲的漢平帝死了。有人在那碗粥裡下了毒。

漢平帝當然也沒有兒子。王莽主持在宗室中找了一個兩歲的孩子劉嬰當作漢平帝的繼承人。奇怪的是，劉嬰不登基稱帝，而是稱皇太子。

王莽將劉嬰改名為孺子嬰，自稱「假皇帝」（「假」是代理的意思）攝理朝政，定年號為「居攝」。王家十六歲的女兒一躍而成太后。

王莽將劉嬰改名為「孺子嬰」，其中大有文章。周公當年輔政時，管、蔡二人就曾散布流言，誣陷周公企圖篡奪周王的江山：「其將不利於孺子乎！」王莽此舉是向天下表白，說明自己會像周公那樣盡心輔佐孺子，最後功成身退，還政於天子。

於是自秦始皇以來，中國首次出現了沒有皇帝的奇怪政局。王莽成為絕無僅有的代理皇帝。

天下在短暫震驚後，出現了新的祥瑞高潮。王莽代理皇帝的第一個月，有人上奏說武功長孟通濬井裡出現了一塊白石，上圓下方。石頭上有丹書：「告安漢公莽為皇帝。」這個祥瑞直白得讓人震驚，有大逆不道的嫌疑。天下臣民都屏氣凝神地等待著王莽的判斷和決策。結果王莽給予了獻上祥瑞的人豐厚的賞賜。他無疑公開表示自己不排除要更上一層樓的可能性，去掉「代理皇帝」中的「代理」兩個字。居攝元年正月，王莽在長安南郊祭祀上帝，在東郊迎春；行大射禮於明堂，養三老五更，成禮而去。之前這些都是皇帝才能主持的國家祭祀。

祥瑞符命於是開始在西漢出現井水噴泉式的增長。「求賢讓位」、「漢歷中衰，當更受命」、「天告帝符，獻者封侯」等符命、圖文層出不窮。劉歆等文人則開始鼓吹德運輪迴、禪讓救民的思想觀念。王莽對這一切不公開表態，也不禁止。不過，來向朝廷獻符命、祥瑞的人都被給予豐厚賞賜。

並不是所有的人都繼續稱讚、擁戴王莽。一部分人覺得被王莽欺騙了，認定王莽之前的言行都是為了篡位而偽裝的。王政君就是其中一個。

王政君保管著天下的傳國玉璽。玉璽是天子的象徵。漢高祖劉邦入咸陽的時候，秦王子嬰投降，獻上秦始皇的玉璽。劉邦即位後將這塊玉

璽作為漢朝的傳國玉璽世代傳承。玉璽平日藏在長樂宮。王莽是代理皇帝，孺子嬰是皇太子，王政君牢牢看守著漢朝的玉璽。王莽如果沒有得到漢朝的傳國玉璽，就始終不算名正言順的皇帝。

王莽曾經派人索取傳國玉璽。王政君這一回斷然拒絕了王莽的要求。她用盡全力憤怒地哀嘆：「我是漢家的老寡婦，就是死了也要玉璽陪葬，親手交給漢家的列祖列宗。」王莽一時間對姑姑，太皇太后也沒什麼辦法。

另外一些對王莽希望破滅、深惡痛絕的人直接發動了反王莽的兵變。當年九月，東郡太守翟義發動叛亂，立嚴鄉侯劉信為天子，公然反抗長安朝廷。翟義向天下郡國發布檄文，宣稱「王莽毒殺平帝，攝居天子位，意圖滅絕漢室。現在天下大怒大家要齊心協力誅殺王莽」。黃河兩岸一片疑惑，有十餘萬人參與了叛亂。史載王莽惶恐不安，廢掉了正常的飲食。如果王莽的確是品行高潔的聖賢，他這是在為天下對他的不理解，從而導致兵戎相見而惶恐不安；如果王莽是偽君子，他這是在為真實面目被人識破而恐懼。王莽抱著孺子嬰，日日夜夜在宗廟裡禱告。他還傚法周公當年作〈大誥〉討伐管、蔡，專門寫了一篇〈大誥〉文章表明自己的正大無私，派遣諫大夫桓譚等人頒布於天下。在文章中，王莽宣告自己是暫時攝位，日後定會返政孺子。他委屈地說：「歷史上周成王年幼，周公攝政，而管、蔡挾持祿父發動叛亂。現在翟義也挾持劉信作亂。像周公那樣的大聖人還擔憂懼怕叛亂，更何況我王莽呢！」在做了一系列輿論宣傳方面的準備後，王莽派遣將軍分兵進攻翟義。朝廷軍隊很快平定了東郡的兵變，翟義和劉信等人被殺。

翟義的叛亂帶給王莽很大的打擊。如果說之前王莽的高尚言行都符合社會道德，令人信服的話，那麼平定叛亂後，王莽的言行出現了越來越大的瑕疵。這些小問題暴露出身為人臣、地位無法提升的王莽內心的

焦慮和萌動。

翟義發動叛亂的九月，王莽的母親病逝。按朝廷制度和社會通行的規矩，王莽要放棄政治事務，為母親服喪。但是王莽無心為母親發哀服喪。劉歆和博士諸儒七十八人上書說：「居攝之義，所以統立天功，興崇帝道，成就法度，安輯海內也。王莽承宗廟之祭，與天下共同奉養太皇太后，不應為私親服喪。」王莽批准了這份奏摺，只是弔喪了一下母親就重回政治漩渦。新都侯的爵位王莽之前轉給了孫子王宗，王宗就代替爺爺王莽為曾祖母服喪三年。

王莽的侄子王光之前被封為衍功侯。王光與執金吾竇況勾結，違法殺人，被告發到官府。王莽大怒，狠狠地責罵王光。王光的母親，也就是王莽的嫂子怪王莽作威作福，說：「你自己覺得，我們兩家誰是長孫，誰是中孫？」於是王光母子自殺，竇況也受牽連致死。王光的兒子王嘉繼承侯爵。

當初王莽以孝敬母親、贍養寡嫂、撫養王光聞名天下。現在母死不服喪，又逼死嫂子和侄子，王莽身上的道德光芒大為減弱。

不久，宮中的期門郎張充等六個人陰謀一起劫持王莽，立楚王為新皇帝，結果事機不密，被王莽偵知，參與者全部被誅死。

應該說王莽是憑藉似乎無可挑剔的言行和水漲船高的聲望一步步成為大司馬、攝政的。但是有實無名的皇帝身分畢竟不是歷史的常態，全天下和王莽本人都難以適應。對於王莽來說，假皇帝的名號不足以滿足他的勃勃野心。王莽想再上一層樓，但是他一時找不到上升的臺階。

「周公」登上了受禪臺

長安的一日黃昏，大風捲起滿天的黃沙。

漢高祖劉邦的神廟外。

守廟的官吏們突然發現從漫漫黃沙中隱現出一個黃衣黃冠的年輕人，攜帶一個銅櫃闖入廟中。他告訴守廟的官吏說：「高祖皇帝命我帶來此櫃，請當朝攝政開啟。」守廟官吏們接過銅櫃正不知所措間，那個年輕人轉身而出，迅速消失在了黃沙之中。官吏們大為驚駭，驚為天人。他們不敢怠慢，立刻將此事報告了王莽。

那個銅櫃則被當作天上的漢高祖劉邦交代的物品，被恭敬地供在廟中。

次日，王莽率領百官來到高廟，拜受銅櫃。王莽開啟銅櫃，裡面有兩個題籤和一張圖。兩個題籤其中一個寫著「天帝行璽金匱圖」，另一個寫著「赤帝行璽某傳予黃帝金策書」。赤帝行璽某，是漢高祖劉邦的自稱。劉邦當年參加起義的時候，曾經殺了一條白蛇，然後說自己是赤帝之子，現在殺了白帝之子以應天命。櫃中的那張圖則寫著：「漢運已衰，王莽當為真命天子，太皇太后等要順天命，不得逆天而動。」圖中還列有十一個人的名字，說是上天派來輔助王莽的都應該署官爵，輔佐朝政。其中八個人都是當朝貴族大臣（王舜、平晏、劉歆等），都是王莽的親信。另外三個人分別是哀章、王興、王盛，在場的貴族官員都不知道是什麼人。

漢高祖劉邦身為西漢開國皇帝，在朝廷上享有最高權威。現在他都下令要將天下讓給王莽了，誰敢違抗？王莽得到了一把利器。他可以用它來登基稱帝；如果他不願意這麼做則是違背了天意。如果他否定這道

符命的真實性，那麼之前多如牛毛的符命的真實性也要重新考證了。最後，懷疑之鋒將指向王莽本身。因此，這又是一把雙刃劍。

王莽決定抓住這次機會。稍作謙讓後，王莽便捧著銅櫃浩浩蕩蕩地向皇宮出發。

在宮中，王莽戴上皇冠，象徵性的拜謁了王政君，再在未央宮前殿會集百官，下詔書說：「我是黃帝之後，虞帝苗裔，當今太皇太后之侄。皇天上帝隆顯大佑，降下金匱策書。這是神明在詔告，將天下兆民託付與我。書中赤帝、漢高祖皇帝顯靈，傳國金策之書我誠惶誠恐，哪敢不接受！因此，我戴上王冠，即真天子位，定天下之號為『新』。改正朔，易服色，變犧牲，殊徽幟，異器制，以承皇天上帝威命也。」王莽正式公布了登基稱帝的決定。

我們再來看這場戲劇性的政變。它是不是王莽事先導演的呢？不是。這是一個叫做哀章的四川廣漢郡梓潼人主導的。哀章這個人，成年遊蕩在長安城裡。史載他「素無行而好為大言」，也就是說沒什麼本事卻喜歡吹牛，做白日夢。大家都很看不起他。哀章雖然胸無點墨卻善於察言觀色。他看到王莽總攝朝政，尤其是看到王莽在平定天下異動過程中的反常表現，認定王莽有篡逆之心。哀章揣摩王莽的心思，判斷現在王莽缺少的就是一個外來的臺階。於是他決定用生命下一場政治豪賭。

哀章私自做了一個銅櫃以及兩張題籤和圖書，假稱劉邦遺命，讓王莽稱帝。如果事情洩露被人告發，或者王莽不領情，哀章都只有人頭落地一條路可走。一天黃昏，哀章穿上黃衣藉著大風怒吼漫天黃沙的機會，來去匆匆，達到了弄假成真的效果。哀章的表演讓部分臣民以為新朝代替漢朝是上天的旨意，連創立漢朝的劉邦都希望將天下傳給王莽。這樣一來，王莽代漢就是天經地義的了。哀章不動聲色地化解了王莽的一大心結，他的豪賭贏了。

西元九年年初，禪讓正式舉行。

之所以選擇禪讓的形式來完成權力的更迭，主要是王莽及周邊的謀士看中了禪讓所蘊涵著的道德力量。這很合一向以道德聖賢自居、以道德力量作為權力基礎的王莽的心意。當天，王莽率領公侯卿士以順符命為名，上奏天地和太皇太后去掉漢號建立新朝。這是一場極不對等的禪讓。參加者幾乎都是王莽一方的人，孺子嬰彷彿就是一個等待審判的孩子，無依無靠。

王莽先是向孺子嬰宣讀了策命：「孺子嬰聽著，皇天保佑你劉家太祖。漢朝歷朝十二世，享國已經有二百一十年了，天數已盡。『侯服於周，天命靡常。』皇天后土，絕不傷害你的性命，現在封你為定安公，永遠作為新朝的國賓。以平原、安德、深陰、鬲、重丘等五個縣共一萬戶人口、一百里地方為定安公國的姍域，立漢朝祖宗廟宇於定安國。定安國內正朔、服色不變。你要世世代代在國內嗣事祖宗，享歷代之祀。以孝平皇后（王莽的女兒）為定安太后。」

讀完，王莽握著孺子嬰的手，哭著流涕。王莽邊哭邊說：「昔日周公攝位最後歸政給周王。我本來也想做周公，如今迫於皇天威命，做不了周公了啊！」

王莽為自己做不了輔政的周公，而不得不做皇帝哀嘆了很長時間，拉著孺子嬰的手不放。最後還是官員上來將孺子嬰扶下殿去，讓孺子嬰跪在地上行君臣大禮。在場的百官一同行君臣大禮。據說很多人都被王莽的無奈和忠誠給感動了。

君臣禮畢，王莽既然是以銅櫃的符命登基的，就要開始按照銅櫃的說明封拜十一位輔臣。八位朝廷大臣，王莽都認識；哀章也主動前來報到了；難的是，哀章胡亂新增的兩個名字如何找人來替代？哀章當初寫這兩個人的名字，一來是為了掩飾自己突兀的名字；二來也是拍王莽國

運興盛的馬屁。現在反而成為了一個大問題。

王莽遣人四處尋訪，還真在長安城內找到十幾個叫王興和王盛的人。由不得詢問，官兵就簇擁著他們進宮。王莽沒有時間去細細考察真偽，挑了兩個外貌看起來比較順眼的人：一個是看守城門的小官員王興，一個是賣燒餅的王盛；認為他倆就是上天派下來輔佐自己的大臣。沒有被挑中的人通通拜為郎官。

於是，王莽拜太傅、左輔、驃騎將軍安陽侯王舜為太師，封安新公；拜大司徒、就德侯平晏為太傅，封就新公；拜少阿、羲和、京兆尹、紅休侯劉歆為國師，封嘉新公；哀章平地一聲雷，被拜為國將，封美新公。這四個人為四輔，位在三公之上。王莽是何等聰明的人，自然看出了這一切都是哀章的表演，重重犒賞了這個幫助他解決大難題的功臣。

其他的七個人中太保、承陽侯甄邯為大司馬，封承新公；丕進侯王尋為大司徒封章新公；步兵將軍、成都侯王邑為大司空，封隆新公。他們三個人被稱為三公。大司空、衛將軍、廣陽侯甄豐為更始將軍，封廣新公；輕車將軍、成武侯孫建為立國將軍，封成新公；王興則成為衛將軍，被封為奉新公；王盛成為前將軍，被封崇新公。他們四個人被稱為四將。當天，王莽大封卿大夫侍中尚書等官數百人。劉姓宗族中有在地方單位郡守實職的人，全部徙封為諫大夫。

對於家人，王莽也做了安排。王莽妻子是宜春侯王家的女兒，被立為皇后。王莽本來有四個兒子：王宇、王獲、王安、王臨。王宇和王獲分別成為了父親攀登權力高峰的犧牲品；王安荒誕無能，吊兒郎當的；王莽就立小兒子王臨為皇太子，封王安為新嘉闢。王宇的六個兒子也都受到封賞：王千為功隆公，王壽為功明公，王吉為功成公，王宗為功崇公，王世為功昭公，王利為功著公。

王莽此舉也許是為了告慰長子的在天之靈。

封賞完畢，王莽大赦天下。新朝正式成立。

退位的孺子嬰，嚴格來說，還稱不上是「遜帝」。因為他從來就沒有登基過，一直是皇太子身分。自從兩歲被立為皇太子後，孺子嬰一直在王莽的控制和擺布之下，五歲時就承擔了亡國之君的稱號。孺子嬰雖然被封為地域甚廣的安定公，並享有完備的劉氏宗廟和禮制，但一直被軟禁在長安。王莽不准他回到封國，把京城的大鴻臚（負責外交事務的九卿之一）府改建為「安定公第」，以國賓來對待。

孺子嬰有國賓之名，卻沒有國賓之實。他終日被關在一個房子裡，室內一無所有。也沒有人與這個五歲的孩子說話。孺子嬰在這樣非人道的環境中生活了十六年，為人類學研究完全脫離人群的個體提供了良好的案例。王莽假仁假義的真面目在孺子嬰身上算是得到了完全展現。

東漢光武帝建武元年（西元二五年）正月，天下大亂。方望與弓林等人謀劃將孺子嬰劫出長安，立為皇帝。他們還真將孺子嬰從長安救了出來，聚眾數千人在臨涇城立為皇帝。方望為丞相，弓林為大司馬，有模有樣了幾天。孺子嬰的復位遭到了建立更始王朝的劉玄的竭力反對。更始政權派遣丞相李松入安定摧毀了方望的復辟勢力。方望、弓林等人都被誅殺。一無所知的孺子嬰也在莫名其妙中被殺。

再說那王政君。

王政君把持著傳國玉璽，拒絕交給王莽。王莽繞開玉璽依靠所謂的符命稱帝代漢後就派遣王舜去向太皇太后索要「漢傳國璽」。王政君大怒，指著平日很喜歡的王舜的鼻子罵道：「王舜你們家世代受漢室皇恩，卻不思報答。現在反而乘漢室孤兒寡母幫王莽篡位。像你們這樣的人，豬狗不如。我是漢室老寡婦，活不了幾天了。我死了也要帶這塊玉璽陪葬，他王莽休想得到它！」

王舜羞愧難當伏在地上流汗不止。過了很久，他才硬著頭皮抬起身

子對王政君說：「皇上意在必得，太后今天不給，明日還來催要；明天不給還有後天，您能永遠不鬆手嗎？」

王政君算是徹底看清了王莽大奸大惡的內心和狗急跳牆的姿態，絕望地拿出玉璽扔在王舜面前，罵道：「我老將死，王氏兄弟必將受到滅族的報應啊！」她餘生都以漢室遺孀自居。

傳說，這塊從和氏璧而來的傳國玉璽，經王政君這麼一扔，缺了一個口子。王莽下令用黃金補上。最終他拿到手的，是一塊並不完整的玉璽。

王莽為安漢公時，為了向王政君諂媚，上奏尊王政君的丈夫漢元帝廟號為高宗，太后死後當以禮配食元帝。現在新朝建立，王莽改王政君名號為新室文母，掐斷了王政君的漢室關係。王政君死後自然不能再陪伴漢元帝了。王莽還下令毀壞原來的漢元帝廟，重新為王政君建築陵寢，原來的漢元帝廟中宮殿現在變成了新陵寢的食堂。因為王政君還活著，所以新建成的陵寢被稱為長壽宮。

王莽曾經讓晚年的王政君參觀長壽宮。王政君看到原來的漢元帝廟被清除，大驚，既而大哭。她哭喊道：「這是漢家的宗廟，都是有神靈的，為什麼要毀壞它啊！如果鬼神無知，造廟幹什麼！如果神靈有知，我是漢朝的妃妾，怎麼可以侮辱先帝的靈堂，而自己坐享陵寢呢？」王政君不僅不給王莽面子，還對左右人說：「王莽如此輕慢神靈，是不能長久的！」

王莽也知道老姑姑老太后怨恨自己，千方百計向姑姑獻媚，想堵住姑姑的嘴，結果都適得其反，王政君越來越恨王莽。新朝建立後，宮廷更換漢家的黑貂使用黃貂，又改漢代正朔伏臘日。王政君繼續讓周圍的官屬穿黑貂；每到漢家的正臘日，自己與左右相對飲酒吃食。太皇太后思念漢朝拒絕接受新朝的事越傳越廣，王莽也無可奈何。

太皇太后保持了晚節，在愧恨中度過了一生的最後時光。王政君經歷七朝，歷盡滄桑。丈夫在時，她徒有皇后尊號，被冷落多年，然而好在生性柔順，以溫和著稱。丈夫死後，她沒有什麼政治野心，只想維持漢江山，但愚庸無能，軟弱寡斷，過分相信親屬，最終葬送了漢朝劉姓的江山。後來東漢修史時，依然將她作為漢元帝的皇后列了專章。這可能是王政君最希望得到的歷史評價了。

王莽之所以對姑姑王政君如此客氣，是因為身為外戚，王政君是他最初的權力來源。但是由這種與皇室的間接親屬關係建立的權力體系，就如空中樓閣，看上去巍峨壯觀，卻由於沒有根基，很容易在政治風雨中瓦解冰消。這樣的權力可以一時權傾天下，卻不能成為問鼎中原的堅強基礎。王莽明白這一點，於是在不放棄外戚權力的同時努力營造道德基礎。自身的道德力量和天下的輿論支援才是他的權力基礎。後來隨著野心的暴露，王莽自毀道德基礎。

同時新朝建立後，王莽不能再依靠道德來治國了。道德可以成為將他推上皇位的巨大力量，卻不能解決實際問題。人們對他的道德支援本質上也是希望他能夠同樣優秀地解決實際問題的。王莽能夠篡位成功，多少是因為臣民們逐漸對西漢皇朝失去了信心，不滿現實，希望選擇一位道德出眾的聖賢來解決弊政。王莽接收的是一個矛盾累累、弊端重重的政局。

事實證明王莽將國家治理得一團糟。他引經據典，以周禮等三代政治為理想，變法改革，號為新政，實際上卻是復古。王莽新政，比如王田制、奴婢私屬、平定物價、改革幣制等，雖然動聽卻很糟糕，不僅無法根本執行，也遭到了貴族、豪強的強烈反對。王莽又想透過對外戰爭來緩和國內的矛盾，徵用民夫，加重捐稅，卻陷自己於內憂外患之中。在王莽短暫的十多年新政中，矛盾如潮水般決堤，一發不可收拾。

從那時開始，王莽就被當作一個背德篡政的鉅奸大惡遭受了人們一千九百多年的口誅筆伐。五四運動後，有少數歷史學家將王莽稱為「失敗的改革家」，稍微增加了一絲中性色彩。但是如果從王莽造成的實際災難來看，王莽的確是配不上任何讚美之辭的。

建國五年（西元一三年）二月，王政君以八十四歲的高壽離開人世。最終，她的遺體被運往渭陵，與漢元帝合葬。

十年後，地皇四年，處於四面楚歌之中的王莽率群臣在南郊舉行哭天大典。即將覆滅的王莽還高喊道「天生德於予，漢兵其如予何？」我有上天賜予我的德行，漢朝的軍隊能將我怎麼樣？這是王莽自欺欺人的說法。實際上，王莽的最後歲月一直生活在極度恐懼和精神錯亂之中。他越來越相信道德的力量，卻不制定實際的軍事對策。也許，這就是上天對這位高明的兩面派演員的懲罰。

故事的結局是綠林軍勁旅攻入長安，得到城中居民的響應。商人杜吳躍入漸臺殺了蜷縮在一角的王莽。校尉公賓將王莽的屍體斬首。人們將他的首級帶到宛城，懸掛在鬧市之中，聽憑人們的詛咒和打擊。

天下若無曹操，可有漢室

　　天下都是曹操打下來的。曹操本來可以榮登帝位，但是最終他還是選擇了做周文王，做個漢臣，當他的亂世奸雄。他把機會留給了兒子曹丕。曹丕這個人沒有父親的道德包袱，年輕人的勇氣和虛榮心激盪著他朝皇帝的寶座衝刺。而曹氏部屬紛紛彈冠相慶，夢想著做新朝的開國元勳。於是漢獻帝的命運就被決定了。曹丕很客氣地對劉協說：「天下之珍，吾與山陽共之。」結果，他做到了。

天下若無曹操，可有漢獻帝？

劉協對曹操有著特殊的感情。

在即位之前，劉協或許聽說過曹操。年幼的他可能認為曹操只是家奴、大宦官曹騰的孫子。而這個孫子，也還是曹騰收養乞丐曹嵩為兒子後，曹嵩再生下來的。曹操這樣的出身，很被世人看不起。貴為陳留王的劉協也不例外。之後，劉協莫名其妙地被大軍閥董卓扶持為皇帝，開始了傀儡生涯。關中大亂之時，曹操在關東地區大展拳腳，鎮壓了青州三十萬黃巾起義，被朝廷封為刺史、鎮東將軍。詔書是劉協簽署的。當時的劉協對曹操的印象可能有所改觀。

劉協雖說是傀儡，但並不是那種昏庸無能的君主。他不同於白痴皇帝晉惠帝，也不同於樂不思蜀的蜀漢後主劉禪。在備受壓抑拘束的生活中，劉協身上不時閃耀出才幹的火花。

十常侍之亂的時候，劉協和少帝劉辯逃出宮外，正倉皇間，迎面遇上董卓率領的三千隴西鐵騎奔騰而來。小皇帝劉辯見到這樣的情形，嚇得渾身哆囉哆嗦，雙腿顫慄，口不能言。小皇帝劉辯手下的內侍太監和一眾文官也都沒人敢出口大氣，只怕稍有閃失，便惹來殺身之禍。

此時劉協挺身而出，問董卓：「你是來劫駕，還是來救駕？」董卓見是一個小孩，不由一愣道：「當然是來救駕！」劉協高聲道：「既然是來救駕，為何見了聖上不跪！」遂朝少帝劉辯指了指說：「這就是當今天子，你還不下跪！」當時的劉協才九歲。能以稚齡之年面對這麼大的陣仗而毫不慌亂，實屬膽識過人。

據說，董卓正是因為這次經歷，對劉協印象深刻，日後扶持他為新皇帝的。

西元一九四年，天大旱。長安城內谷一斛值錢三十萬，人相食。獻帝令侍御史侯汶開倉濟民，餓死者如舊。獻帝懷疑侯汶舞弊，於是親自檢驗，用米、豆各五升於殿上熬粥，竟有兩大盆之多，和平時大不相同，輕而易舉地弄清了侯汶的假公濟私。結果是侯汶被當眾杖責五十，很多饑民得到了及時賑濟。

顯然，魏國君臣也承認劉協的聰明睿智。在《諡法》中，「獻」的解釋是「聰明睿智曰獻」。而劉協死後的諡號就是「漢獻帝」。

西元一九六年，劉協逃離戰亂連綿的關中地區，來到已是一片廢墟的舊都洛陽。在洛陽的幾個月裡，漢王朝的宮廷只能在城西殘留的、原大太監趙忠那座勉強有四壁的、破落院子裡臨時辦公。大臣數十人，其中尚書郎以下的大臣必須自己去城外採摘野菜充飢。他們與饑民、亂兵一樣，你爭我奪。體弱的人就再也沒有回來。但是劉協非常喜歡這樣的生活。因為只有在殘破的洛陽，他才是真正的皇帝，可以獨立自主地發號施令。這樣的感覺是他夢寐以求的，儘管他的命令只在小小的洛陽城內部有效。

為此，劉協正式改年號為「建安」。

遺憾的是，曹操隨即率軍來到了洛陽。劉協正式見到曹操時，後者已經是飽經征戰，占據中原腹地的大軍閥了。只有幾十個人、十幾條槍的劉協不敢再將曹操看作是那個宦官的孫子，而是「朝中重臣」了。

當時曹操的幕僚們對曹操說，主公應該迎接困居在洛陽的皇帝，拯救形勢危如累卵的朝廷。當然，也有人反對，說為什麼要搭理那個只能算作是洛陽縣令的倒楣小皇帝？曹操明智地決定，迎接皇帝，挾天子以令諸侯。一個「挾」字，決定了劉協後半生的命運。

劉協的朝廷跟隨曹操大軍遷都到了許昌。曹操集團以許昌為中心，不斷擴大勢力範圍。身為傑出的政治家、軍事家曹操幾乎再造了一個漢

朝。他擊垮了北方占據冀、青、並、幽四州的袁紹，取下了盤踞東南方向淮南的袁術和割據東邊擁有徐州的呂布的頭顱，安撫了西方割據關中的韓遂、馬騰集團，招降了割據西南方向宛的張繡集團。外圈的遼東的公孫度、幽北的烏桓、河套長城沿線的匈奴都紛紛向曹操低頭，向劉協稱臣。毫不誇張地說，曹操幾乎是親手梳理了一遍中原大地，手把手塑造了一個新的王朝的雛形。在晚年，曹操曾下詔明志：「天下若無孤，不知幾人稱王，幾人稱帝？」的確，如果沒有曹操，不知道會有多少人在劉協生前南向稱帝，又有多少人會稱王一方。

在許昌的日子是劉協過得最安逸、最穩定的時期。他享受到了帝王的一切表面權威。隨著曹操大軍不斷取得勝利，劉協手中的大漢王朝似乎實現了「中興」。一個新的統一國家眼看就要從亂世的廢墟中崛起了。可這不是劉協想要的生活。

劉協也嘗試著賺脫「傀儡」的命運，但沒有成功。與曹操的其中一次交鋒就是名揚後世的「衣帶詔」事件。建安四年（一九九年），十八歲的劉協任命岳父董承為車騎將軍，祕密寫下衣帶詔賜給董承，授意董承聯絡漢室大臣諸侯，聯合剷除曹操。官渡之戰前夕，董承聯絡西涼馬騰、左將軍劉備，動員自己掌握的軍隊在許呂宣稱受漢獻帝「衣帶詔」，發動兵變。曹操毅然回兵鎮壓董承，平定劉備在徐州叛亂，再次派遣衛覬入關，穩定韓遂、馬騰集團。「除曹」行動尚未展開，與謀者董承、吳子蘭、種輯等人就被滅三族了。劉協還曾授意自己的另一位岳父伏完籌劃地下組織，再次遭到了失敗。為此，劉協付出了許多血的代價：他的岳父董承被滅了三族，董承之女董貴妃和腹中胎兒被一併誅殺；貴為皇后的伏氏及兩個皇子連同伏氏的家族也成了曹操刀下之鬼……

劉協處理與曹操的關係面臨著一個兩難困境。一方面，劉協的小朝廷全賴曹操的支援，全靠曹操大軍拓展疆土；但另一方面，曹操打下的

江山卻不再姓劉了。身為能力出眾、又一心希望中興漢室的君主，劉協為什麼扮演了一個令人同情的末代皇帝的角色呢？宋元之際的史學家胡三省是這樣評價漢獻帝的：漢獻帝並不是一個昏庸無能之輩，之所以在他手裡終結東漢一朝，是因為他只不過是一空頭皇帝而已，「威權去已」。

　　隱隱約約間，一個曹姓王朝的身影開始出現。

曹丕這個人

曹操的轟然倒下，給漢末政局帶來的會是巨大的轉折還是之前政治趨勢的加速呢？

忠心漢室的人們自然希望是前者。事實上也有部分人希望許昌的漢朝宮廷借曹操的逝世，打壓曹操勢力，收回部分權力，直至最終的劉協親政。曹操陣營內部也許有些人在觀望，在動搖，但是多數人還是希望繼續之前的政治格局的。那就是明劉暗曹。

身逢亂世的政治家們，往往更加現實。曹操在北方三十年的經營，造就了無數的既得利益者。這種既得利益與曹操的權力一樣，或多或少是名不正言不順的。對於既得利益群體而言，只有將曹操家族名正言順地扶上皇帝寶座，大家的利益才能「漂白」，同時成為開國功臣，有望擴大自己的利益。但是曹操是個堅持不做皇帝、一心做「周文王」的人。現在曹操死了，魏太子曹丕卻是個一心登基、竊取神器的年輕人。很自然的，大家採取了強化之前的政治格局的措施。

曹操一黨控制的朝廷中樞馬上以劉協的名義，給還在哭悼先王的魏太子曹丕下了一封詔書，說：

令尊曹操幫助皇室攘除群凶，拓定九州。他的功績光照宇宙。朕託他的福二十多年了，現在聽說令尊的噩耗，非常傷心。你曹丕文武兼備，能力出眾。現在我讓御史大夫華歆授予你丞相印綬、魏王璽紱，領冀州牧。當今的天下尚未安定，正是你立功垂名的時候，希望你「敬服朕命」，再接再厲。

曹丕馬上繼承了王位，接收了父親所有的權力，又反過來授意朝廷改建安二十五年為延康元年。

曹丕這個人，雄才大略遠遜於他的父親曹操。但是卻非常適合做第二代君主的角色。為什麼這麼說呢？開國君主需要氣吞寰宇的氣魄、虎賁狼突的才幹和堅硬如鐵的意志。曹操擁有這樣的條件。曹丕出生後，也跟隨曹操征戰過多次，同時接受了曹操安排的良好的教育。但這些被動的吸收並沒有培養出他指揮官的氣勢，也沒有培養出他文學家的氣質，而是塑造了一個符合主流政治要求的，各方面都稱職的「中上之君」。曹丕這個人擁有統治階級所需要的絕大多數優點，也帶有那個階級特有的大部分缺點。更重要的是，曹丕從小就是貴公子，交遊權貴已經被同化為貴族階層和既得利益集團的一員了，彼此的利益是一致的。

有能力、有野心、有人緣的曹丕自然成為了權力轉移關頭的首要人選。

曹丕這個人，有權術。政治鬥爭技巧是他的擅長之處。他追諡父親曹操為武王，葬於鄴郡高陵命令于禁監督陵事。于禁跟隨曹操二十多年，是曹氏家族從普通士兵中提拔起來的朝廷重臣、魏軍主將。關羽北伐圍攻襄樊時，于禁作為主帥支援襄樊。不料，援軍中了關羽的水淹之計，全軍覆沒。于禁投降，副帥龐德力戰而死。後來孫權偷襲關羽，救出于禁，送歸魏國。曹丕本來就不喜歡于禁，便想利用這趟差事除去于禁。于禁奉命到曹操陵墓時，發現陵屋中的白粉壁上，畫著關羽水淹七軍擒獲于禁的故事。畫中雲長儼然上坐，龐德憤怒不屈，于禁拜伏於地，哀求乞命。原來曹丕早就令人修好了陵墓，圖上陵屋粉壁。年過半百的于禁見此畫像，又羞又惱，氣憤成病，死在了曹操陵前。

曹丕這個人，為了權力，可以無情無義。曹操多子，其中對曹丕的地位構成威脅的主要是與他同父同母的弟弟鄢陵侯曹彰、臨淄侯曹植、蕭懷侯曹熊。尤其是曹植，文才出眾，聚集了自己的政治勢力。曹操甚至一度屬意他為自己的繼承人。而鄢陵侯曹彰則直接領兵在外。為了鞏

固自己的地位，曹丕先是指責曹彰在父親死後，帶兵前來洛陽，有爭位之嫌。在華歆等人的幫助下，曹丕嚴令曹彰交割軍馬，押往封地軟禁。

隨即，曹丕以曹植、曹熊不來洛陽奔喪（猜想兩人是害怕自投羅網）為由派遣使者分頭問罪。前往蕭懷的使者回報：「蕭懷侯曹熊懼罪，自縊身死。」前往臨淄的使者回報，說：「臨淄侯每日都與丁儀兩兄弟酣飲，悖慢無禮。聽說我來了，臨淄侯端坐不動；丁儀還罵我說：『先王曹操本來是想立曹植為太子的，卻被奸臣阻撓：現在離父親的死還不遠，哥哥就來向弟弟問罪了，親情何在？』臨淄侯最後發怒了，叫武士將我亂棒打出。」

莽撞的曹植自授曹丕口舌。表面大怒心中大喜的曹丕馬上令大將許褚領虎衛軍三千，火速趕到臨淄擒拿曹植等一干人等。曹植、丁儀兩兄弟、侯府大小屬官都被拿解鄴郡，聽候曹丕發落。曹丕下令，先將丁儀等人盡將誅戮。

對曹植的處理過程則成就了歷史上有名的「七步成詩」的典故。華歆等人勸曹丕殺掉曹植，若不早除，必為後患。曹丕在這時顯露出文人優柔寡斷的特質，難下決心。華歆建議曹丕以試才吟詩的方式殺掉曹植堵塞眾人之口。於是曹丕召見曹植說：「父親在的時候，你常常向眾人誇耀文章。我懷疑那些作品都是你讓他人代筆的。現在，我限你在七步之內吟詩一首。如果能，就免你一死；如若不能，則從重治罪，絕不寬恕！」曹丕接著說：「我們是兄弟，就以它為題，但不許出現『兄弟』字樣。」曹植不假思索，應聲而對：

> 煮豆持作羹，漉菽以為汁；
> 箕在釜下燃，豆在釜中泣；
> 本是同根生，相煎何太急？

曹丕聽完，默然無語言。華歆等人也都鴉雀無聲。危急時刻，曹丕和曹植的生母卞氏聞訊趕到，喝斥曹丕：「哪有哥哥逼弟弟到這個地步的？」卞氏接著向曹丕哭訴：「我的曹熊已經被你害死了。你這個弟弟平生嗜酒疏狂，因此放縱不羈。你如果念同胞之情，保存曹植性命，我死了也能瞑目啊。」曹丕慌忙答應：「我也是深愛弟弟的才華，才這麼做的。我肯定不會為難弟弟的。」曹植這才被貶為安鄉侯，保全了性命，後來死在了曹丕後面。

通向皇位的最後道路

曹丕的品德雖然不足稱道，但他在成功建立魏帝國的過程中所表現的才能卻還是有可稱道之處的。

要知道，並不是所有的人都能夠跑完皇位爭奪戰的最後一程的。

曹丕的優勢是他繼承了父親的豐富遺產。身為第一代君主，曹操一生厲行峻法，征戰武功非凡，被人視為多威少恩。這是殘酷的割據背景和政治殘殺環境所決定的。站在巨人肩膀上的第二代君主曹丕往往只要調整父親的政策，觸及父親戎馬倥傯的時候沒有顧及的領域，就能取得意想不到的擁護。

延康元年二月庚戌，曹丕下令關津誠稅，恢復什一稅制。辛亥，曹丕賞賜諸侯將相以下粟萬斛，帛千匹，金銀不等，同時煞有介事地派遣使者巡查郡國，收攬民心。曹丕還調整了魏國官職，以賈詡為太尉，御史大夫華歆為相國，大理王朗為御史大夫，增置散騎常侍、侍郎各四人，約束宦官。對劉協的監視威逼，曹丕自然也不放鬆。

在皇權轉移的時候，意識形態的準備是必不可少的。簡單的說，後來者需要往自己臉上貼金。神化自己是最常見的做法，即讓純樸的老百姓相信自己是天人下凡，相信自己的登基是天命所歸。巧的是，在歷史的關鍵時刻，總會有大批恰逢其時的「祥瑞」出現。

先是民間開始傳言曹丕出生的時候，有青色的雲氣像車蓋一樣漂浮在他身上，終日不散。風水師傅們一致認為這是曹丕至貴的證明。這時，黎民們才開始明白：原來曹丕出生的時候，就不是凡人啊。

此間又出了一個叫殷登的人，說自己在熹平五年的時候記得一件事：當年譙地（曹操老家）出現了黃龍祥瑞。大名士、光祿大夫橋玄就悄悄

問太史令單颺：「這個祥瑞什麼意思啊？」單颺回答說：「這說明譙這個地方會有王者興起。在五十年時間裡，黃龍會再次出現。「殷登說自己當時在場，就默默記下了這件事。四十五年後，也就是延康元年三月，黃龍再次出現在譙。當時殷登還在世，大肆宣揚這件事，引起中原轟動。最後曹丕出面召見殷登，作了一次談話，賞賜殷登谷三百斛，送回家去。

之後，魏國的形勢一片大好。同月，濊貊、扶餘、焉耆、于闐等部落都派遣使者向中原奉獻。四月丁巳，饒安縣出現典型的樣瑞白雉。曹丕很高興，免了饒安縣的田租，賞賜勃海郡百戶牛酒，太常以太牢祠宗廟。

但是事情突然起了波折。當月，大將軍夏侯惇病逝。曹丕親自素服在鄴城東門發哀。有人指責曹丕的行為失禮。按禮，天子哭同姓於宗廟門之外。曹丕與夏侯氏並非同姓，卻哭於城門，是不當的行為。

這其實暗指曹丕家族與夏侯家族的「不正常關係」。曹丕的爺爺，也就是曹操的父親曹嵩原本是乞丐，被大宦官曹騰收養後才有了姓氏。東漢官場上就一直在傳，曹嵩原來是複姓夏侯的小乞丐。因此在曹操一世，夏侯家族步步顯貴。現在是曹丕登基的前夜，有人重提曹家這件不光彩的往事，殺傷力巨大。

這表明，一部分世族大家還並不認同曹氏家族登基稱帝。

曹操在世時，不少名士就很瞧不起曹操，與曹操政權對抗。曹操也不時做出壓制豪族名門浮華風氣的舉動。客觀上，曹操必須壓抑以清議名士為代表的地方豪族勢力，破壞朋黨交遊便是其一舉措。雖然沒有打擊到世族大家的根本，但曹操對世族大家的厭惡和壓制是明顯的。

在曹姓代劉幾成定局的時候，世族大家需要曹丕給他們保證，維護和擴大他們的利益。曹丕本人已經完全是一個世家子的出身和行為舉止，但缺乏明確的承諾和制度上的保護，世族大家們還是不放心效忠於

曹氏家族。

這時候，昌武亭侯、尚書陳群提出了「九品中正法」，建議改革官員人事制度。九品中正法的內容是在郡國設定中正，評議本地人才高下，分九等，按照等級分別授予官職。評議的標準主要看家世（被評者的族望和父祖官爵），其次看道德，最後才看一個人的才能。而擔任評議的都是當地的貴族顯要。這樣的制度到底對誰有利，可想而知。此法一出，獲得了世族大家的一片讚賞之聲。

這實際上是世族大家對曹丕出的考題，是世族大家與曹氏家族進行的權力交換。

世族大家要求確保自己的地位和權益，並希望能夠世代相傳。九品中正法就是一個制度上的保證。曹丕毫不猶豫地批准了這個制度，開始在全國進行人事改革。它成為了魏晉南北朝時期世族勢力惡性膨脹的制度源頭。

時間到了五月，劉協「命令」曹丕追尊祖父、已故太尉、乞丐出身的曹嵩為太王，祖母丁氏為太王后，封王子曹奴為武德侯。曹丕非常配合地照辦了。

六月辛亥日，曹丕在東郊閱兵，集中兵力開始南征。這次南征，公卿相儀華蓋相望，金鼓陣陣，完全是曹丕對個人勢力的一次檢閱，是對天下百姓的一次試探。

因此整次軍事行動更像是一次盛裝遊行。曹丕先到了屢次出現祥瑞的老家譙。他在家鄉大宴三軍，並在邑東召集譙地的父老百姓，設伎樂百戲，與民同樂。在歡娛間，曹丕說：「先王非常喜歡家鄉，不忘根本。譙，真是霸王之邦。我要減免譙地的租稅兩年。當地的三老吏民聞言紛紛向曹丕祝壽，通宵達旦。幾天後，曹丕還去祭掃了先人的墓地。

到了冬天，曹丕大軍終於到達長江以北。孫權整軍以待。曹丕看到

東吳軍隊軍容整齊，說，東吳還是有人才的，我們暫時先回去吧。（這句話讓江對面的孫權聽得一愣一愣的。）

　　臨行，曹丕下令：「大軍征伐，死亡的士卒有的還沒有得到收殮，我感到非常悲痛。各郡國要為這些人收殮，送到烈士家中。官府還要出資為他們設祭。」他臨別了還不忘討好軍隊，向天下展示自己的仁慈。

舜禹之事，朕知之矣！

萬事具備，只欠東風了。

自即位以來，麒麟降生，鳳凰來儀，黃龍出現，嘉禾蔚生，甘露下降。做足了工夫的曹丕就等著劉協禪讓了。

關於這次禪讓，正史和野史的記載截然不同。

在《三國志》中，曹丕的傳記有幾乎一半的篇幅刊登了相國華歆、太尉賈詡、御史大夫王朗、九卿、將軍、守令等人的勸進書。劉協一再下詔禪讓，曹丕一再推辭；大臣們動不動就聚集一百二三十人集體勸進，而且周而復始，不厭其煩，也不擔心曹丕生氣。曹丕就是不答應。連劉協都說，魏王不接受禪讓，那怎麼辦啊？

最後彷彿勸進的大臣們都著急了。尚書令桓階對曹丕說：「現在漢朝的氣數已經盡了，臣等都認為天命降臨大魏，陛下還前後退讓。漢氏衰廢，就要嚥氣了，史官和耆老們的紀錄都證明了這一點。天下百姓都唱著歌謠，呼籲明主出現。陛下應該響應上天，接受禪讓，馬上登壇禱告上帝。不然就是久停神器抗拒上天和億萬百姓的意願啊！這可了不得啊。」曹丕在萬般無奈的情況下說了一個字：「可。」

於是大臣們和百姓都歡天喜地的開始慶祝了。

這段完美的記載總讓人懷疑真實的情況是否如此融洽，是否如此順利。

《三國演義》、《華陽國志》和其他野史則完全為我們描述了一副逼宮的鬧劇：

華歆等一班文武，去見劉協，要求劉協禪讓。華歆說：「魏王德布四方，仁及萬物，是古今第一人。我們大臣都認為漢祚已盡了，請你傚法

堯舜，以山川社稷為重，禪位魏王。」他還撂下一句狠話：「只有這樣，你才能安享清閒之福！我們都商議定了，特來奏請。」

平時文質彬彬、以才學震天下的華歆竟然說出這樣的大逆話語來，真是讓人吃驚。後世有人據此否定了華歆的為人和才學。這裡就有一個奇怪的現象：在禪讓過程中，總有一批平時名望震華夏的文人出來充當權力轉移過程中的急先鋒。這對於研究中國古代文人和權力運作都是非常有趣的課題。

據說劉協聽說大臣們這麼說，驚得半響說不出話來。

終於，劉協壓抑著的情緒爆發出來。他注視著百官哭道：「高祖皇帝提三尺劍，斬蛇起義，平茶滅楚，創造基業，世代相傳，到我這裡已經有四百多年了。朕雖不才，但也沒什麼過錯，我怎麼忍心將祖宗基業捨棄不顧。」劉協頓了頓，真誠地說：「祥瑞圖讖，都是虛妄說不清楚的事。請各位大臣深思！」

與華歆同來的、學問更高的王朗說道：「自古以來，有興必有廢，有盛必有衰。天底下哪有什麼不亡之國、不敗之家啊？漢室相傳四百餘年，到現在氣數已盡。陛下還是早早退避為好，遲聚了就要生變了。」一旁的九卿、尚書和禁軍將領等都頻頻點頭。

話已至此，劉協只有大哭，逃入後殿去了。

百官哂笑著散去。

第二天，百官再次雲集金鑾毀，命令宣官請出劉協。劉協恐懼地不敢出來。劉協的新皇后是曹操的女兒，曹丕的妹妹。見到丈夫這樣的窘態，曹皇后大怒，說：「我哥哥怎麼做出這樣亂逆的事情來！」外面的百官推舉曹洪、曹休兩人帶劍進入後殿，逼劉協出殿。曹后大罵自己的這兩位叔叔，說：「都是你們這些亂賊，貪圖富貴，造反謀逆！我爸爸功勳卓著，威震天下，都不敢篡竊神器。現在我哥哥登位還沒幾天，就想著

篡奪皇位。老天爺是不會保佑你們的！」

曹洪、曹休兩個人才不去理會自己的侄女，要脅劉協出殿。

劉協萬般無奈，只好更衣出來接受最後的審判。

面對華歆等人的再次逼宮。劉協痛哭流涕：「你們都領取漢家的俸祿多年了；中間還有很多人是漢朝開國功臣的子孫，現在怎麼就忍心做出這樣的事情啊？」

華歆冷笑著說：「陛下若不聽從我們的話，恐怕馬上要蕭牆禍起了。這並非我們不忠於陛下。」

劉協大喝：「誰敢殺我嗎？」

華歆厲聲說：「全天下的人都知道陛下沒有人君之福，導致四方大亂！如果沒有魏王父子在朝，殺陛下的人何止一兩個？你這麼不知恩報德，難道不怕天下人群起而攻之嗎？」

劉協受到極大驚嚇，拂袖而起。旁邊的王朗向華歆使了個眼色。華歆竟然快步走上皇帝寶座，扯住劉協的龍袍，變色厲聲說道：「同意還是不同意，就一句話！」劉協哪經受過這樣的場面，渾身顫慄不能回答。他環顧四周，宮殿內外披甲持戈的幾百人全部都是魏王親兵。他哭著對群臣說：「我願意將天下讓給魏王，請各位保存我的性命。」

當權力鬥爭的失敗者在尋找撤退的底線的時候，往往發現：其實生命才是每個政治人物最基本的需求。遺憾的是，在殘酷的政治鬥爭中，它不幸成為了奢求。

逼宮的賈詡當場許諾：「魏王必不負陛下。陛下快快下詔書，以安定人心。」

劉協只好讓陳群起草禪讓詔書，讓華歆捧著詔書和玉璽，引導百官到魏王宮前，請曹丕即位。曹丕大喜，但堅決推辭，要求劉協禪讓給「真正的大賢人」。在華歆的導演下，劉協又下了一道詔書再次恭敬地

請曹丕登基。曹丕更加高興了，但還是對賈詡說，還是怕「不免篡竊之
名」。賈詡馬上獻計說，讓劉協築一壇，名受禪壇；擇吉日良辰，集結大
小公卿；讓當今天子親自在壇上獻上璽綬，禪讓天下。

於是，劉協啟動了漢王朝的最後一項國家工程，派遣太常院官卜
地，築起三層高壇，選擇十月庚午日寅時舉行禪讓大典。

庚午日，東漢王朝的禪讓儀式正式舉行。

《獻帝傳》描寫道：曹丕登壇受禪，公卿、列侯、諸將、匈奴單于、
四夷朝者數萬人出席。當場燎祭天地、五嶽、四瀆，曹丕宣讀即位詔
書，劉協和眾大臣跪聽。曹丕改延康元年為黃初元年，將劉協封在河內
郡山陽，為山陽公，邑萬戶。

劉協可以用天子之禮郊祭，上書不稱臣；劉協的四子降為列侯；更
換周邊各族印璽，為魏國百官更名。總之是皆大歡喜。

「自曹魏以迄於宋，皆名為禪而篡者也」。「包裹禪讓的理想主義面
紗徹底地被篡位者剝去，禪讓成為赤裸裸的篡位工具。禪讓也擁有了固
定的程序，成為一種制度。以曹魏代漢為始作俑者，禪讓作為權臣和平
交接政權的主要方式，廣泛地被應用。之後的禪讓基本是仿照漢魏故事
進行的。

禪讓儀式上有兩件小事值得一書。一是《魏氏春秋》上說，曹丕
在壇上行禮完畢的時候，曾經對周圍的功臣說：「舜、禹之事，吾知之
矣。」後人對這句話多有評論，大抵都是認為曹丕自我感覺過於良好。
魏國事實上的建立者應該是曹操。但是曹操滿足於「治世之能臣，亂世
之奸臣」的自我定位，不願意登基。曹操如果說這句話，方才是名正
言順的。

第二件事是《三國演義》描寫的怪事。傳說在儀式上的時候，百官
請曹丕答謝天地。曹丕剛下拜，忽然壇前捲起一陣怪風，飛砂走石，急

如驟雨，對面不見身影；壇上的火燭都被吹滅。曹丕驚倒在壇上，被百官急救下壇，半響才醒過來。這陣奇怪的風和隨即而來的疾病讓曹丕在宮中休養了多時。病情總不見痊癒，曹丕就懷疑許昌宮殿內外有妖怪，決定從許昌遷都洛陽，大建宮室。

晉朝人非常喜歡談這兩件小事。因為他們需要以此來證明曹不得位，其不正當性，為司馬家族從曹氏家族手中奪權來製造輿論基礎。

司馬昭之心，路人皆知又如何

　　三國時期，魏、吳、蜀三國爭戰不休，最後的勝利者卻是晉朝。曹魏為他人作嫁衣裳。司馬家族在曹魏體內逐步攝取實際權力，最後取而代之。曹髦時期，司馬昭的不臣之心，就已路人皆知。但即便是曹髦親自提刀上陣，要殺司馬昭，結果連宮門都還沒出去，就在轉瞬之間被司馬家族的爪牙殺死。曹奐時期，司馬炎幾乎是按照曹丕設定的先例，重複了權臣受禪的過程。

司馬昭之心，路人皆知

西元二六〇年的一天傍晚，洛陽城突降急雨。

雨點由疏轉密，天空一片灰暗，間或有雷霆閃電。

歷史在這一天的最大落筆不是洛陽城的這場暴雨，而是發生在皇宮中的一場政治風雨。與宮外降裡啪啦的雨聲相呼應，皇宮中也是一片鼓譟，人呼馬嘶，兵器相交。原來是魏帝曹髦「見威權日去，不勝其忿」，決定出宮親手殺掉權臣司馬昭。曹髦帶著冗從僕射李昭、黃門從官焦伯等宮廷侍官下了陵雲臺，穿上鎧甲，挑了兵仗，集合宮中士兵，要出討司馬昭。

宮中頓時大亂。

有官員攔住曹髦，上奏說天降大雨，出師不利，請皇帝收回成命。曹髦一把將他推開。

侍中王沈、尚書王經、散騎常侍王業聞訊趕到。曹髦見三人到來，不等他們開口，大聲訴起苦來：「司馬昭之心，路人所知也。我忍受不了他的羞辱了，不能坐等被他廢黜。就讓我們君臣在今天解決此事。今日當與卿自出討之。」

王經誠懇地勸諫道：「昔日魯昭公忍受不了專權的李氏，結果敗走他方，失去國君之位，為天下取笑。現在國家大權操縱在司馬家族已經很久了。朝廷四方都有司馬家的親信爪牙，人們不傾逆順之理已非一日。皇上的宮廷宿衛兵甲寡弱，怎麼能夠作為成大事的依靠呢？兵勢一旦發起，就好像病情，可能非但沒有袪除，反而會加深！甚至可能出現難以預料的災禍。請皇上詳加考慮啊。」

曹髦聽到如此冷酷的現實分析，胸中怒火熊熊燃燒。他掏出懷中的

板令狠狠地擲在地上，厲聲說：「我意已決。即使事敗身死，又有什麼可怕的呢？更何況不一定死呢！」

曹髦拋下三人，匆匆告別太后，率領宮中宿衛、官僮數百人，敲起戰鼓，出雲龍門而去。皇帝身坡新甲，坐在車駕之上，手持寶劍，大呼殺賊，激勵士氣。這一幕在中國歷史上還是第一次出現。

王沈、王業兩人見此，決定去向司馬昭匯報投誠。他倆招呼王經一起去告密：「事已至此，我等不能自取滅族之禍，應該前往司馬公府自首，以免一死。王尚書同去否？」王經回答說：「主優臣辱，主辱臣死。你們倆去吧，我不去了。」王沈、王業見勸不動王經，快步出宮，抄小路報告司馬昭去了。

這一邊，曹髦率領著數百僮僕，鼓譟而出。

司馬昭的弟弟屯騎校尉司馬伷他正好有事人宮，遇到震怒的曹髦和宮中的烏合之眾，大吃一驚。曹髦左右大聲喝斥他，司馬伷一行慌忙躲避而走。曹髦可謂旗開得勝，對這次肉搏的前途更有信心了，於是他喊得更響了。隨從們受到感染，旗幟和兵器也揮舞得更歡了。

在皇宮南闕下，得到消息的司馬昭黨羽已經在中護軍賈充的率領下，集合軍隊，列陣迎戰了。司馬父子常年掌握軍隊，集合的軍隊戰鬥力自然不是曹髦的烏合之眾可以比擬的。賈充見到宮中緩緩出來一支不倫不類的軍隊，嗤之以鼻。他揮手示意主動反擊，自己帶兵自外而人，撲向曹髦軍隊。曹髦的軍隊見狀就潰散後退了。

曹髦急了，高城：「我是天子，誰敢攔我！」揮舞者寶劍，左右亂砍。司馬昭一邊的將士見小皇帝赤膊上陣，不知所措，只好小心躲避，不敢進逼。宮中士兵和僕人們見狀，又聚集起來，向官外繼續前進。兩邊軍隊保持若即若離的距離，開始膠著。曹髦認為這是上天保佑曹家，自己身為天子，天下無敵，更加起勁地舞劍向前衝。

司馬家一邊的軍隊慌亂躲避，形勢開始不利於司馬昭了。

在司馬昭一邊的太子舍人成濟跑過去問賈充：「事情緊急了！中護軍，怎麼辦？」

賈充惡狠狠地說：「皮之不存，毛將焉附。司馬家如果失敗了，我們這些人還會有好下場嗎？還不出擊！」他對周圍的士兵高賊：「司馬家養你們這些人，就是用在今天的。今日之事，沒有什麼可以遲疑的。」

成濟略一思考，說：「沒錯！」，接著抽出鐵戈，向曹髦刺殺過去。

曹髦毫無防守之力，被成濟的長矛從胸中進去，於背部出來，血藏宮牆，當即身亡。

一場宮闈驚變就此結束。

曹髦是中國歷史上第一個赤膊上陣、親手去刺殺權臣的皇帝，但是他失敗了。古代歷史上的另一位個人英雄主義皇帝是北魏的元子攸。他雖然殺了權臣，但並沒有解決權臣當國的問題。相對於當國權臣來說，生長深宮的皇帝最大的武器就是自己的血統。「皇帝」的金字招牌還是可以嚇住絕大多數人的。比如曹髦在打鬥中，他的皇帝光芒就起了相當大的作用。遺憾的是，這是他們唯一的武器，而且是不斷鈍化的武器。隨著權臣權勢的鞏固和人們對皇室的失望，皇帝的光芒就逐漸黯淡了。更要命的是，對於那些權臣的黨羽來說，他們的利益是與皇帝的利益截然相反的。成濟之所以敢在眾目睽睽之下刺殺皇帝，就是因為被賈充點撥出了這一點。

曹髦利用皇帝的權威、高貴與尊嚴來揮衛皇帝的權威、高貴與尊嚴。他失敗的最大原因就是太看重皇帝身分本身了。這位被稱為「才同陳思，武類太祖」的小皇帝以這種罕見卻可以理解的，高貴而又屈辱的方式結束了自己年僅二十歲的生命。

曹髦本來是無緣於皇位的，而僅僅是高貴鄉公。六年前（曹魏嘉平

六年，即二五四年），魏帝曹芳被司馬師廢黜，降封為齊王。曹髦因為是曹丕嫡孫，被選中成為新皇帝。當時曹髦才十四歲。雖然年少，但是由於過早目睹了家庭變故、宮廷爭鬥和皇室日衰的政治現實，他顯露出了與年齡極不符合的成熟和世故。正史豔稱他「才慧夙成」，「有大成之量」。

曹髦從外地風塵僕僕趕到洛陽的時候群臣迎拜於西掖門南。曹髦在門口下轎，要向各位官員回拜還禮。禮賓官員阻攔說：「禮，君不拜臣。」曹髦回答說：「我並未登基，現在也是人臣。」最後，曹髦在城門口向群臣恭敬還禮。進城來到皇宮止車門前，曹髦又下車步行。禮賓官員又說：「天子有資格車駕入宮。」他又說：「我受皇太后徵召而來，還不知所為何事。」曹髦步行到太極東堂，拜見太后。曹髦謹慎得體、大方穩重的言行贏得了朝野的稱讚，史稱「百僚陪位者欣欣焉」。

曹髦不僅會說話辦事，而且個人能力非常出眾。古代考察一個人的能力的重要方法是看他對儒家作品的理解程度和在書畫方面的造詣。曹髦雖然年紀輕輕，卻能在太學裡與年長的儒者們談論《易經》、《尚書》及《禮記》，而且還能談出新意來。同時曹髦還是古代歷史上數得著的畫家，畫跡有〈祖二疏圖〉、〈盜跖圖〉、〈黃河流勢圖〉、〈新豐放雞犬圖〉、〈於陵仲子像〉、〈黔婁夫妻像〉。評論家說他的作品：「其人物故實，獨高魏代。」

也許是個人資質之高，讓曹髦覺得自己應該承擔起興復皇室的重任。為了收復已經渙散的人心，革清政治，曹髦在即位初就派遣侍中持節分巡四方，觀察風俗，慰勞百姓，糾察失職官員。他以身作則，一改祖父輩大興土木奢侈享樂的風氣，「減乘輿服御、後宮用度，及罷尚方御府百工技巧靡麗無益之物」。為了贏得軍隊的好感，曹髦多次下詔哀悼軍隊傷亡的將士，安撫那些飽經戰火創傷的地方。但是他能做的也僅僅是

這些象徵性的舉措而已，司馬昭牢固掌握若朝廷實權，曹髦還是逃脫不了金絲籠中鸚鵡的命運。中興的欲望和現實的壓抑之間的巨大差距造成了曹髦心理失衡，加上血氣方剛，他就上演了赤膊上陣身亡殉位的一幕。

在曹髦剛登基的時候，當時掌權的司馬師曾經私下問親信：「新皇上是什麼樣的一個人呢？」一旁的鍾會回答說：「才同陳思，武類太祖。」鍾會是大世族大官僚家族出身。他將曹髦與曹植和曹操的文才武略相比，可見對曹髦的能力評價之高。司馬師聽完，輕聲說道：「如果真像你說的這樣，社稷有福了啊。」實際上，他用凝重後悔的眼神注視著弟弟司馬昭，心想：「這回，我們哥倆可能選錯了人。」

現在曹髦在進攻的路上被自己的黨羽當眾刺死了，司馬昭聽到消息後大驚失色，喃喃自語道：「天下將怎麼看我啊？」

司馬昭所謂的天下其實是指天下的世族大家們，沒有權臣會對普通小百姓的感受投入過多的關注。東漢開始興起的世族勢力在三國曹魏時期得到了膨脹，他們擁有強大的政治經濟力量，一些家族世代壟斷某些官職。司馬家族本身就是大世族，又是依靠北方世族的支援上升起來的政治勢力。現在小皇帝暴亡，而且是被自己間接殺死了，世族大家們怎麼對待這件事，司馬昭心中沒底。

他先跑到宮裡去，對著曹髦的屍體放聲大哭了一場，然後下令召集貴族百官，商量對策。

司馬昭畢竟對突然的變故心虛，極需要將這件事情盡快擺平。他下令收殮皇帝屍首，開始操辦喪事。多數貴族百官都應召來到皇宮，像什麼事情都沒有發生一樣，對皇帝的「駕崩」悲傷欲絕。少數貴族官員沒有來，其中就包括大世族出身的陳泰。

司馬昭極需要所有世族的支援。他一而再再而三地派人去召陳泰入宮，理由是皇帝突然駕崩需要會集大臣商議，雙方都知道真正的原因是

什麼。司馬昭不需要說什麼，多次派人催請就是他最明顯的態度了：陳泰也不需要問什麼，去還是不去也是他最明顯的態度了。

最後，陳泰還是去了皇宮，這是天下政治力量對比的客觀結果。

司馬昭緊張地握著陳泰的手，問道：「天下將怎麼看我啊？」

陳泰冷靜地回答說：「斬賈充，才能稍微平息天下人的議論。」

這段對話發生在兩個政治高手之間。司馬昭開門見山地刺探陳泰對自己支援的要價。陳泰不追究皇帝的真正死因，只是要求殺賈充以謝天下。他要求殺賈充既是對曹魏王朝做個交代，也是尋求個人心理安慰。整個對話簡潔而直入主題。但是賈充是司馬昭的心腹，為司馬昭解決了曹髦進攻的難題，是有功之臣。更重要的是，賈充也是以大世族，而且還是司馬氏的親家，西晉八王之亂時的賈后就是賈充的女兒。殺賈充來掩飾自己的罪行對司馬昭來說，代價太大了。因此他不同意陳泰的要價，他還需要賈充這個得力助手協助完成代魏的過程呢。

因此，司馬昭亦問陳泰：「殺其他人，行嗎？」

陳泰堅定地說：「但見其上，不見其下。」陳泰的意思是皇帝的死事關重大，只能殺官居高位的人，而不能找一兩個嘍囉頂罪。

司馬昭決定拋開陳泰，強硬擺平這件事情。他高聲宣布：「成濟弒君，罪大惡極，應誅滅九族！」

成濟當時正站在司馬昭一旁，可能還在想著自己會接受什麼樣的獎賞，萬萬沒想到等來的會是這個結果。他當即急了，大聲嚷起來：「成濟只是奉命行事而已，罪不在我！」

司馬昭不等成濟說出更難聽的話來，示意將他立即拖出去。兵士湧上來，堵住成濟的嘴，架了出去。成濟全家因刺穿曹髦的那一矛當即被族誅了。司馬昭再以為臣不忠，禍亂朝政的名義將沒有向自己報信的王經族誅。接著，司馬派勢力迅速地籌辦起皇帝的喪事來。

　　必須承認，司馬昭對此事的處理並不完美。他以殺裁來掩蓋弒君的真相，反而給人掩耳盜鈴、自欺欺人的感覺。從王經死的時候到現在，曹髦死亡的真相一直就不是什麼祕密。

　　司馬懿的弟弟、司馬昭的叔父司馬孚當時就反對侄子的處理方法。曹髦遇害初期，百官因為司馬昭的態度不明，沒人敢奔赴現場悼念皇帝。司馬孚卻第一時間趕到現場，撫著小皇帝的屍體大哭，邊哭邊說：「殺陛下者，臣之罪。」

　　司馬孚與其他人云亦云，盲目地參加喪禮的人不同，他上奏要求追究弒君主謀之人。司馬昭不理會自己的叔叔。當時太后和司馬昭商量，以平民之禮埋葬曹髦。司馬孚堅決反對，拉著一批大臣上表要求以王禮安葬曹髦。

　　最後太傅司馬孚、大將軍司馬昭領銜，眾大臣將此事定性：「故高貴鄉公悖逆不道，自陷大禍。現在朝廷依西漢昌邑王因罪被廢的先例，以平民之禮埋葬他。臣等身居高位，卻沒有避免這樣的禍亂發生，真是肝膽俱裂。太后仁慈過隆，臣等心有不忍，特加恩以王禮安葬高貴鄉公。」也就是說，曹髦死後被稱為他之前的封號：高貴鄉公。他的死被歸為他的道德缺陷，是咎由自取。因此朝廷將他廢黜，以平民之禮安葬。但因為太后可憐他，所以升格為親王的葬禮。

　　幾天後，高貴鄉公曹髦在洛陽西北三十里的瀍澗之濱安葬。沒有貴族和大臣送行，沒有旗幟禮樂，整個行列只有幾乘破敗的車輛。有許多百姓圍觀，指指點點。有人說：「這就是前幾天被殺掉的天子。」說完，有人掩面而去。

　　南朝的裴松之在註釋這段歷史的時候，感嘆地說：「司馬昭做得太過分了，這哪是王禮安葬啊？」

為他人作嫁衣裳

司馬家族的勢力發展到今天，我們不得不提司馬懿。

司馬懿是河內郡溫縣著名的士族。這個溫縣現在還叫溫縣，屬於河南省焦作市。溫縣有人向我介紹說他們縣現在對外的宣傳口號就是「司馬故里，太極故鄉」。可見司馬懿的家鄉父老還是很以他為榮耀的。

曹操起用了司馬懿，但不太喜歡這個小後生，沒有重用。曹丕和司馬懿卻很合得來。司馬懿在曹丕時代地位逐漸顯要。魏明帝時，司馬懿成為負責對蜀漢作戰的主將。二三八年，他又率兵平定割據遼東的公孫淵，成為魏國聲望甚高的三朝元老。

三國時期，曹魏執行了正確的發展策略，在南北方的對抗中取得了最終的勝利。遺憾的是，最終坐享勝利果實的卻是司馬家族。第一代皇帝曹丕時期是曹魏政治平穩發展的時期。曹丕本人文采出眾，落筆成章，也執行了一些利國利民政策。比如在他剛繼承曹操爵位的時候，下令說：「關卡渡口是用來通商旅的，池塘林苑是用來抵禦災荒的。在這些地方設立禁令，課以重稅不符合便民的原則。因此要解除池苑的禁令，減輕關卡渡口的稅率，全部恢復為什一稅率（百分之十）。」另外，針對漢末的歷史教訓，曹丕還警惕防範後宮和外戚專權。

但是曹丕為人輕浮，按照現代的標準就是做事不夠穩重。他想建立自己的武功，不顧勸諫進行巡遊般的南征，沿途犒賞軍民。來到長江邊上後，曹丕說了句：「嗯，東吳看起來果然是難以輕易拔除了。我們退軍吧。」倒顯得有幾分可愛。司馬懿和曹丕關係密切，因此在曹丕統治時期，他才真正開始掌握實權。

總而言之，曹丕還是位不錯的君主。文人氣質讓曹丕做了些輕浮躁

動的事情，好聲色享受，但尚能自抑，沒有帶來大麻煩。曹魏在曹丕時期得以穩定發展。

曹丕死後，曹叡即位。曹叡脾氣稟性與曹丕差不多，也做了一些好事。比如曹叡常說：「刑獄收關天下性命。」每次朝廷斷大獄，曹叡經常親臨旁聽。曹叡在對蜀漢作戰中委政於司馬懿，時刻關注，並多有傑作。諸葛亮第一次出祁山的時候，有人以為蜀軍缺乏輜重，糧草必然接濟不上，蜀漢必然不擊自破，朝廷不需要犒勞軍隊。還有人想收割上邽一帶的生麥，以免被諸葛亮收割了。

曹叡都不聽從，前後多次派兵增加司馬懿的軍力，又派人保護上邽一帶的生麥。司馬懿後來與諸葛亮在上邽周邊相持，最後還是仰仗那些小麥作為軍糧。可見曹叡在軍事籌劃方面還是非常有遠見的。諸葛亮最後一次駐屯渭南與司馬懿相持，司馬越（司馬懿之弟）以持久戰取得了最後的勝利，諸葛亮死在陣中。司馬懿因為對蜀戰爭的勝利逐漸掌握了軍隊實權，同時獲得了巨大的聲望。

但是曹叡濫用民力，大興土木，追求享受。他在洛陽大悠宮殿，建造了昭陽、太極等巍峨壯觀的宮室。太極殿，高十多丈，上面又建造了翔鳳殿。曹叡還在芳林園中造陂池，楫棹越歌；又在後宮建立八坊，在其中儲備美女才人，品秩待遇和百官一樣。曹叡挑選知書識字的女子擔任女性尚書，處理朝廷的奏摺。後宮美女歌伎，多達數千人。曹叡就在這個安樂鄉中遊戲飲宴，讓博士官馬鈞製作司南車，製造水轉百戲供後宮娛樂。

百姓為了滿足曹叡的興致，誤農時，重徭役。楊阜、高堂隆等大臣紛紛多次向曹叡進諫。曹叡對付勸諫者有自己的辦法，就是耐心聽完，優待進諫的人，但就是不改正自己的缺點。太子舍人張茂在吳蜀邊界戰事不斷，將領們不斷征戰的情況下，對曹叡大興宮室，熱中於玩飾，賞

賜無度導致府庫空虛，又搶奪民女充斥後宮的行為上書勸諫。曹叡讀完張茂的奏章，誇獎了幾句，提升張茂擔任散騎常侍的虛職了事。

就在曹叡造土山，種香草的時候，已經是三朝老臣的司馬懿長年領兵在外，成為了帝國的軍事支柱。整個曹魏時期雖然沒有出現宦官和外賊干政的情況，卻出現了大臣專權的危險。

曹叡沒有兒子，收養了曹芳為兒子，並由他繼位。曹叡遺命司馬懿為太尉與宗室大臣曹爽共同輔政。曹爽是曹真的兒子，他為了奪權，表面上推舉司馬懿為太傅，私下卻行架空之實。司馬懿於是稱病，不干預朝政，消除了曹爽集團的戒心。二四九年，曹爽陪同曹芳出洛陽城，拜謁魏明帝陵墓。司馬懿一舉收集舊部，封閉城門發動政變，誅殺曹爽集團各人，奪取了朝廷大權。史稱「高平陵之變」。

晉朝建立後，這場事變被描述為曹爽等人趁曹芳生病，開始出現了無君不臣之心，密謀推翻曹氏政權，危及社稷，並將篡位計畫提上了議事日程。司馬懿為了拯救國家和曹氏家族，發動了政變。為此他殺了曹爽及其親信的整個家族，還株連至反對自己的力量。

事變後，司馬懿獨掌朝政。曹芳封他為丞相，將他的封地增加到十二個縣，邑二萬戶，並且授予他奏事不名的特權。該年十二月，朝廷給司馬懿加九錫之禮，授予他朝會不拜的特權。司馬懿覺得時機尚不成熟，堅持推讓了九錫。

司馬懿在臨死前後受封為相國、安平郡公。但是他依然認為時機不到，沒有接受，而是致力於整個家族的權勢建設。司馬懿的孫子和姪子都受封為列侯，家族封侯者十九人。

司馬家真正露出篡位謀天下的野心是在司馬師廢曹芳的事件上。司馬懿病死後長子司馬師繼續舉權。司馬師比父親要外露凶狠，一心要建立司馬王朝。司馬家族的專權和司馬師對曹芳的緊逼不僅使曹芳極為不

滿，也遭到了部分大臣的反抗。中書令李豐與皇后的父親、光祿大夫張組等圖謀以太常夏侯玄為大將軍，替代司馬師，再逐步清除司馬家族的勢力。但他們沒有躲開司馬師的耳目，結果事情敗露，凡是牽涉其中的人都被誅殺。也許是殺人實在太多了，司馬師同時還大赦天下。在清理了朝臣後，司馬師正式向皇帝進攻，逼皇帝廢黜了皇后張氏。

曹芳的不滿是可以想見的。他將自己的這種不滿流露了出來，結果遭受了更大的打擊。

半年後，司馬師決定檢驗自身的力量，要廢去曹芳，另立新帝。他先是去見皇太后，逼太后下令：「皇帝曹芳年紀大了，卻不處理朝政萬機，整日耽淫後宮內寵，荒唐醜謔：迎六官家人留止內房，毀人倫之敘，亂男女之節。曹芳不忠不孝，日益悖逆，已經失去了做天子的資格，不能再做皇帝了。現在朝廷要告於宗廟，曹芳重新歸藩為齊王，以避皇位。」

司馬師馬上拿著皇太后令，召集公卿大臣會議。群臣大驚失色，又不敢作聲。司馬師流著淚說：「這是皇太后的命令，諸君對王室有什麼看法？」

群臣只好回答：「昔日伊尹為了商朝放逐了商王太甲，霍光廢黜昌邑王以安定漢朝。為了安定社稷撫慰四海，之前兩代都有先例。今日之事，全聽司馬明公的。」

司馬師要的就是這句話：「諸君既然這麼推重我司馬師，我怎麼能推脫躲避呢？」於是，司馬師就帶著群臣，以朝野代表的身分操持起整個廢立大事來。他先是按照西漢霍光的先例，派人去收曹芳的璽綬，通知曹芳以齊王身分歸藩；又派司徒高柔為使節，告祀宗廟，通知曹家列祖列宗有關廢立的事情。

當天，年僅二十三歲的曹芳遷居西宮。司馬師派人持節護送他前往河內重門。曹芳立齊王府在重門，開始以藩王的身分度過自己的後半生。

《魏略》記載司馬師操作廢黜曹芳的時候，派遣郭芝入宮稟告皇太后。當時曹芳正在皇太后身邊。郭芝對曹芳說：「大將軍要廢黜陛下，立彭城王曹據為新皇帝。」

事已至此，曹芳默默地離開，皇太后很不高興。

郭芝說：「太后有子不能教。現在大將軍決心已定，同時率兵在宮門之外，以防不備。太后現在應當順應大將軍的意思，沒有其他可以說的了！」

太后對郭芝的逼宮非常惱火，說：「我要見大將軍，我還有話說。」

郭芝堅決地說：「為什麼要見呢？太后只需要速速取來璽綬就可以了。」

太后沒有辦法，只好交出璽綬。不久，廢帝曹芳來向太后辭行。曹芳涕淚交下，悲傷地從太極殿南行，永遠離開了皇宮。群臣只有幾十個人流淚相送，其中就包括悲不自勝的司馬孚。

曹芳走了不久，司馬師又派人來。太后說：「彭城王曹據，是明皇帝曹叡的弟弟，我的小叔子。現在立他為皇帝，我的地位怎麼處理？這麼做，難道是想讓明皇帝絕嗣嗎？高貴鄉公曹髦更合適。曹髦是文皇帝曹丕的長孫，明皇帝曹叡的侄子。按禮，小宗有繼承大宗的規定。我小時候見過高貴鄉公，立他為新皇帝更合適。」

司馬師於是重新召叢集臣商議，最後大家決定按照皇太后的意思迎高貴鄉公為新皇帝。司馬師表示同意，可能他覺得年幼的曹髦不會對自己構成大的威脅。當時出去迎接曹據即位的太常已經出發，兩天後到達溫縣時被緊急召回。朝廷最終改迎了曹髦。

司馬師廢曹芳的盛大演習取得巨大的成功，也向天下暴露了司馬家族的篡逆之心。忠於曹魏王朝的力量發動了多次反對司馬懿父子的反叛。先是都督揚州諸軍事王淩發動反對司馬寬的叛亂，兵敗自殺身亡。

接著鎮東將軍毌丘儉、揚州刺史文欽再次起兵，連線東吳反叛。司馬師正病重，忍痛親征，斬殺毌丘儉，梟首至洛陽，文欽逃奔東吳。繼任的揚州主將諸葛誕幾年後又起兵反司馬家族，殺揚州刺史樂綝，再次占據淮南一帶反叛。司馬昭親征，攻陷壽春城，斬殺諸葛誕。客觀說，三國後期內政都不清淨，內鬥不息。但司馬家族透過三次揚州戰役，血洗反對派，止住了內爭。曹魏的內亂起得急，也消得快，並沒有對司馬家族造成沉重打擊。

　　司馬父子執政，改變了前兩代大興土木，濫用民力和府庫積蓄的弊政，繼續大力推行富國強兵的戰路。可以說，曹魏的國力持續增長，旗幟卻逐漸更換顏色。

前後相望，司馬炎依樣畫葫蘆

事實證明，司馬師沒有認真審查曹髦的資格，給弟弟司馬昭帶來了棘手的麻煩。

曹髦被殺後，司馬昭決定迎立常道鄉公曹奐為新皇帝。曹奐的輩分很高，是曹操的孫子，燕王曹宇的兒子，與曹叡是同輩，是曹芳和曹髦的叔叔。二五八年，曹奐受封安次縣常道鄉公。

司馬昭派去迎接曹奐的使節是自己的兒子司馬炎。司馬炎因迎立之功升任中撫軍，進封新昌鄉侯。這是曹奐與司馬炎的第一次見面。

二六〇年夏六月，曹奐進封大將軍司馬昭為相國，封晉公，封地為十個郡；朝廷還給司馬昭加九錫之禮。司馬家族旁支的子弟中還沒有封侯的人全部封為亭侯，賜錢千萬帛萬匹。司馬昭表示退讓，這樣大規模的封賞行為才沒有成真。

六月分發生了一件事，也許在司馬家族受禪的最後路途中值得一提。漢獻帝的夫人到那時才逝世，曹奐親自過問了這位遜帝夫人的喪事。曹奐派人追諡夫人為獻穆皇后，以漢朝皇后之禮安葬獻穆皇后。

二六三年夏四月，肅慎向曹魏貢獻楛矢、石磐、弓甲、貂皮等物品。天子讓人把這些都送到大將軍府去。按禮，周邊國家和民族朝貢的貢品，只有天子才有資格接受。司馬家族接受貢品此舉，將替代之心明示天下了。

肅慎朝貢的小事被當年發生的大決策給掩蓋了。當年司馬昭派鍾會、鄧艾、諸葛緒率大軍分三路攻蜀。姜維當時正避禍隴上沓中，率軍退回劍閣抵抗鍾會軍。在東部兩路沒有進展的情況下，西路的鄧艾從隴上輕裝出陰平道，冒險越過七百里無人之地，突發奇兵攻下江油、涪

城、綿竹等城池，進通成都。蜀漢後主劉禪出降，蜀亡。

最初鍾會出伐蜀漢的時候，西曹屬邵悌對司馬昭說：「鍾會這個人不可信任，不能讓他出征。」司馬昭笑著說：「取蜀易如反掌。但是討論的時候眾人都反對討伐，只有鍾會與我的意思相同。滅蜀之後，北方的將士人心思歸，蜀漢的遺民心懷震恐，即使鍾會有異志，也無能為力了。」事態的發展完全在司馬昭的預料之內。由此可見司馬昭的政治眼光和能力。中國古代歷史上的多數權臣都是能力出眾的個人，相反末代皇帝中很少有可與之匹敵的人選。

二六四年三月，司馬昭因為滅蜀的大功勞被封為晉王，增封十個郡。晉國轄地達到二十個郡之多。兩個月後，曹奐追加司馬懿為晉宣王，司馬師為晉景王。司馬家族完成了王室譜系的建設。同時司馬昭透過朝廷制度改革來加強自身權威。他奏請司空荀顗定禮儀，中護軍賈充正法律，尚書僕射裴秀議官制，太保鄭沖總負責，曹魏開始建五等爵位。

司馬昭本來想死後將權力傳回哥哥司馬師一系去，經過親信勸諫後，他猶豫再三，最終立中撫軍、新昌鄉侯司馬炎為晉王世子。

二六五年春二月，有藩屬貢獻貢品，再次歸之於相國府。四月，南深郡澤縣出現甘露祥瑞。這一切似乎都預示著本年是一個不平凡的年分。

五月，司馬昭走到了距離皇帝寶座的最後一級臺階。曹奐命司馬昭配十二旒的王冕，建天子旌旗，出警入蹕，乘金根車、六馬，備五時副車。晉王王妃進封為王后，司馬炎由世子改稱太子。遺憾的是，司馬昭的生命也開始走向了末路。朝廷為此大赦，希望挽回相國的生命。然而到了八月，相國，晉王司馬昭還是死去了。司馬昭生前，曾經有人勸說他稱帝。司馬昭指指司馬炎，然後對勸說他的人說：「魏武帝曹操也沒有稱帝。」他給自己的人生定位就是做曹操這樣的幕後英雄，也的確給太子司馬炎留下了扎實的政治基礎。

在司馬昭逝世的當月，襄武縣傳言出現了一個巨人，有三丈餘高，足跡長三尺二寸，白髮，黃單衣，黃巾。這個巨人拄若枴杖說：「今當太平。」

司馬炎就是在這樣的傳言中繼承父親爵位，總攝朝政的。一切都非常平穩，就像父親當國時一樣。九月朝廷大赦。接著司馬炎建立了晉國的官員系統，以司徒何曾為丞相，以驃騎將軍司馬望為司徒，征東大將軍石苞為驃騎將軍，征南大將軍陳騫為車騎將軍。之後，司馬炎再為司馬昭舉辦了隆重的葬禮。

期間，康居、大宛進獻的名馬，依然是送到相國府中。朝廷的說法是為了嘉獎相國司馬家族懷柔萬國、安定天下的功勳。

一切都很明朗，最後的受禪只是程序問題了。《晉書》和《三國志》中都對最後的禪讓儀式一筆帶過。我們綜合各本史書和《三國演義》的描寫，能夠大致還原當日的情景：

司馬炎與何曾、賈充等親信共同商議前途舉措。賈充等人勸道：「魏國天數已盡。臣等去勸說曹奐不可逆天而動，按照漢獻帝的先例重修受禪臺，具大禮禪位與晉王。晉王您應該上合天心，下順民情，早登大位。」司馬炎在親信的勸說中下定了最終的決心。

曹奐不是傻子，非常清楚自己就是魏國的末代皇帝了。隨著司馬家族勢力日益飛揚跋扈，曹奐心驚膽顫地等待著最後審判的來臨。這一天，司馬炎率領何曾、賈充等人，沒有得到召見便進宮來。曹奐慌忙起身迎接。

司馬炎問他：「魏國的天下是誰在出力維持？」

曹奐回答說：「皆賴晉王父祖三代之力。」

司馬炎點點頭。賈充冷冷地說：「陛下文不能論道，武不能經邦。天下深知魏室已經失職很久了，因而歸心於晉王一家。陛下何不禪位於才

德出眾的司馬家族？」

曹奐雖然將這最後的判決設想了許多次，但真正面對這樣的結果時還是不能立即接受。他一下子懵在那，不能言語，許久才點頭順服。賈充等人立即修築受禪臺。大家挑選了十二月的甲子日作為受禪典禮的舉行日。

當日，文武大臣和藩屬使節雲集受禪臺周圍。曹奐弧孤單單地捧著傳國玉璽，站在臺上，默然地看著周邊的一切。群臣恭請晉王司馬炎登臺。司馬炎在眾人的矚目中緩緩地登上臺來。曹奐將玉璽傳給他，走下臺去，穿上官服站在群臣的列首。司馬炎則端坐臺上。曹奐帶頭跪拜司馬炎，行君臣大禮。群臣在他行禮後，三呼萬歲，也行起君臣大禮。這一刻，中國換了統治者。

《三國演義》中有賈充執劍令曹奐伏地聽命的情節。賈充孤假虎威，說的一段話值得後人回味。他說：「漢建安二十五年，魏受漢禪，至今已經四十五年了。現在曹魏天祿已終，天命轉移到了晉室。司馬氏功德彌隆，極天際地，即皇帝正位，以紹魏統。新朝封你為陳留王，出居金墉城。立即起程，非宣詔不許入京。」這段話突出了因果報應的意味，也表現了司馬家族的無情。

時任魏國太傅的司馬懿弟弟、司馬炎叔祖父司馬孚見到此情此景，在曹奐身前跪倒哭著說：「臣司馬孚，生為魏臣，終身不背魏。」情景感人。司馬炎因為司馬孚是本家長輩，也不能將他怎麼樣。司馬炎的親信慌忙將司馬孚拉開。

司馬孚這個人溫厚廉讓，讀了很多經史的書，是個君子。漢末亂世中，司馬孚與兄弟幾人有時也處在危亡之中，但是他粗茶淡飯，與世無爭，堅持讀書不倦。司馬孚成年後，正直清白，從不與人結怨，也沒擔任什麼實職。他的朋友曹植負才傲物，司馬孚就勸他不要鋒芒太露。曹

植起初不聽他的話，在經過滄桑歲月的洗禮後，終於覺得司馬孚的話是對的。兩人維持了終生的友誼。司馬懿父子執政後，司馬孚因為是血親，得以位居高位。但是司馬孚對哥哥侄子們的執政是有意見的，常常自我退損，不參與紛爭。孫子輩的司馬炎圖謀受禪的過程，司馬孚也沒有參與。司馬師、司馬昭對這個忠於魏室的叔叔很頭疼，但亦不敢進逼，只能進封他為長樂公。司馬炎即位後，更是不敢進逼。

話說受禪禮完畢後，司馬炎回到洛陽皇宮，在太極前殿正式宣布登基，國號為晉，改元泰始，大赦天下。司馬炎定都洛陽，史稱西晉。司馬家族最後成為了天下的主人。曹魏在三國競爭中勝出，但是江山換了顏色。曹魏給西晉做了嫁衣裳。羅貫中寫詩感嘆道：

晉國規模如魏王，陳留蹤跡似山陽。
重行受禪臺前事，回首當年止自傷。

司馬炎新登基的當月，天下出現了許多祥瑞，計有鳳凰六次、青龍三次、白龍二次、麒麟各一。

曹奐禪位後，降封為陳留王：魏氏諸王都降封為縣侯。曹奐的陳留王規格定位在三公上。晉朝割十縣土地、三萬戶人口建立陳留國。曹奐上奏時可以不稱臣，接受詔書時可以不拜，依然保持天子車服和飲食，郊祀天地的時候繼續使用魏國正朔。晉太元十二年又規定，陳留王排位在皇太子之上。司馬炎對曹奐還算寬大，不像後世受禪的皇帝一樣對遜帝刀殺藥毒，而是讓曹奐平穩地度過餘生。他和漢獻帝劉協都算是結局最好的遜帝了。

曹奐遜位時年僅二十歲，被安頓在金墉城（今洛陽市內）居住。不久，司馬炎又命曹奐遷居鄴城。曹奐在鄴城又生活了三十六年，於

三〇二年病死。曹奐死後諡號為元帝。史家還習慣稱他為常道鄉公。這位末代皇帝被葬於鄴城東南五公里處，現在臨漳縣習文鄉趙彭城村西還有曹奐幕封塚。

這個陳留國在曹奐死後依然留存。後來晉朝大亂，中原陷入異族之手。曹奐的後代跟隨西晉王朝南遷，繼續做東晉的臣子。陳留國在南方復國，傳國到南齊。

司馬孚一直堅持自己的信仰和忠誠。西晉建立後，朝廷規定沒有就藩的親王是不能設定一系列王國的官屬的。因為他留在首都，沒有直接治理封地，沒有必要設定完備的官屬，但是司馬炎特許已經被封為安平王的司馬孚配置完備的安平王國官員，以作皇室親善的榜樣。司馬孚的輩分實在太高了，內有親戚，外有交遊，經常入不敷出。司馬炎就又為他增加了二千匹絹的俸祿。每到朝會的時候，朝廷特允許司馬孚乘車上殿，司馬炎親自出宮殿在臺階下拜迎。司馬孚坐定後，司馬炎親自捧觴上壽，行家人禮，而不行君臣之禮。

司馬孚雖然在新的王朝裡備受尊寵，但不以為榮，常常面帶憂慮神色。每次皇帝司馬炎向他行家庭拜禮的時候，司馬孚都要跪地阻止。臨終，司馬孚交代的遺令幾乎就是自己寫給自己的墓誌銘：「有魏貞士河內溫縣司馬孚，字叔達，不伊不周，不夷不惠，立身行道，終始若一，當以素棺單槨，斂以時服。」（魏國忠臣溫縣司馬孚，字叔達，一生不偏不袒，安身立命，恪守道德，始終如一。死後用薄棺材和平常的衣服入殮即可。）司馬孚死於泰始八年（二七二年），時年九十三歲。這在古代中國，算是極其高壽了。

司馬孚對魏國的忠貞固然是信仰使然，其中更有對自家在奪權過程中殘殺過度的反對和擔憂、後怕的情緒作用。

司馬家族的登基之路，充滿了血雨腥風。司馬懿就是靠軍功累積政

治力量的，父子三人在鎮壓揚州反抗力量的時候大行殺戮，血流淮南。高平陵政變後司馬家族誅曹爽，凡是曹爽的黨羽都夷及三族，各家的男女不論老少都一併誅殺，姑姨姊妹等已經嫁到別家去的女子也追究殺害。最後，司馬家族終於獲得了曹魏的天下。

晉明帝時，王導在宮中陪坐。晉明帝問王導：「本朝前世是如何得到天下的？」

王導向皇帝陳述了從司馬懿父子創業到司馬炎逼宮的過程，講了高貴鄉公的事，也講了一系列的流血政治事件。

晉明帝聽完，以面覆床，說：「如果真像你說的那樣，晉朝的國祚還能長遠嗎！」

北朝多事，遍地無不禪讓

　　聞名遐邇的龍門石窟在洛陽南二十公里、洛水邊的龍門崖上，其中的佛像浮雕難以確數，有數萬個之多。這些鬼斧神工之作是定都洛陽的北魏的宏大工程。從四九 年代遷都洛陽之後的三十年間是北魏帝國的兼是時期。

　　北魏在書法、雕塑上的傑作都是在這三十年間完成的。三十年後，北魏帝國迅速走上了衰亡之路，開啟了一連串的禪讓劇目……

踩響地雷的爾朱榮

我們說北魏的衰亡必須從一項奇特而嚴格的宮廷制度說起。

西元前一世紀，對宮廷鬥爭已經心灰意冷的漢武帝在安排身後之事的時候殘酷地將自己心愛的女人——鉤弋夫人殺掉。因為漢武帝要策立她的兒子劉弗陵當太子，他殺死鉤弋夫人是為了預防她將來以皇太后的身分干預朝政。

北魏帝國是由北方的鮮卑民族拓跋部落建立的。鮮卑民族入主中原時逐漸漢化學習了漢族的政治制度，非常欣賞漢武帝預防太后和外戚專權的殘酷做法，並且明定為宮廷制度。因此北魏的妃子們終身生活在矛盾之中。她們既希望生育兒子，因為那是她們將來地位的基礎——同時她們又擔心生出的孩子日後被選立為太子。那樣年輕母親就要被迫服毒，也就永遠享受不到榮華富貴了。

西元六世紀初，執掌北魏帝國大權的是第八任皇帝元恪。元恪計劃立兒子元詡為太子，按律，元詡的母親胡貴嬪應該被處死。但元恪非常喜愛胡貴嬪，赦免了她。五一五年元恪逝世，年僅六歲的元詡即位，胡貴嬪以皇太后的身分輔助兒子執政。北魏帝國先輩所擔心的太后掌權的局面不幸終於出現了。元恪的婦人之仁將帝國推向了墳墓。由此可見古代歷史上一些看似殘酷無理的制度是有其合理性在裡面。以宮廷婦人的死來防止皇權的旁落和國家的動盪，是以小代價防範未來的有效選擇。

胡太后年輕貌美，當權時除了大肆營建龍門石窟之類的宗教工程外，在帝國政務的其他方面毫無進展。加上她隨性而動，貪圖享受，私生活混亂，從而引起了整個帝國的動盪。二○年代北朝各地騷亂暴動不斷，北魏帝國開始流血。胡太后的倒行逆施遭到了朝野部分大臣的反

對，曾經在政變中遭到囚禁。

幾年後，胡太后利用親情第二次掌權。這一次她更加重用奸佞，廣樹面首男寵，淫亂胡為。為了防止可能的政變，胡太后重用情夫孫儼和徐紇。北魏最高統治階層對愈演愈烈的動亂，採取掩耳盜鈴的態度，聞喜不聽憂。朝野上下都向胡太后匯報帝國內部一派平安景象，只有少數社會敗類騷動不安，遲早會被地方官吏肅清。胡太后自欺欺人，更加肆無忌憚地胡作非為。

五二八年，元詡的妃子生下一個女兒。胡太后竟然宣稱生了一位王子，還大赦天下。元詡那時已經十九歲了，對母親傷害帝國的種種行徑痛心疾首。他計劃驅逐朝廷中的奸佞，削弱母親的勢力。缺乏經驗的元詡竟然選擇引進外藩將領來清除母親的勢力。

那個被選中的外藩將領就是鎮守晉陽（山西太原）的大將爾朱榮。爾朱榮是爾朱部落的首領。爾朱部落出自匈奴族，北魏初年降附於鮮卑拓跋部，被安置在今山西朔縣一帶。該地區宜農宜牧，爾朱榮家世代作酋長，積聚了大量財富。到北魏後期爾朱榮擁有八千餘家的部落人民。部落的牛羊駝馬，以毛色分群，漫山遍野地放牧。北魏末期北方動盪，爾朱榮組織軍隊，鎮壓了當地起義，積極壯大政治軍事力量。接到元詡向洛陽進兵，脅迫母親胡太后的密令後，爾朱榮馬上整軍南下。就在爾朱榮大軍到達上黨時，元詡卻猶豫起來，命令他就地駐紮。

優柔寡斷之間，消息早已經洩露。胡太后聯合情夫，殘忍地將親生兒子元詡毒死。胡太后此舉不僅殘忍，而且也給自己造成了巨大的麻煩。她執掌朝政的法律依據就是因為她是皇帝的生母。元詡死時尚未生育兒子。這就讓胡太后繼續執掌朝政生成了障礙。按理，元詡死後，不久前向天下宣布是王子的女兒，就應立刻即位為新皇帝。事到如今，胡太后不得不宣布所謂皇子其實並不存在，而是女兒身。她選擇元詡的侄

子、剛出生三個月的元釗為新皇帝，想平息來自北方的進攻。然而胡太后將爾朱榮想得太簡單了。爾朱榮早在起兵之時，就想做第二個董卓了。皇帝的死只是給他提供了絕好的藉口而已。他不但根本就不承認洛陽的新政府，反而通告天下要追查元詡的死因。

四月十一日爾朱榮在河陰（今河南洛陽東北）擁立元詡的叔叔元子攸登基稱帝。新皇帝元子攸封爾朱榮為侍中、都督中外諸軍事、大將軍、尚書令、領軍將軍、領左右進爵太原王。爾朱榮擺出了一副爭奪天下的架勢。同天，洛陽東北門戶河橋守將向爾朱榮投降。消息傳到洛陽，守城將士四處潰散。孫儼和徐紇兩人跑得比誰都快。胡太后眾叛親離，在絕望中召集宮中所有的妃妾，命令她們隨自己一起出家，削髮為尼。第二天，洛陽的皇室貴族百官出城到河橋迎接來自北方的新皇帝元子攸。第三天，爾朱榮派兵將胡太后和小皇帝元釗裝入竹籠溺死於河陰；又以祭天為名，召集迎駕的王公貴族和百官兩千餘人，大聲訓斥。爾朱榮責備朝臣貪婪殘暴、不相輔佐，認為所有人都要為元詡的暴亡負責。最後他縱兵將迎駕的人全部殺害，拋入黃河。這就是歷史上著名的「河陰之變」。

舊的統治層幾乎被清洗乾淨，洛陽和中央政府爾朱榮唾手而得。軍士們在河橋高呼「元氏既滅，爾朱氏興」。當時軍中有個叫做高歡（請讀者先記住這個名字）的都督趁機勸爾朱榮稱帝。軍中將領也紛紛贊同。爾朱榮經過深思熟慮，還是挾新皇帝元子攸進入洛陽。爾朱榮專制朝政，不敢貿然稱帝的原因是自覺實力不夠，心存觀望。河陰之變後，爾朱榮返回晉陽，遙控北魏朝政。他專心於鎮壓河北、關隴和山東等地的起義，並且擴充實力。

爾朱榮對北魏朝廷最大的功績是抵抗住了梁朝的進攻。河陰之變後，北魏宗室汝南王元悅、北海王元顥、臨淮王元彧和部分刺史南逃投

降了梁朝。十月，梁武帝以北海王元顥為魏王，遣大軍護送他回中原爭奪北方。第二年，梁朝大軍進展到中原腹地。四月元顥在睢陽城南稱帝。五月，梁軍再攻克滎陽。皇帝元子攸等人渡過黃河北逃洛陽隨即被元顥占領，元顥改元建武。天下形勢彷彿異常明朗，人心開始轉變。萬分危急時，爾朱榮果斷到上黨勤王，勸說元子攸擺出返往洛陽的姿態。爾朱榮作為前驅，在十幾天時間裡聚集軍隊，積蓄物資軍備，在黃河北岸對梁軍構成巨大壓力。黃河決戰，爾朱榮戰勝梁朝軍隊。元顥被迫逃亡，在臨潁被縣卒江豐斬首。元子攸重新回到洛陽。而爾朱榮因為有再造朝廷的大功被封為天柱大將軍，權勢如日中天。

經過爾朱集團的殘酷鎮壓，雄才大略的爾朱榮基本掌握了北魏政權。他一心篡權稱帝，卻繼續擁立北魏皇室。因為篡位的條件還不成熟，北魏內亂不斷、民怨沸騰，牽制了爾朱榮篡位野心的實現。爾朱榮雖然是軍事高手，但是內政建設和經濟發展上罕有建樹。他任人唯親，專橫跋扈。北魏經受多年戰亂，急需休養生息。但爾朱榮卻繼續窮兵黷武，不事生產，弄得是民不聊生，人心惶惶。想必爾朱榮自己也明白國內亂象，所以遲遲沒有篡位。

結果看似文弱的元子攸搶先下手了。元子攸被迫給予爾朱榮重權，但早已看出爾朱榮取代北魏奪權登基的野心。而「河陰之變」血流遍野的慘像和爾朱家族飛揚跋扈的言行，更是加深了元子攸殺爾朱榮自保的決心。

元子攸的皇后是爾朱榮的女兒。這不是一段美好的婚姻。爾朱皇后性情剛硬，且喜歡爭風吃醋。元子攸被皇后鬧得沒辦法了，就讓在洛陽的爾朱世隆（爾朱榮的弟弟）對侄女教導一番。爾朱皇后卻說：「皇帝寶座是我們家給他的。今天他卻這樣子對我；我父親如果做了皇帝，現在就由不得他來教訓我了。」爾朱世隆聽了這話先是沉默不語，之後嘆氣

說：「大哥本來自己想做皇帝的，本來我也可以是親王了。」爾朱世隆和爾朱皇后的對話傳到元子攸耳朵裡，自然是更加堅定了後者誅滅爾朱家族自保的決心了。

但元子攸畢竟只是個傀儡皇帝。北魏的皇室貴族和大臣們在河陰之變中幾乎被屠殺殆盡，洛陽周圍被爾朱榮把持。元子攸尋找不到勤王的力量，所以只能自己動手刺殺爾朱榮了。君王刺殺臣子自保，也算是無奈之舉了。站在元子攸一邊的大臣有城陽王元徽、侍中楊侃、李彧、尚書左僕射元羅等少數幾個人。

五三〇年，爾朱皇后即將生育。遠在晉陽的爾朱榮前來洛陽朝見，主要是照顧女兒爾朱皇后的生產。元子攸與親信大臣緊張密謀，準備刺殺爾朱榮。但是大家又擔心爾朱榮在洛陽的勢力太大，刺殺不易，遲疑未決。久在洛陽的爾朱世隆感覺到了正在醞釀的刺殺密謀。他寫了一張「天子與楊侃等人密謀謀殺天柱大將軍」的紙條貼在自己門口。這馬上成為一個轟動事件，匿名紙條馬上送到爾朱榮手裡。被實力迷惑了雙眼的爾朱榮完全不把皇帝的陰謀放在心裡，哈哈大笑說：「世隆真是膽小如鼠。誰敢殺我？」他笑著將紙條撕掉。

九月十八日，得知計畫已經敗露的元子攸決定提前動手。他命楊侃等十幾個人埋伏在明光殿東。這天，元子攸邀請爾朱榮和爾朱心腹元天穆入宮進食。不知道什麼原因，爾朱榮和元天穆在宴會中途就起身告辭。待楊侃等人從宮外趕上殿來的時候，爾朱榮、元天穆已經走出大殿了，失去了動手的寶貴時機。

二十一日那天爾朱榮又進宮，但只稍作停留。當天爾朱榮出宮後到陳留王家飲酒大醉。之後連續多日，他都稱病不出。

元子攸越來越著急了，於是在二十五日那天決心孤注一擲。他先在明光殿東廂設下伏兵，然後聲稱皇后生下皇子。宮中鼓樂齊鳴，開始慶

祝皇子誕生。元徽受命飛馬到爾朱榮處報告喜訊。這時爾朱榮正在和元天穆賭博。元徽假裝摘下爾朱榮的帽子，興奮地舞蹈祝賀。同時皇宮大規模派出文武百官，向爾朱榮道賀，並催促爾朱榮進宮。爾朱榮於是放鬆戒備，跟著大家一起興奮起來，叫上元天穆一起進宮。兩人進宮時正遇到負責起草詔令的中書舍人溫子升拿著剛寫好的大赦令往外走。這些大赦令是元子攸準備在刺殺完成後對天下公布的。

爾朱榮高興之餘和溫子升擦肩而過。如果他當時檢視一下溫子升手裡拿著的大赦令，結果就截然而反了。元子攸在寶座上親切接見了爾朱榮和元天穆。元徽進殿，向大家行禮。以此為信號，光祿卿魯安等人手持佩刀，從東廂門闖入。

爾朱榮也是一代梟雄，迅速跳起來向文弱的元子攸撲過去。他希望劫持皇帝，扭轉形勢。元子攸早有預料，事先在膝上橫著一把刀。他一刀就把手無寸鐵的爾朱榮劈倒。接著魯安等人一擁而上將爾朱榮與元天穆亂刀砍死。

《北史》卷五對這場政變的描寫只有短短的一句：「戊戌，帝殺榮、天穆於明光殿，及榮子菩提。」可見，元子攸將爾朱榮、元天穆殺死的同時還追殺爾朱榮親屬，包括爾朱榮的兒子爾朱菩提。爾朱榮時年三十八歲。

當禪讓成為橡皮圖章

元子攸對刺殺事件做了周密的部署。為了消除政治動盪，他事先準備了大赦令和免死鐵券，打算寬恕爾朱榮的餘黨。身為常年居於宮殿的皇帝，元子攸以為憑著這些契約和憑證就能穩定政局，實現親政掌權的目的。

宮中噩耗傳出的時候，爾朱榮的妻子和警惕性很高的爾朱世隆趁亂逃出了洛陽在郊區召集爾朱家族的武裝力量，準備攻城。元子攸發出大赦令和免死鐵券，想制止爾朱氏的反抗，但效果極小。爾朱世隆等人就對朝廷的大赦令和鐵券嗤之以鼻。他們對使節說：「天柱大將軍對皇帝有擁戴之功，對天下有再造功勳，卻無故遇害。這些白紙和鐵字又有什麼用處呢？」

爾朱榮死後，留守晉陽的侄子爾朱兆聞訊立即率軍南下洛陽。爾朱家族勢力合軍後，開始猛攻洛陽。洛陽很快被攻破，元子攸被抓。爾朱兆繼承了爾朱榮的實力和地位。「爾朱兆遷帝於晉陽。甲子，帝遇弒於城內三級佛寺，時年二十四。」也就是說元子攸被劫持到晉陽，在一個三級佛寺中被殺死，年僅二十四歲。這開了一個惡劣的先例，前任皇帝或者礙眼的皇帝往往都被殺死在寺廟之中。寺廟本應該是修道養德、供人避難的場所，卻成為了北朝時期的皇帝屠殺場。元子攸遇害距離他刺殺爾朱榮只隔了三個月。元子攸的左右大臣也都被爾朱兆殺死。

之前，爾朱世隆等人停軍洛陽郊區，爾朱兆從晉陽來會合的時候，為了與洛陽朝廷相抗拒，也為了取得政治優勢，他們臨時拉了一個王爺（長廣王元曄），推舉他為新皇帝取代元子攸。元曄大赦所部，定年號為建明。事後，因為元曄是北魏皇室的疏遠宗室，缺乏名望，爾朱家族決

定扶立新君。他們選擇了元恭。

元恭在前朝長期處於政治邊緣，託病居於龍花佛寺，很少與外人交遊通訊。有人向元子攸打小報告說元恭城府很深，「將有異圖」。意思就是說元恭這個人很奇怪，有異心，提醒皇帝注意。元恭的聲望很高，民間又傳說龍花佛寺有天子氣。元子攸猜忌害怕起來。元恭聞訊逃匿到上洛地區。朝廷還是找到了元恭，押送他到洛陽裡。元恭被拘禁了多日，以查無實據而被釋放。元子攸死後，爾朱家族認為元恭有過人氣量，意圖扶立他為新帝。他們派人試探元恭的意思，同時也脅迫他。元恭不得不答應登基稱帝。

於是北魏的第一場禪讓大禮開始了。「元曄至邙南，世隆等奉帝東郭外，行禪讓禮。太尉爾朱度律奉路車，進璽綬。服袞冕，百官侍衛，入自建春、雲龍門。」元曄乖乖地將皇位禪讓給了並不那麼願意接受的元恭。這雖然是皇室內部的權力轉移，但主導的卻是爾朱家族。只要爾朱家族願意，他們完全可以實現異姓之間的權力轉移。

盛極必衰。爾朱家族的強盛並沒有維持多長時間。埋葬爾朱家族，推翻北魏的人物在此時已經穩步壯大起來。建國之初，為防禦來自北方的侵擾，北魏北部邊疆設立了沃野、懷朔、武川、撫冥、柔玄、懷荒六大軍鎮，稱為「六鎮」。六鎮是北魏留在北部的重要軍事力量，初期得到了充分重視。但孝文帝遷都洛陽後，六鎮的政治軍事地位不斷降低。因犯、流民等階層人民逐漸替代先前的鮮卑人和漢族地主子弟，成為六鎮將領和士兵的主要成分，並受到中原朝廷的各種歧視。遭受背叛、忽視的情緒所以，不安、進取的思想充斥在六鎮之中。從五二三年起，六鎮軍民就不斷爆發起義，構成北部中國亂世的重要組成。高歡、宇文泰這兩個日後梟雄就是崛起於六鎮的軍閥。他們最終共同成為了北中國的主人。

我們先單說那高歡。

高歡，字賀六渾，來自懷朔鎮。《北史》中為高歡攀上了還算可以的家世。

據說高歡屬於渤海高氏，是北方大族。六世祖高隱曾擔任西晉玄菟太守，三世祖高湖曾擔任北魏的右將軍。祖父高謐官至北魏侍御史，後因犯法被遷居到懷朔鎮。高歡身為囚犯後代，從小就與邊境的鮮卑人混居在一起。長大後高歡既崇尚胡俗，又輕財重士。

高歡幼年喪母，收養他的人家又很窮。他找不到正當職業，就想參軍碰碰運氣，但是又籌辦不起必要的裝備。直到娶妻成家，高歡得到岳父支援才有了自己的馬，參加了鎮軍。參軍不久，會辦事的高歡就被提升當了小隊長。

當時的鎮將遼西人段長對高歡說：「你有康濟時世的才能；我老了，活不到你發達的時候了。希望你日後富貴了，多多照顧我的兒孫啊。」段長的這番話可能對很多年輕軍官都說過，也可能是出自對高歡特別的欣賞，但是高歡將它看作是對自己的高度評價和巨大鼓勵，終生不忘。高歡掌握魏朝國柄後，追贈段長為司空，並提拔段長的兒子段寧為官。

高歡不久轉任函使，往返於懷朔鎮與北魏都城洛陽之間，負責投遞中央與地方間的信函。在這個官職上，高歡停留了六年。常年奔忙在北方各地，進出洛陽，高歡逐漸開闊了眼界，累積了政治經驗。一次，高歡從洛陽回到鎮裡，傾家蕩產來結交賓客。親友故人都很奇怪，問他為什麼要這樣做。高歡回答說：「我到洛陽的時候，宿衛羽林軍官兵焚燒了領軍張彝的宅院。朝廷害怕惹事，對這樣的騷亂不聞不問。為政到這個地步，國家前途可以想見。個人財物生不帶來，死不帶走，有什麼用？」這時候，高歡就顯露出了爭奪天下的志向。

北方大動盪的時候，高歡投靠了爾朱榮的大軍作戰，並受到爾朱榮

賞識而被提拔為親信都督，參與謀劃。爾朱榮對高歡的感情是一種英雄惜英雄的感覺。起初爾朱榮對高歡並沒有特別的感覺。一次參謀軍事的時候，高歡建議道：「方今天子愚弱，太后淫亂，寵臣專權，朝政不行。明公您雄才武略，乘時清帝側，霸業就可以舉鞭而成了。」高歡建議爾朱榮乘朝政大亂的時候起兵，推翻北魏朝廷自立。這個建議正中爾朱榮下懷，因此重視起高歡來，常常詢問他對政治軍事計畫的意見，非常信任。

一次，爾朱榮忽然問左右：「哪天我死了，誰能夠做軍中統帥呢？」左右軍將都回答說：「爾朱兆將軍可以做統帥。」爾朱榮不以為然地說：「爾朱兆雖然勇猛善鬥，但只能做統領幾千兵馬的部將，不適合做統帥。我死後，能代我統軍的，只有賀六渾這個小子。」話說是這麼說，爾朱榮依然不願意將大權轉移到外姓手中。他雖然欣賞高歡的才能，但也提防著高歡奪權。他提醒爾朱兆要提防高歡，還將高歡遠調為晉州刺史。

爾朱榮常常怕死後高歡篡權，為此告誡爾朱兆不可輕視高歡：「將來奪權者必是賀六渾這小子。」

爾朱兆興兵攻入洛陽的時候高歡假意響應爾朱兆，與他會師於平樂。爾朱兆辦了一次鴻門宴，邀請高歡前來赴宴。酒過三巡，爾朱兆問高歡如何平定邊鎮騷亂，高歡規規矩矩地建議爾朱兆派遣一個心腹大將去當統帥平亂，如果再發生騷亂，就怪罪這個統帥。原話為「宜選王素腹心者私使統焉。若有犯者，直罪其帥，則所罪者寡。」爾朱兆就問：「好，那誰可以為帥呢？」同席的的賀拔允不知趣地搶著說：「高歡很適合去做北方統帥。」話還沒說完，高歡就一拳打倒賀拔允，打得他滿嘴流血，還掉了一顆牙齒。高歡厲聲說道：「天柱將軍在的時候我們這些奴才就是鷹犬。軍國大事由王爺說了算，輪不到你們插嘴！」爾朱兆見了，非常感動，覺得高歡是忠心的，解除了對高歡的戒心。他仗著酒

勁，在宴會上當場任命高歡統領六鎮兵馬，同時還答應要增加高歡的部屬力量。宴會後，醉酒的爾朱兆睡著了。

高歡怕爾朱兆醒後反悔，立即借爾朱兆的命令部署其兵馬。當時爾朱勢力中民族壓迫比較嚴重，多數來自六鎮的鮮卑人、漢人都願意追隨高歡，極短時間內奔赴高歡處集合完畢。於是高歡拉起隊伍火速離開爾朱大軍，東出山東，逐漸擺脫爾朱氏的控制，獨立發展。

高歡留意約束官兵，嚴格軍紀，與民秋毫不犯。過麥地時，他本人帶頭下馬穿行。山東、河北人民都傾向支援高歡。五三一年，高歡平定殷州，斬爾朱羽生，開始公開反對爾朱氏。高歡上書元恭陳述爾朱氏挾天子以令天下的欺君之罪。這樣的上表肯定為爾朱世隆扣壓。高歡就以朝廷被奸臣把持、得不到朝廷指令為理由，在信都公開擁立宗室、章武王元融的兒子、渤海太守元朗為新皇帝，年號中興。

《北史》記載這件事說：「普泰元年六月己亥朔，日有蝕之。庚申，勃海王高歡起兵信都，以誅爾朱氏為名。冬十月壬寅，高歡推勃海太守元朗即皇帝位於信都。」

高歡在河北大族的支援下，第二年就基本消滅了關東的爾朱氏勢力。本來就首鼠兩端的大都督斛斯椿等人在洛陽反正，盡殺留守的爾朱氏黨羽。爾朱世隆、爾朱度律、爾朱天光相繼被俘斬。四月，高歡和元郎到達芒山，元恭派人慰勞高歡。高歡這時也覺得自己所立為帝的安定王枝屬疏遠，決定更換一個皇帝，就派魏蘭根招降洛陽等地，同時觀察原來的皇帝元恭的為人。高歡有意重新迎立元恭。

魏蘭根觀察後覺得元恭智商高、聲望好，恐怕日後難以挾制，就向高歡讒謗元恭。左右將領也勸高歡說元恭是爾朱氏所立，勸高歡廢掉他。高歡於是將元恭廢掉，幽禁在崇訓佛寺中。元恭本來就沒想到做皇帝，糊塗地做了一年多皇帝後，又重新回到了寺廟中。失位後，元恭賦詩一首：

朱門久可患，紫極非情玩。

顛覆立可待，一年三易換。

時運正如此，唯有修真觀。

　　這樣的詩句只能讓我們後人感嘆落魄皇子皇孫的荒涼悽慘的心情，感嘆「可憐生在帝王家」的無奈。一個月後，避居佛寺的元恭被毒死，年僅三十五歲。

　　高歡與左右親信商議，挑選新的皇帝。最初大家青睞的人選是汝南王元悅。元悅被招來的時候，高歡又在即將登基的前一天晚上改變了主意，不立元悅了。當時北魏的皇室成員四散逃避，各個王爺難見影蹤，尋找新皇帝竟然成為了非常困難的事情。

　　當時，有個宗室王爺元修正躲藏在洛陽城西、與他關係不錯的散騎侍郎王思政的家裡。元修是廣平王元懷的第三個兒子，能力尚可，歷封汝陽縣公、平陽王，是朝廷的侍中、尚書左僕射。也該是元修倒楣，他躲藏的地方被人告發了，高歡決定立元修為新皇帝。

　　元修在王家躲藏了五十天左右，突然見到王思政引著斛斯椿等人，帶著四百兵馬來找他，嚇得面如死灰。他問王思政：「你把我出賣了嗎？」王思政搖頭說沒有。元修又問他：「能保我性命嗎？」王思政無奈地回答：「世事變化無常，王爺，我也不知道啊。」元修就這樣被騎兵擁夾在中間，來到高歡的氈帳中。

　　高歡淚下沾襟，下拜陳述事由。元修這才知道原來是拉自己來做皇帝的。他趕緊跪下回拜高歡，表示自己德才淺薄，不敢稱帝。高歡也不多說話，隨即出去了。陸續有人將服飾呈送進來，並請元修沐浴更衣。為了防止元修逃跑，高歡全軍夜裡嚴密警備。天亮的時候，文武百官都前來朝見。廢帝元朗早按照高歡的意思寫了禪位詔書。高歡讓斛斯椿捧

著勸進表前來勸進。斛斯椿進入帷門後，不敢向前。元修就讓王思政取來表說：「看吧，我現在不得不登基稱帝了。」於是在洛陽東郭之外，北魏王朝又進行了一場禪讓典禮。沒做幾天皇帝的元朗將皇位禪讓給了元修。元修就這樣成為了北魏的末代皇帝，史稱魏孝武帝。

五月，元恭遇害，被追諡為節閔皇帝。高歡又殺死曾經為帝的安定王元朗、東海王元曄。連曾經身為皇帝人選的汝南王元悅也被高歡下令殺死。

北魏政權落入了高歡手中。高歡城府很深，表情嚴肅；軍國大略，獨斷專行。文武百官很少有猜測得到高歡的決策的。元修又迎娶了高歡的女兒為皇后。高歡也成為了國丈。

元修與前幾任傀儡皇帝不同。他不願意重蹈前幾任的覆轍，一開始就有除去高歡的決心。南陽王元寶炬、武衛將軍元毗、王思政和斛斯椿等人也不是真心降服高歡，紛紛勸說孝武帝除掉高歡。斛斯椿還掌握著一定兵權，重新安排了宮內侍衛，挑選數百名驍勇武士擔任孝武帝的近衛軍。元修就以斛斯椿為領軍，與王思政共同統帥近衛軍，作為心腹；還調整了督將及河南、關西諸刺史的人事。這樣，軍謀朝政都掌握在斛斯椿的手裡。元修還多次以出獵為名，與斛斯椿排兵布陣，互相密謀。

五三四年，元修決定攤牌，率軍攻伐駐紮在晉陽的高歡。於是他下詔洛陽戒嚴，抽調河南部隊，聲稱要南伐梁國，實際上是北伐高歡。七月，元修親自率領十餘萬軍隊，北上到河橋。元修為了麻痺高歡，慌稱是討伐關中地區與高歡為敵的宇文家族。實際上，元修早已經和宇文泰等人做好了聯絡，共同攻擊高歡。高歡是什麼人，馬上復朝廷說自己也調集部屬五路兵馬，二十二萬人出發南下助援皇帝征討。同時高歡還上表要求清除朝中奸佞。元修既沒有達到麻痺高歡的目的，又得知高歡大軍前來的消息後，不得不和高歡硬碰硬了。

　　兩軍隔著黃河相持。斛斯椿請求率領兩千兵馬趁夜渡過黃河，趁高歡大軍遠道而來，立腳未穩進行偷襲。元修也覺得這是個好主意。但是黃門侍郎楊寬勸諫說：「皇上在緊急關頭將兵權給別人，恐生他變。萬一斛斯椿渡河偷襲成功，那可是滅掉一個高歡又生出第二個高歡啊。」元修覺得更有道理，馬上下令斛斯椿停止發兵。斛斯椿嘆息道「皇上不用我計，真是天意不興魏室。」

　　客觀來說，元修在實力上處於絕對劣勢，當面對陣取勝希望不大，只能出奇計。高歡大軍急行軍八、九百里迎戰，早成了一隻疲軍。斛斯椿乘其疲憊奇襲，還是有可能扭轉戰局的。但是元修從防止權臣出現的角度出發，拒絕搶先發動決戰，反而沿河據守，造成了最大的策略失誤。

　　在對峙中，擔任中軍將軍的王思政預計勸說元修避開高歡兵鋒，向關中宇文泰的軍隊靠攏，依附關中力量。東郡太守裴俠對王思政說：「宇文泰也是個大軍閥，位處關中形勝之地，根基已深，怎麼會輕易讓權於皇上與各位大臣呢？如果貿然去投靠他，皇上無異於避湯而入火啊。」王思政深以為然。那應該怎麼辦呢？裴俠說：「我們與高歡決戰勝算不大，西奔宇文泰又有將來之慮。倒不如先移軍關右一帶駐紮，觀察一下形勢再做決定。」

　　元修見取勝艱難，就帶著南陽王元寶炬、清河王元亶、廣陽王元湛、斛斯椿和五千騎兵宿於瀍西楊王別舍。他和王思政的想法一樣，決心投靠關中宇文勢力。在當地，元修發現了上百頭牛，命令全殺了來犒賞軍士。軍隊從元修的舉動中發覺皇帝有逃亡的心思，紛紛開始逃散。一夜間，元修周圍的軍隊逃亡了超過一半。就連清河王和廣陽王兩位王爺也都逃回洛陽去了。元修更是失去了抵抗的勇氣，第二天便棄軍西逃。除了少數親隨，大臣中只有武衛將軍獨孤信追隨元修左右。這位獨孤信的忠誠日後得到了歷史的回報，他的女兒成為了隋文帝的獨孤皇

后。當然，這些都是後話了。

　　割據關中的略陽公宇文泰派遣都督駱超、李賢和各帶領數百騎兵東進接納元修等人。李賢和這支部隊在崤中遇到了落荒而來的元修等人，元修在這支部隊的保護下最終抵達了長安。高歡自晉陽發兵後給元修上了四十多封奏表，都沒有得到答覆。他感覺到元修極可能逃入關中，依靠宇文泰，便親自領輕騎追趕元修。畢竟元修代表著北魏的法統所在，他更要追回皇帝以免在歷史上落下逐君出逃的過錯。高歡領軍西進，陝州守將聞風而逃。高歡繼續追到潼關，見到元修已經被宇文軍接走了，只好先東還洛陽。洛陽周邊那些群龍無首的軍隊紛紛敗降。之後，高歡第二次親自率軍進攻潼關，斬宇文部的行臺華長瑜，進而占領華州。但還是沒能奪回元修。

　　長安的元修封宇文泰為關西大行臺、尚書左僕射，賜以公主為妻；並向天下宣示高歡的罪惡。冬十月，高歡在洛陽推清河王元亶的兒子、年僅十一歲的元善見為新皇帝，遷都鄴城。北魏從此分為東西兩部：關中以長安為首都的政權被稱為西魏，關東以鄴城為首都的政權被稱為東魏。

癲狂高洋與傀儡羔羊

　　元修代表著北魏的正統，但是這裡請允許我先將關東的故事講完。在下一章節，我們再回過頭來敘述元修在長安的日子。

　　高歡新立的皇帝元善見是北魏孝文帝的曾孫。二三四年十月，高歡和左右詳細商議立元善見為皇帝的時候，就認為洛陽雖然有位置優勢，但是土地褊狹，久經喪亂，城池殘破，不適合作為首都。而且元修和宇文泰在長安居高臨下，對洛陽構成威脅。因此，高歡等人選擇鄴城為新的首都。元善見就在鄴城東北登基稱帝，改元天平，成為東魏的開國皇帝，也是唯一的皇帝。由於元善見年幼，高歡輔政，掌握軍國大權。

　　高歡的統治相對平穩，高氏家族繼續竊取權力。當時南梁雖然有北伐，但與東魏的關係仍以外交通使為主。高歡害怕北方士大夫望梁朝為正朔所在而投奔江南，也無意南向擴張疆土。為了抵抗柔然對分裂的魏國的侵略，高歡迎娶柔然公主，對柔然奉行結交和好政策。高歡的主要精力放在與關中宇文泰的作戰中。他多次與西魏作戰，遺憾的是勝少敗多。原先關東對關中擁有軍事優勢，但隨著連年戰爭和關中的恢復，東魏和西魏逐漸形成了均勢。五四六年，高歡幾乎是傾全國之力進攻西魏。在玉壁戰役中，高歡圍城五十餘日，士卒戰死病死者七萬人，被迫退軍。歸國後的高歡覺得心力交瘁，於第二年（五四七年）正月丙午死去。然而，高歡的平穩統治為兒子的篡位奠定了良好的基礎。

　　高歡生前曾宣布長子高澄為繼承人，同時培養次子高洋以防萬一。高澄權力欲旺盛，而且性情暴躁。身為次子，高洋很注意韜光養晦，保證既不被父皇所厭惡，又不被兄長排擠陷害。高歡死後，高澄繼承父親的地位，受封渤海王、大將軍，把持朝政。

死後被稱為孝靜帝的元善見是個自幼聰明，文武雙全的君主。他「好文學，美容儀，力能挾石師子以逾牆，射無不中」。意思是說這位皇帝長得很漂亮，喜歡文學，而且還能挾帶著石獅子翻牆，射箭百發百中。這在歷代皇帝中還真算得上是才能出眾。朝廷宴會的時候，元善見老是命令群臣賦詩，自己從容沉雅，非常有北魏偉大的帝王孝文帝的遺風。但元善見始終是一個傀儡，未能親政。傑出的才幹是多少代朝臣對君主的期望，但對於傀儡君主來說，它就變成負面因素了。勃海王高澄主事的時候就非常忌諱這位文武全才的皇帝。高澄將大將軍中兵參軍（自己的參謀）崔季舒調任中書、黃門侍郎，監察皇宮的動靜。因此元善見的大小舉動都被崔季舒偵知，再告訴主子高澄。

元善見一次在鄴城東部打獵，驅馬馳騁如飛。監衛都督烏那羅等人在後面緊緊追趕高呼：「天子莫走馬，大將軍怒。」意思是說皇帝不能跑得太快了，大將軍知道了會發怒的。

又一次，高澄和皇帝一起飲酒。高澄舉觴對元善見說：「高澄祝陛下長命百歲。」元善見聽了，可能比較感慨，就不高興地說：「自古沒有不亡之國，朕怎麼能受用這樣的話。」高澄發怒了：「朕，朕，狗腳朕。」高澄說完還不解氣，讓崔季舒上去打元善見三拳。當眾毆打了皇帝後，高澄這才奮衣而去。第二天，高澄讓崔季舒去慰勞皇帝。元善見也不得不表示感謝，還賜給崔季舒絹。崔季舒哪裡敢接受，就先跑去報告高澄，問自己能否接受。高澄讓崔季舒取其中的段。元善見就束了百疋絹給崔季舒。

元善見不堪憂辱，常常在宮中詠同時代南方大詩人謝靈運的詩：

韓亡子房奮，秦帝魯連恥。
本自江海人，志義動君子。

　　常侍、侍講苟濟知道元善見的心意，就與華山王元大器、元瑾等密謀於宮中。他們三個人想出了一個餿主意，偽裝在宮中造假山，實質上挖道地出宮。猜想他們是想將皇帝弄到城外去，再集結天下兵馬做進一步打算。苟濟的道地走向北城方向。到千秋門的時候，守門者察覺到地下有響動，趕緊跑去報告高澄。高澄領兵入宮，責問元善見：「陛下為什麼要造反？我高家父子兩代功存社稷，有什麼地方辜負了陛下嗎？」高澄當即下令捕殺宮中的妃嬪。元善見正色說：「大臣們造反，關我何事？我不惜生命，何況妃嬪？」高澄見皇帝來硬的了，下床叩頭謝罪。皇帝見高澄服軟了，就擺宴招待。高澄在宮中酣飲，到深夜才出去。三天後，高澄還是將元善見幽禁在含章堂，而元大器、元瑾等人都在鬧市中被當眾烹死。

　　高澄囚禁了皇帝，準備逼元善見禪讓，篡位建國。元善見在含章堂心驚膽顫地過日子。他不知道自己身死何時，但先傳來的卻是高澄的死訊。五四九年，高澄在家裡被廚師刺死。

　　這件刺殺事件的前因後果是這樣的：東魏在與南梁的戰爭中，南梁將領蘭欽的兒子蘭京被北方俘虜，高澄讓蘭京在家中配廚。蘭欽請求贖回兒子，被高澄拒絕。蘭京本人也向高澄申訴。高澄讓監廚蒼頭薛豐洛杖責蘭京，警告說：「再申訴，就殺了你。」蘭京不是軟柿子，祕密聯結了六個人陰謀作亂。當時高澄正準備接受魏禪，與陳元康、崔季舒聚集在北城東柏堂裡密謀最後的步驟。太史向高澄警告說天象突變，一個月之內有變亂，提醒高澄注意。這天，蘭京進東柏堂端菜。高澄不讓蘭京進來，對旁人說：「昨天晚上，我夢見這個奴才要殺我。」過一會，高澄又說：「我要先殺了這個奴才。」蘭京聽了，把刀放在菜盤下，冒險進食。高澄見了，發怒說：「我並沒有叫吃的，你為什麼進來？」蘭京拔出刀，惡狠狠地說：「我來殺你。」高澄急忙逃跑，傷了腳，躲入床下。蘭

京的同夥湧入堂裡，掀去床，亂刀砍死高澄。高澄時年二十九歲。

高澄遇刺身亡，事出倉卒。高家親信連忙報告高洋。高洋聞訊，顯露出政治家的沉穩來。他神色不變，親自斬殺蘭京及其同黨，同時收殮哥哥，卻祕不發喪。高洋只是對外宣布家奴造反，大將軍高澄受了一些輕傷，並無大礙。當時朝野內外，鄴城周邊雖因為消息不明，出現絲毫騷動，但一聽到高洋的處理就稍微安定下來。高洋再以東魏立皇太子為理由，大赦天下。等待鄴城周邊安定後，高洋緊急奔赴晉陽，接收軍隊人才，掌握權力。這時，高洋才向天下宣布了哥哥的死訊。

高洋之前行為稱異，被朝野認定是個癲狂病人。聽到高洋接替哥哥的地位後，元善見起初天真地認為：「上天佑我，魏室可以復興了。」但事實隨即粉碎了元善見的天真與幻想

高洋的確是個癲狂病人。高洋喜歡喝酒，而且一喝醉就必要殺人取樂。他經常從早到晚地喝酒也就從早到晚不停地殺人。宮女、宦官甚至親信每天都有人慘死在他盛怒之下。後來人們摸到主子的秉性，就從監獄中將判決死刑的囚犯提到高洋住處，供高洋不時地殺人之用。但是高洋殺的人太多了，政府的死囚不夠用。親信們就把拘留所裡正在審訊中的犯人或者剛拘捕的嫌疑人拉來以備使用，史稱「供御囚」。高洋出巡時，這些可憐的供御囚也跟在後面備用。官府有個奇怪的規矩：一個人只要做供御囚三個月而不死，即判為無罪釋放。

高洋幼年時，宰相高隆之對這個癲狂孩子不太看好，也就不甚禮遇。高洋登基後記起前恨來，下令將高隆之殺掉。之後高洋還不解恨，就把高隆之二十多個兒子喚到面前表演集體屠殺。群刀齊下，人頭落地。高洋這才解恨。

宰相李暹病故後，高洋去李暹家祭弔。他問李暹妻子：「夫人是否思念丈夫？」李暹妻子肯定是回答：「結髮夫妻，怎麼能不想念啊？」誰知

高洋說：「既然想他，就前去陪他吧！」說完，高洋抽出配刀，砍下她的頭扔到陰溝裡去。

登基後，高洋的行為更加癲狂。他寵愛的薛貴嬪是妓女出身。高洋一天想起來薛貴嬪的過去不乾淨，就不顧夫妻情誼，將她殺掉。但是高洋在薛貴嬪死後，又想念起她的美來。於是高洋把血淋淋的人頭藏到懷裡參加宴會，在宴會高潮時掏出來放在桌上欣賞。參加宴會的大臣貴族無不大驚失色。高洋思念更深，又把她的屍體支解，用腿骨做了一個琵琶。他抱著琵琶一面彈一面唱：「佳人難再得」。高洋為薛貴嬪辦了一個隆重的葬禮，跟隨在棺材後面，蓬頭垢面，大聲號哭。

高洋還有兩個弟弟，高浚和高渙，經常勸說哥哥注意自己的行為。高洋煩了，就將這兩個弟弟關到地窖的鐵籠裡。高洋還去看他們，縱聲高歌，命二人相和。高浚和高渙既悲傷又害怕，顫抖著唱出歌來。高洋聽著淚流滿面，突然拿起長矛向籠中猛刺，還命令衛士們一起刺殺。兩個弟弟用手抓住鐵矛掙扎，號哭震天，被刺成一團肉醬。高洋在執政的後期，總擔心自己死後政權不穩，於是就把魏國元姓皇族全部屠殺。其中嬰兒們則拋向空中，用鐵矛承接，一刺穿。但是在他死後，政權果然不穩，高氏親屬爭權奪利，骨肉相殘。

就是這麼一個癲狂病人，以異乎尋常的速度完成了逼宮禪讓的過程。

武定八年（五五〇年）正月，高洋為高澄發喪。元善見晉升太原公高洋為丞相都督中外各軍事，沒幾天又封為齊郡王。三月，齊郡王高洋進爵為齊王。這時，徐之才、宋景業等人紛紛勸高洋稱帝，宣稱應該在五月受禪即帝位。高洋早有此意，於是從晉陽來到鄴城，進行最後的準備。文武百官見局勢如此，沒有敢反對的。五月，元善見再任命高洋為相國，總百揆，備九錫之禮；又以齊國太妃為王太后，王妃為王后。

五月初八，襄城王元昶、司空潘樂、侍中張亮、黃門侍郎趙彥深等

人要求入朝奏事。元善見在昭陽殿召見他們。軍臣間進行了東魏朝廷最後一場辯論。

張亮說：「五行遞運，有始有終。齊王聖明仁德，深受老百姓愛戴，請陛下傚法堯、舜，將帝位禪讓給他。」元善見一點辦法都沒有，只好想在程序問題上拖延時間：「既然這樣，那我就先準備制書吧。」中書郎崔劼、裴讓之說道：「不勞陛下，我們已經寫好了。」侍中楊愔獻上制書，讓皇帝按照內容抄寫一份。

元善見只得照辦。

元善見抄完後問：「你們將如何安排我呢？我應該去什麼地方？」楊愔回答說：「在鄴城北城有所別館，你會搬到那裡去。我們已經準備好了車駕，平時的侍衛會帶你去那的。」元善見慢慢地走下御座，走出東廊。這位文才出眾的皇帝邊走邊詠范蔚宗的《後漢書贊》：

獻生不辰，身播國屯，
終我四百，永作虞賓。

元善見走到宮門處，相關官員請他上車出發。元善見留戀地說：「古人想念遺簪弊履。我想和六宮告別，可以嗎？」尚書令高隆之說：「現在的天下還是你的天下，況且後宮呢！」元善見就與夫人貴嬪訣別，大家無不欷歔流淚。趙國李嬪吟詠陳思王曹植的詩：「王其愛玉體，俱享黃髮期。」皇后等人哭聲震天。

直長趙德準備了一輛老牛車，等候在東上閣。元善見上車後，趙德竟然也趕上車來，坐在皇帝旁邊（像趙德這樣的低階別的官員，按禮是根本沒有資格與皇帝同車的）。元善見用手肘碰碰趙德，說：「我畏天順人，授位給相國。你是什麼奴才啊竟然也敢逼我！」趙德堅持不下去。

元善見只得與他同車出雲龍門，王公百僚整理衣冠跪在路邊給皇帝送行。元善見極其感慨，說：「今天的我還比不上常道鄉公、漢獻帝呢。」大臣們也都覺得悲涼得很，很多人都流下淚來。

五月初十，齊王高洋在鄴城南郊舉行受禪典禮。當天，鄴城出現赤雀，人們將赤雀獻到郊所。高洋升壇，柴燎告天，正式接受皇位。事畢後，高洋進皇宮太極前殿宣布大赦天下，改元天保，國號齊，史稱北齊。新皇帝大賞天下之民，百官進兩大階，六州緣邊職人進三大階。北魏孝莊帝以後，百官都不領俸祿，現在高洋又重新發薪資給百官了。東魏只經歷元善見一個皇帝，享國十六年。東魏全境進入北齊的統治。高洋終於成功簒權奪位。

高洋為遜帝訂定了相當可以的優待條件。北齊封元善見為中山王，食邑一萬戶；上書不稱臣，答不稱詔；出行可以使用天子旌旗，乘五時副車；奉絹三萬匹，錢一千萬，粟二萬石，奴婢三百人，水碾一具，田百頃，園一所。元善見繼續延續魏室正朔，在中山國立魏國宗廟。元善見皇后被封為太原公主；各個兒子被封為縣公，食邑各一千戶。高洋出巡的時候，常常讓元善見伴隨左右，以示恩寵。

但是元善見一家依然生活在恐懼之中。魏國末期的各位皇帝即使禪讓退位了，都沒有得到善終。這些皇帝通常是被新皇帝毒死。太原公主為了防止毒物的毒害，每次吃飯前都為元善見吃東西試毒，盡力保護著丈夫。但是高洋還是找到機會，五五一年下毒毒死了元善見。元善見年僅二十八歲。五五二年二月，元善見被追諡為孝靜皇帝，葬在鄴西漳北。

現在邯鄲西南六十五公里處的磁縣還保留著元善見的陵墓——天子塚。天子塚並不豪華，墳墓為封土形式，高五十公尺，直徑一百二十公尺。現在的天子塚經過整修成為了當地旅遊景點，墓頂建有玉皇大殿和娘娘廟、觀音廟。前後有臺階可登至。

但是奇怪的是這一百零九階臺階。臺階與地面呈五十度角，遊人登臺階的時候會發出叮咚響的水聲。有的當地人說這是天子塚下的元善見千年後不甘冤死的哀號之聲。其實這何嘗只是元善見一個人的冤號。魏國末期的元子攸、元曄、元恭、元朗，哪個皇帝不是冤死的。

主角沒有登場的禪讓

　　西魏的國祚在宇文家族的羽翼庇護下又延續了二十四年。在北齊取代東魏後，西魏延續了拓拔家族的國運。最終，拓拔家族還是將天下禪讓給了宇文家族。與其他潛移默化的政治操作一樣，二十多年時間裡人們早已經預料到了宇文家族取代西魏的結果。當禪讓典禮舉行的時候，將國家推向這一步的重要人物先後謝世，這是一場沒有真正主角的禪讓。這就是政治奇怪的一面。

元修：失算的奔逃

大家還記得那個出逃的北魏末代皇帝元修嗎？

元修與高歡爭鬥失敗，西逃入關中投靠了宇文泰。宇文泰是可以與高歡相抗衡，割據關中的軍閥。宇文家族是匈奴人。在當時鮮卑化的北方政治背景下，宇文家族也逐漸鮮卑化，在軍中任職。宇文泰最初在葛榮的起義軍中。爾朱榮擊滅葛榮後，看中了驍勇善戰的宇文泰，將他收為已用。宇文泰此後隨軍進入關中地區。爾朱氏被高歡消滅後，宇文泰去並州見高歡，檢視虛實。

這是一次英雄與英雄惺惺相惜的會面。宇文泰看到了一個有志於天下的英雄。高歡則看到一個相貌非凡，精神抖擻的年輕將領。高歡想留下宇文泰為自己效力，不希望宇文泰走向自己的對立面。但是宇文泰也是有志於天下的英雄，他不想離開事業已有起色的關中，更不想只做高歡的部將。因此宇文泰堅持要返回關中軍隊。高歡猶豫不決，最後鬆了口，允許宇文泰返回關中。不久高歡就後悔了，想要殺掉宇文泰以絕後患。可是宇文泰已經抓住機會，快馬加鞭返回關中了。高歡的追兵一路趕到關口也未追上宇文泰。高歡的直覺是對的，最後消滅高歡後代的就是宇文家族。

元修選擇宇文泰為投靠對象，除了考慮到宇文泰是境內僅次於高歡的第二號軍閥外，可能也看到了宇文泰有志於天下的雄心。

落荒而逃的元修在宇文泰派出的軍隊護衛下輕騎向長安而來。宇文泰禮數非常周到，備齊儀衛出城迎接。君臣在東陽驛相見。宇文泰免冠，哭泣著向元修謝罪：「臣不能遏制奸臣欺凌皇上，導致皇上駕車西行，是我的罪過。請皇上將我交給相關部門懲處。」

這一刻，厭惡了高歡的專權和蠻橫的元修感覺一定非常好。他回答說：「你的忠誠，整個朝野都知道。我因為德行不夠，所以才被奸臣所乘。今天我們君臣相見，我非常欣慰。你不用謝罪。」宇文泰於是陪護元修進入長安。

北魏朝廷西逃到關中後，百業待興。宇文泰建立了西魏朝廷的雛形，還抵禦住了高歡軍隊對皇帝的爭奪。特殊的形勢導致初期軍國大政都由宇文泰專斷。宇文泰以大將軍、雍州刺史的職務兼尚書令，並進封略陽郡公。朝廷還解除了尚書僕射的官制，加強專權。元修在洛陽的時候曾將馮翊長公主許配給宇文泰。婚事還沒舉辦，元修就西逃了。現在在長安，元修為宇文泰舉行了皇室婚禮，正式拜他做駙馬都尉。一個月後，高歡親自領兵來爭奪皇帝元修。高歡軍突襲攻陷了潼關進軍到華陰地區。宇文泰整軍駐紮在霸上迎敵，迫使高歡留下薛瑾守潼關後撤回東方。宇文泰進軍討伐薛瑾，俘虜七千人回到長安。元修晉升宇文泰為丞相。

當年十月，元善見即位，徙都鄴城。北魏正式分裂。宇文泰度過了與高歡戰爭的最初困難日子，西魏朝廷得以初建。元修也給予了宇文泰充分的信任。

隆重的場面，恢弘的長安和重建的朝廷，這一切使元修以為他成了一位真正的皇帝，可以擁有無限的權力了。但他忽視了自從胡太后之亂後，北魏朝廷大權已經旁落了數十年。他怎麼能夠就憑簡單的西逃重新樹立皇權呢？皇權的喪失也存在慣性。最高權力一旦喪失超過一定的時間，就不可能再次復興。它就像過時的衣物，只有等待被新潮流取代的命運了。

元修對宇文泰的期待也是錯誤的。他最愚蠢的地方就是將北魏的復興和奪回皇權完全寄託在宇文泰的身上。宇文泰憑什麼就一心一意做北魏中興的功臣呢？更何況宇文泰本身就是有志於天下的軍閥，他與高歡

是一丘之貉。宇文泰比高歡年輕，不像高歡那樣寬厚。高歡雖然專權，但起碼不干涉元修的私生活。元修的私生活混亂，長期與幾位姐妹同居。宇文泰非常厭惡元修這一點，將他的幾個姐妹全部驅逐出宮，並殺掉了其中之一的明月公主。元修暴跳如雷，宇文泰就加強對皇宮的監視，防止元修再幹蠢事。

滿懷希望的元修一下子又陷入了絕望之中。他終於有了才出狼穴，又入虎口的感覺。

元修用事實證明自己不是一個合格的政治家。他做事從不分析前因後果，不僅過分誇大自身的實力，而且以一時的好惡為出發點。即使處於監視下，元修也一再揚言要除去宇文泰。結果幾天後，元修就要為自己的性命擔憂了。他能夠感覺到黑暗中有陰謀的矛頭正指向自己的心臟。這回，元修的感覺是正確的。

元修從洛陽西逃後的第五個月，閏十二月癸巳，大臣潘彌向元修上奏說：「皇上在今天要小心有急兵。」這天晚上，元修在逍遙園舉行宴會。他觸景生情，對侍臣們說：「此處彷彿是洛陽的華林園，我不禁滿懷淒怨。」元修命令牽來自己的坐騎波斯騮馬，讓大臣駕馬。一位大臣就要攀上馬鞍的時候，掉在地上摔死了。元修受到極大的驚嚇。

天色已晚，元修起駕回宮。到了宮殿後門，那匹馬波斯騮馬硬是不向前走了。元修使勁地鞭打坐騎，波斯騮馬才步入宮中。元修看看天色，對潘彌說：「今天不會有其他事情了吧？」潘彌說：「到下半夜，如果沒有事情，那就大吉了。」回到宮中，元修喝了一點酒。正是這酒要了元修的命，宇文泰讓人在酒中下了毒藥。元修當即死去，年僅二十五歲。

元修不是個討人喜歡的皇帝。死後，元修被草殯於草堂佛寺。十多年後元修才被葬入雲陵。西魏給元修定的諡號是「孝武」。但東魏不予承認，堅持將元修稱為「出帝」，意思是出逃的皇帝。

配合默契的元寶炬

繼位的皇帝是元寶炬。有人說元寶炬參與了對元修的謀殺，但是沒有確切的證據證明。

元寶炬可謂是古代歷史上的模範「傀儡」。他非常清楚宇文家族取代魏室的趨勢，在他統治時期，朝廷大權進一步落入宇文家族手中。元寶炬採取了無條件合作，以求自保的態度。

歷史上的政治傀儡很多。傀儡的對策無非三種：激烈反抗，比如曹髦、元修那樣；消極罷工，對操縱者不理不睬，不配合，也是反抗。這兩種態度常常使幕前和幕後之間爆發矛盾衝突，結果往往是兩敗俱傷。當然更受傷的還是傀儡一方。元寶炬採取的是第三條道路，積極、全面地配合操縱者的政治運作，忠實地做個好傀儡。這樣做的目的其實特別現實：保存性命。實權操縱者也最喜歡這樣的傀儡，往往不威脅他們的性命。這樣的結果在某種程度上是雙贏。

元寶炬有一次登逍遙宮遠望嵯峨山，感慨地對左右說：「望到這山，不禁讓人有脫屣歸隱的意思。如果我滿五十歲了，我就將政權交給太子，自己在山中採摘餌藥，不再像現在這樣一日萬機了。」雖然元寶炬最後沒有活到五十歲，但畢竟是正常死亡，基本實現了目的。他的結局遠比元子攸、元曄、元恭、元朗、元善見等親戚好得多

元寶炬的命運和忍耐可以從他的婚姻中窺見一斑。

東西魏對立的時候，中原地區面臨著北方強大的柔然的威脅。東西魏都對柔然曲意逢迎以求自保。東魏把公主嫁給柔然統治者進行和親；西魏宇文泰便要元寶炬娶柔然長公主為皇后。當時元寶炬已經有了乙弗氏皇后，非常鍾愛。但是宇文泰的命令又是不能拒絕的，元寶炬只好迎

娶了柔然的長公主，立為皇后。他廢掉了乙弗氏皇后，將她打入冷宮。元寶炬新婚後的家庭生活並不幸福。柔然公主非常不滿，她是個嫉妒心極強的女人，將自己婚姻的不幸歸結於乙弗氏的存在。為了保護自己心愛的女人，元寶炬再次做出犧牲，將乙弗氏貶到到秦州（今甘肅天水）出家為尼。

　　元寶炬雖然將乙弗氏貶到邊遠的地方，但對她的愛意並沒有絲毫減弱，反而更加思念起來。兩人還多次祕密通訊傳情。柔然長公主很快知道了這個消息，並且向娘家哭訴自己的不幸。接下來的情節是柔然國出兵大舉進攻西魏，出兵的名義就是誅殺乙弗氏。元寶炬感嘆，愛情遇到政治怎麼會如此艱難。但是一個女子和百萬大軍比起來，自然是後者更加重要。元寶炬於是忍痛派遣使者去秦州，敕令乙弗氏自盡。乙弗氏冷靜地對使者說：「願皇帝享千萬歲，天下百姓康寧，我死而無恨。」隨後走進臥室，「引被自覆而崩」，年僅三十一歲。

　　元寶炬與乙弗氏的愛情最終還是戰勝了政治風雲。元寶炬死後，人們將他和乙弗氏合葬在一起，成全了兩人的愛情傳奇。兩人的合葬墓就是現在的陝西永陵。

　　雖然元寶炬的個人生活是不幸的，但是西魏在他在位時期得到了恢復和發展。在東西方的國力競爭中，西魏由弱變強，取得了優勢。元寶炬配合宇文泰主導的政治和經濟改革。西魏整頓經濟，訂立財政計畫鼓勵農業生產，關中地區的經濟很快得到恢復和發展，財政收入、經濟實力、軍事力量大大加強。五三七年秋，高歡親率二十萬大軍分三路進攻西魏，宇文泰以一萬精兵迎戰，在沙苑經過血戰打敗高歡。東魏軍隊元氣大傷，一蹶不振。而西魏在沙苑戰後蒸蒸日上。宇文泰乘勝東進，占領了山西、河南的大片地區。此後西魏又趁南梁內亂攻取了巴蜀和江陵，使西魏疆域擴大到四川和湖北一帶。宇文泰為西魏滅亡東魏，直至

最後為隋朝統一開啟了大門。

五五二年春三月，四十五歲的元寶炬駕崩於乾安殿，沒有實現自己五十歲退隱的計畫。一個月後，元寶炬被葬在永陵，上諡號叫「文皇帝」。「文」是一個非常好的諡號，用以表彰元寶炬的文治成績。在他死前的兩年，東邊的元善見禪讓給了高洋。宇文泰並不急於登基，因此魏室得以在長安延續。

元寶炬的長子元欽在父親死後，繼承了皇位，但卻沒有繼承父親對傀儡角色的認知理解。元欽犯了一個傀儡最要命的錯誤：爭奪權力。宇文泰因為權力鬥爭的緣故殺死了尚書元烈。元烈被誅殺後，元欽對大權旁落非常不滿，時常發兩句對宇文泰的怨言。淮安王元育、廣平王元贊等人常常勸諫元欽，甚至哭著請元欽注意言行，以免為皇室帶來危害。血氣方剛的元欽哪裡肯聽。五五五年正月，對政敵毫不手軟的宇文泰斷然廢掉了元欽。元欽在歷史上被稱為「廢帝」。

主角沒有登場的禪讓

　　宇文泰挑選的新皇帝是元寶炬的第四個兒子，被封為齊王的元廓。

　　宇文泰顯然希望元廓能夠成為像他父親那樣合作的皇帝。在即位之初，兩人的合作相對融洽。第三年，宇文泰因為身體狀況開始惡化，意識到自己將不久於人世，於是在該年的春正月丁丑，讓元廓行《周禮》，建六官，封自己為太師、塚宰。十月，宇文泰病逝。至此，西魏短暫歷史中的兩大主角元寶炬和宇文泰先後謝世。

　　宇文泰逝世後，十五歲的兒子宇文覺繼承政治遺產，由三十五歲的侄兒中山公宇文護輔政。

　　宇文覺是宇文泰的第三子，母親就是由元修為宇文泰主婚的馮翊公主。宇文覺年幼的時候，有善於面相的人史元華給他面相，對宇文家說：「貴公子有至貴之相，只可惜他不長命。」宇文泰在生命的最後一年，挑選宇文覺為世子，不久又拜為大將軍。宇文覺順理成章地接位。

　　宇文覺還是個小孩，對政治不一定明瞭。但是輔政的堂哥宇文護卻是野心勃勃的成年人。宇文護在輔政之初就極力推動取代西魏。宇文覺接位後的第三個月，宇文護強迫元廓將岐陽等地封給宇文覺，封宇文覺為周公。幾天後，元廓就接著下了禪位給宇文覺的詔書：「予聞皇天之命不於常，唯歸於德。故堯授舜，舜授禹，時宜也。天厭我魏邦，垂變以告，唯爾罔弗知。予雖不明，敢弗龔天命，格有德哉。今踵唐、虞舊典，禪位於周，庸布告爾焉。」又有一個皇帝承認自己德行不夠，要主動禪位給大臣。

　　元廓先是派大宗伯趙貴拿著詔書先去拜會宇文覺，接著隆重召開朝會，正式派遣戶部中大夫、濟北西元迪捧著皇帝璽綬去宇文家。宇文覺

按照親信們教導的那樣，先是堅持推辭不肯接受。聞訊而來的公卿百官連忙集體勸進，聲稱宇文家取代魏室是天命所歸，人心所向的事情，懇請十五歲的宇文覺接受帝位。在宇文護的監視下，百官們的勸進一個表現得比一個懇切感人。太史還信誓旦旦地說天下出現了祥瑞，正是改朝換代、新皇帝君臨天下的恰當時機。於是，宇文覺才接受了禪讓詔書。

元廓非常知趣，在頒布禪讓詔書後主動離開了皇宮。聽到宇文覺接受的消息後，元廓在大司馬府宣布遜位。

五五七年二月十五日，宇文覺登上受禪臺，舉行柴燎告天儀式；百官雲集，沿途接受新皇帝的接見。他們中的一些人經歷了不止一次這樣的儀式，對程序已經非常熟悉了。宇文家族二十四年的牢固統治幾乎讓所有的國民都預料到了這一天的到來。兩位主角宇文泰和元寶炬因為逝世缺席了禪讓儀式，而分別由他們年幼的兒子代表。宇文覺在這一天稱天王，定國號為周，史稱北周。北周追尊宇文泰為文王。

遜帝元廓被封為宋公。第二個月，元廓就被宇文護殺死，諡號「恭」。到了唐朝天寶七年，唐玄宗有感於拓拔部縱橫中原的歷史，在民間找到了北魏孝文帝的第十代孫元伯明。元伯明被封為韓國公，世襲、延續魏室宗脈。韓國公一直傳國到唐末。在古代禪讓歷史上經常扮演弱勢一角的北魏拓拔家族至此退出了歷史舞臺。

禪讓的雙方已經從受禪臺上走了下來，但是北周的政局在建國之初就陷入了動盪。最主要的原因是這一次接受禪讓的新皇帝只是一個十五歲的孩子。他雖然繼承了父親的政治遺產，但並沒有繼承父親的政治謀略和手腕。北周的宮廷陷入到接二連三的政變之中。先是宇文護居功自傲，自任大塚宰，專斷國政。宇文覺在部分大臣的鼓動下，開始謀劃剷除專權的堂兄。當年九月，得到消息的宇文護毅然廢除天王宇文覺，將其貶為略陽公，不久又毒死宇文覺。宇文護另立了宇文覺的哥哥宇文毓

為皇帝。宇文毓也不是俯首聽命的皇帝。三年後，宇文護乾脆又將宇文毓毒死，再立宇文毓的弟弟宇文邕繼位。宇文邕是個聰明人，韜光養晦，對宇文護言聽計從，實際上卻發展實權積蓄力量。當宇文邕覺得自己足可以控制政權的時候，一舉殺掉宇文護親政。

北周朝廷這時候給宇文覺上諡號為孝閔皇帝，葬在靜陵。宇文覺從登上受禪臺到進入墳墓，期間只有短短的七個月。

大變革時代的寒士當國

　　朱元璋是讀者們非常熟悉的帝王。他出身貧苦，從社會最底層上升為皇帝。有些人將朱元璋視為古代歷史上從平民到帝王的唯一人。其實在朱元璋之前，還有一個人從社會最底層躍升為了皇帝。他就是劉裕。朱元璋在中國恢復了漢族王朝的統治，推翻了蒙古族建立的元朝；而劉裕則在世族當權的政治重圍中突圍而出，開啟了權力轉移、社會變遷的大變革時代。人們對劉裕的陌生感很大程度上是因為他的事跡長期被掩蓋在了南北朝的歷史迷霧之下。

亂世和隱藏其中的送葬者

元興二年（四〇三年）九月，領兵在外的劉裕會見了一位來自首都建康的客人。

客人是衛將軍桓謙，是個出身和官職都遠遠高於劉裕的世家貴族。桓謙是受當朝權臣楚王，堂弟桓玄的囑託，前來刺探劉裕對桓玄登基稱帝的態度的。

桓謙屏退眾人，問劉裕：「楚王勳德隆重，四海歸懷。朝廷各位公卿大臣的意思，都是希望皇帝禪位給楚王。不知道劉將軍意下如何？」

劉裕毫不猶豫地回答說：「楚王是宣武之子，勳德蓋世。桓氏家族，世代都是朝廷的功臣支柱。晉室微弱已經很長時間了，早已失去民心。現在楚王是眾望所歸，乘運禪代，有何不可！」

桓謙聽完，大喜過望：「劉將軍說可以，那就真的是可以了！」他與劉裕告別後，馬不停蹄地回到建康。三個月後，桓玄就逼晉安帝司馬德宗讓位給自己，建立了楚國。

新朝建立後，桓玄徵召劉裕進京朝見。四〇四年二月，劉裕隨同徐、兗二州刺史，安成王桓修入朝。桓玄見過劉裕後對司徒王謐說：「我昨天見到劉裕了。此人風骨不凡，是天下人傑啊。」此後幾天桓玄每次遊玩集會，都對劉裕優禮有加，厚加贈賜。

桓玄的妻子劉氏善於識人。她提醒桓玄說：「劉裕龍行虎步，視瞻不凡，恐怕不是甘心於居他人之下的人，應該早些處置他。」

桓玄不同意，說：「我正要平定中原，非劉裕不可以託付國家大事。等到關隴平定以後，再談處置的問題也不遲。」之後他對劉裕更加優待賞賜，希望後者能夠為己所用。

桓玄為什麼這麼看重劉裕呢？劉裕又是何許人也？

劉裕字德輿，小名寄奴。先祖是彭城（今江蘇徐州）人，後來遷居到京口（今江蘇鎮江）。劉家是極其普通的城市貧民家庭。根據《宋書·武帝本紀》推斷，劉裕生於興寧元年三月壬寅夜，即西元三六三年四月十六日。出生時，母親在生產中死了，父親劉翹因為家境實在貧寒，難以養工作子，就想將劉裕拋棄。就在劉裕即將成為棄嬰的時候，與劉裕同郡的同族，劉懷敬的母親聽說了這事，忙趕過來阻止了劉翹，並承諾自己將撫養這個可憐的嬰兒。當時這位可敬的母親生了自己的兒子劉懷敬尚未滿月，就毅然斷了劉懷敬的奶水去哺乳並非親生的劉裕。

劉裕對劉懷敬一家終生感激，在成為皇帝後，劉裕封並無親屬關係的劉家子孫為親王。

劉裕在貧困的環境中逐漸長大，「雄傑有大度，身長七尺六寸，風骨奇偉，不事廉隅小節」。前半句話是史書中慣用的修飾溢美之辭，只能說明劉裕長得比較高大而已，後半句話才是重點。劉裕在老家不從事生產，不像出身相同的普通百姓家子弟一樣做點「正事」。他識了幾個文字，但進不了官府；為了餬口，他零星地從事被士人和官府瞧不起的力氣活，有時還做些編席賣鞋之類的小買賣。由於家境貧寒又毫無背景，劉裕經常受人欺負。

劉裕還有一個一般人家難以接受的壞毛病：喜歡賭博。他的運氣很不好，經常輸得除了隨身衣物就一無所有了。最後，劉裕因為賭博，欠了有錢有勢的刁逵三萬錢。劉裕自然還不起賭債，結果就被刁逵找人抓了過去，縛在馬椿上，受盡了恥辱。當時的大世族王家的王謐到刁逵家中拜訪，偶然見到劉裕，覺得這是個日後會表現不俗的年輕人，就替劉裕還了債。刁逵得了錢，又看在王家的面子上，這才放了劉裕。王謐對劉裕說：「卿當為一代英雄。」他不顧忌身分和地位的懸殊，而是主動與

劉裕交往，讓劉裕感動不已。

劉裕很有睚眥必報的意思，在掌權後，即使王謐是敵對陣營的要人，也終生優待；而對刁逵這樣的仇家則是殺不赦。

劉裕覺得自己再這樣瞎混下去，一生就毀了，於是決定去做窮人還能做的一件事情：當兵。

東晉之前執行的是府兵制，即服兵役完全由世代為兵的府兵家族壟斷，平民沒有資格當兵。當時府兵的資質越來越低，國家軍事力量逐漸下降。最後連首都建康都沒有足夠的軍事力量支援，叛亂者動輒兵臨都城，威脅朝廷。在這種背景下，東晉開始招募貧苦百姓入伍，建立了北府重鎮。廣陵、京口及其附近的貧苦百姓和從北方南下的流民構成了北府兵的主力。這支新軍隊的戰鬥力非常強大，逐漸成為穩定東晉政局的主力。謝玄就帶領北府兵贏得了淝水之戰的驚人勝利。原先統兵的世族王恭死後，寒士出身的劉牢之成為北府統帥。北府兵開始從上到下都由非世族出身的普通人掌握，成為完全的庶族軍隊。劉裕入伍之後，得到穩步提升，最初擔任將領孫無終的司馬，後來轉入劉牢之手下做軍事參謀。

劉裕真正嶄露頭角的是在鎮壓三吳農民起義的戰役中。浙東孫恩、盧循發動起義，得到了廣大貧苦百姓的響應，越鬧越大。東晉朝廷急命衛將軍謝琰、輔國將軍劉牢之率領北府兵前往鎮壓。劉裕也隨軍參戰。雙方交戰的時候，劉牢之派遣劉裕率數十人偵察義軍的行動。劉裕在偵察途中遇到起義軍數千人的包圍。劉裕沒有絲毫膽怯與猶豫，勇敢地率領偵察分隊投入戰鬥。結果所有同伴都戰死了，劉裕也墜落到水中。部分起義軍到岸邊，想下去抓拿劉裕，劉裕揮舞長刀砍殺了好幾個人，重新登岸大叫著要與義軍決鬥。最後，起義軍不再與他糾纏，過路而去了。劉裕奇蹟般生還，並報告了起義軍的動向。劉裕不僅作戰勇猛，披

堅執銳，衝鋒陷陣，讓同伴和長官刮目相看，而且對自己的小部隊也指揮有方，富有智謀，善於以少勝多。當時的朝廷軍隊到處劫掠，塗炭百姓，只有劉裕治軍整肅，法紀嚴明。因為討亂有功和劉牢之的賞識，劉裕戰後被朝廷破格提拔為建武將軍，領下邳太守。

劉裕此後長期在外與起義軍對戰，每次領兵都只有幾千人，卻屢建奇功。他在北府軍中的聲望越來越高，也越來越為朝廷所倚重。因此桓玄在篡位之前也不得不在乎他的意見。

桓玄以為優待劉裕就可以了，那麼他就大錯特錯了。劉裕不是簡單的將領，不是那種只會行軍打仗，缺乏政治智慧的將領。他對桓玄的支援是虛假的。劉裕反對桓玄代晉稱帝，但是考慮到自己根基尚淺，實力不夠，因此假意支援。同時也想讓桓玄逆天下之意稱帝，自去根基，再圖謀推翻他。

當時反對桓玄的人很多，多數世族大家都是反對他代晉自立的。但是這些養尊處優的貴族大家們失去了實際權力和縱橫天下的志向。相反劉裕卻將反對桓玄的計畫付諸了行動。這似乎預示著一個新時代的到來，一個新的不以出身為標準，而只以實力為考慮的政治時代。

劉裕在建康接受桓玄的優待沒幾天，就以遊獵為名逃出首都。他和何無忌等人收集部眾，共有百餘人。一天清晨，京口城開，劉裕與何無忌等壯士懷著敢死之心，奪門而入，一舉襲殺守將桓修。同時，事先聯絡好的劉毅與孟昶等人則在廣陵（今江蘇揚州市）攻殺桓弘奪城。

第二天劉裕被推為盟主，傳檄天下，正式討伐桓玄。

這是一場力量對比懸殊的戰爭，但是劉裕身先士卒，將士們無不死戰，以一當百。劉裕接連以少勝多，匯聚了越來越多的支援。不幾天，反桓軍隊就進入建康。桓玄西逃，途中被部下殺死。劉裕駐屯石頭城，在宣陽門外焚燬桓玄父親桓溫的神主，重新將東晉新主立在太廟中。一

時間，劉裕成為了再造晉朝的救世主。同時，劉裕誅殺桓氏宗族。

　　劉裕現在成為了全國性的政治人物了，聲望日隆，還聚集了一批文臣武將。如果說之前，他完成了從社會最底層向上流社會的轉變，那麼討伐桓玄一仗則奠定了日後劉裕代晉的基礎。在劉裕起兵之前，曾任琅邪府主簿的劉穆之正賦閒在家。他主動響應劉裕的召喚，加入劉裕陣營，成為了謀士。劉穆之非常能幹，內管府中事務，外供軍旅給養，處理問題快如流水，一切事情沒有堆積遲滯的。劉裕成名後，各色人物從四面八方湧來，朝野內外事務千頭萬緒，一時間讓劉裕難以適應。劉穆之從容不迫地將千頭萬緒的事情處理得滴水不漏。通常的情況是，他眼睛看著檔案數據，手裡起草批閱意見，耳朵聽著情況匯報，嘴裡當場答覆下屬的徵詢，應對自如，沒有出錯。

　　與劉裕團隊的生機勃勃和積極向上形成鮮明對比的是，東晉朝廷暮氣深重，走向了不可逆轉的衰亡。當時在位的晉安帝司馬德宗是東晉的第十位皇帝。

　　真可謂是天不佑晉，連續給了晉朝兩個白痴皇帝。晉惠帝司馬衷是個典型白痴，這位晉安帝司馬德宗也是個白痴。父親晉孝武帝司馬曜本人也對這個白痴兒子很頭疼，遺憾的是這個白痴偏偏是長子，只好立他為太子。正史毫不隱諱地載明晉安帝的智商很低，連話都不太會說。他甚至辨別不出春夏秋冬。這樣的皇帝的統治能力就可想而知了。因此晉安帝時期的朝政始終掌握在當朝大臣手中。晉安帝初期，朝政由會稽王司馬道子主持。司馬道子、司馬元顯父子把持朝政、無能暴虐、大肆搜刮。而東晉中期就開始的外地將領擁兵自立，不受君命的弊端在安帝時期爆發了出來。安帝繼位後第三年（三九九年），桓玄、王恭、庾楷等地方刺史就以清除朝中奸臣為名造反。建康城很快就看到了叛軍的旗幟。朝廷政令開始到達不了建康以西的州郡。與此同時，孫恩、盧循的起義

軍南北縱橫，也給予東晉沉重的打擊。四○二年孫恩甚至直接威脅建康，建康被封鎖，城內爆發饑荒。

劉裕對桓謙說晉朝衰微，失去民心已久的判斷的確是真的。

四○三年，晉安帝在大臣的鼓動下，親征桓玄大敗，桓玄反而進入建康，殺司馬道子，自號楚王、大將軍，成為新的主政者。桓玄篡位後貶晉安帝為平固王，逐出建康遷居潯陽。劉裕舉兵打敗桓玄後，桓玄挾安帝逃往江陵。桓玄被殺後，晉安帝在江陵復位為皇帝。誰知幾天後，桓玄的將軍桓振又攻陷江陵，再次俘虜晉安帝。直到四○六年三月，晉安帝才脫離叛軍之手。他下詔歷數桓玄罪狀，竭力稱讚劉裕平定桓玄之亂的功績。朝廷封劉裕為侍中、車騎將軍，都督中外諸軍事。劉裕堅決推辭朝廷的官爵，朝廷以為他是嫌官爵太小，又加錄尚書事。劉裕還是不接受，屢次請求出鎮外地。晉安帝不允許，派遣公卿百官敦勸他，還親自到劉家去挽留。結果劉裕在朝堂中公開申請，不久就帶兵出鎮丹徒。晉安帝多次派遣使節敦勸劉裕都不接受。於是朝堂改授劉裕「都督荊、司、梁、益、寧、雍、涼七州並前十六州諸軍事本官如故」。不久劉裕主管的青州被替換成兗州。這樣的官職，簡單的說，就是負責大半個天下的軍事指揮和地方行政。

劉裕離開建康，主動出鎮外地，可能基於以下考慮：首先是自己根基不足。尤其是劉裕出身貧寒，可能適應不了建康的政壇深水，想希望先去外地繼續累積政治威望；其次是劉裕起家於江北，政治基礎在今天的江蘇南部一帶，因此他選擇去丹徒作為根據地；最後劉裕將盟友劉毅、孟昶等留在建康作為內應，可以遙控朝政。

劉裕成為東晉舉足輕重的人物。他接手的東晉是皇權屢受權臣摧殘，世家大族相繼衰落的局面。國家動亂不斷，人民苦於征戰。史稱當時「百司縱弛，桓玄雖欲釐整，而眾莫從之」。劉裕以崇高的威望和手握

的實權，「先以威禁內外，百官皆肅然奉職，二三日間，風俗頓改。」可見在劉裕主持下，朝野上下確實有了振興的氣象。

義熙二年（四〇六年）十月，劉裕被封為豫章郡公。

唾手而得的權力寶座？

　　四○七年十二月底，丹徒城。

　　一位朝堂使節匆匆進入城內。他是尚書右丞皮沈。皮沈是前來求見劉裕的，卻先去見了與自己有交情的劉穆之。我們不知道皮沈為什麼這麼做？也許就是他瞬間的決策。但就是這瞬間的決策深刻影響了之後的歷史程序。

　　在劉穆之家，皮沈向主人透露了自己的來意。劉穆之突然發現駐紮丹徒的壞處，那就是對首都這個政治中心的疏遠。他暗自慶幸皮沈先來尋找自己通報情況。原來當月揚州刺史王謐去世，留在建康的盟友劉毅等人不希望劉裕進入朝中輔佐政事。這又是典型的只可同患難，而不能共富貴的表現。劉毅等人商量出了兩個方案：第一是任命中領軍謝混為揚州刺史，第二是讓劉裕兼任揚州刺史，但仍駐紮在丹徒，將朝中的政務交給孟昶管理。皮沈就是朝廷特意派來徵詢劉裕對新任揚州刺史人選的意見的。皮沈一五一十地將應該說的和不應該說的情況都告訴了劉穆之。

　　劉穆之聽完，表面上不動聲色，暗地裡思索著要盡快將情況告訴劉裕。他假裝起身上廁所，迅速寫了張條子派人送交劉裕。紙條中寫道：「皮沈所言，切不可應允。」

　　皮沈告別劉穆之，就去見劉裕。劉裕聽完皮沈的陳述後，沒有表達意見，只是吩咐下人好好安頓朝堂使節。之後，他迅速將劉穆之招來商議。

　　劉穆之向劉裕說明了情況後說：「晉朝失去對國家的控制已經很久了，天命已經轉移。將軍您興復皇家，功高德勛，民望所歸。之前您

謙讓官職，出守外地是有道理的。但是現在您的威望更高，政治資源更豐富了，如果再一味謙讓，難道就甘心永遠做一個老守疆土的地方將領嗎？」

「劉毅、孟昶等人都是與您一起從布衣起家的。當年大家倡導大義，爭取富貴。因為舉事有先有後，官職有高有低，所以推舉您作為盟主。力量的對比結果是暫時的，政治上的服從也是會有變化的，但他們並不是誠心誠意服從您的。現在您長期領兵在外，他們在朝內占據高位，大家的力量相當，地位也差不多，已經到相互吞併和排擠的時候了。」

「在政治鬥爭中，揚州可以造成決定性的作用。平定桓玄之亂後，您沒有兼任揚州刺史的職位，而是交給了王謐，那不過是實力不夠時的權宜之計。現在您絕不可以再拱手讓出揚州了。如果對手同時占領揚州和朝堂，我們就要受到別人的制約。權柄一旦喪失，形勢一旦不利，如果再想逆轉回來，就困難了。如果我們落到那樣的境地，不僅將優勢拱手相送，而且前途難測。」

「現在既然朝廷徵詢您的意見，您就應該明確表示反對這兩個方案的態度。因為將軍您不能公開地向朝廷要求擔任揚州刺史的職位，所以您只能這麼說：『揚州是國家的根本所在，地位重要。挑選揚州刺史事關重大，我不能在外地空發議論，要詳細了解情況。我計劃近日前往京城，與各位一起交換意見。』等您到了都城，京裡的一幫人就不敢越過您隨便處置揚州刺史的人選了。」千百年後再看，劉穆之的這段話依然是非常令人回味的政治教材。

劉裕按照劉穆之的話做，去了建康。劉毅等人偷襲不成，反而引虎入家門。結果真的如劉穆之所料，朝廷徵召劉裕任侍中、車騎將軍、開府儀同三司、揚州刺史、錄尚書事。劉裕依然兼任徐、兗二州刺史的職務。劉裕開始向先前的盟友開刀。何牢之最後在與起義軍的作戰中陣亡；

劉毅公開與劉裕決裂，戰敗自殺。劉裕恩威並施，最終解除了之前盟友對自身權力的威脅。同時他排擠、迫害異己大臣。劉裕的貧寒出身被許多世族大家和官僚看不起。尚書左僕射王愉的兒子王綏因為出身於江左冠族、世代公卿的王家，再加上自己很小就獲得了名望，就對劉裕很不服氣，譏笑他地位卑賤。劉裕毫不猶豫地將這些人相繼剷除。當時東晉世族大家的勢力經過之前的動亂大為削弱；加上世族子弟自身不學無術，沉溺享受，在劉裕的進攻前完全敗下陣來。從四一二年開始，劉裕在朝中獨掌大權。

這一時期，劉裕開始暴露出不臣之心。最突出的表現是他經常矯晉安帝的詔書給外地的刺史下命令。這是族誅的重罪，可惜無人敢揭破。

也正是在這個時期，劉裕開始注意起自己的形象來。因為出身的緣故，劉裕識不了幾個字，也沒讀過幾本書，是個半文盲。後來因為行政的關係，他逐漸認識了一些字，可以讀懂文告，也能親自寫些簡短的命令和文告了。在東晉官場上，文學談吐和書法程度高低是官員相互交往和評價的重要標準。尤其是一些大族世家打心眼裡瞧不起那些缺乏系統文學教育的寒族子弟。即使劉裕貴為朝廷主政大臣，也難免有一些世族大家在背後譏笑他的文字和談吐。劉穆之提醒劉裕要開始注意自己的言談和文字，這不僅事關劉裕個人的尊嚴，也直接關係到政治鬥爭的前途。劉裕這時已經對劉穆之推心置腹，幾乎是言聽計從。他開始注意自己的言行，盡力淡化軍人色彩。但自己的那一手爛字卻是怎麼都提高不了，加上生性不喜讀書習字，這讓劉裕苦惱不已。劉穆之出主意說：「寫字雖然是小事，但對於有志天下的人來說，不能不多加留意。將軍您可以堅持一直寫大字，一個字寫成一尺大也無妨。大字能夠掩藏拙處，而且有氣勢。」劉裕欣然採納了這個建議。以後劉裕的文告字寫得碩大無比，一張紙只有六七個字，貼得滿牆都是。遠遠看來，他的文告顯得氣

勢非凡，和身分相配。

劉裕鎮守京師做的第三件事就是北伐。在亂世中，權臣透過對外戰爭來增加聲望和權勢是慣用的做法。對於從洛陽南渡，以天下正朔自居的東晉王朝來說，討伐北方少數民族政權更帶有道義上的正當性。東晉歷史上，北伐和守江是朝廷爭論的焦點之一。先是有祖逖北伐，力圖恢復中原，接著有庾亮庾翼和殷浩、桓溫等人發動的北伐，希望藉此建功立業，擴大勢力。劉裕在安定了內部後，將北伐看作了進一步建功立業的好機會。

四〇九年劉裕開始北伐慕容家族建立的南燕，屢戰屢勝，第二年就將南燕皇帝慕容超押回建康斬首，滅亡了南燕，收復山東等地。被招安為廣州刺史的盧循乘劉裕北伐之機叛亂，進攻建康。劉裕毅然班師南下，趕回建康宣布戒嚴，並招募士兵一舉擊敗盧循。四一一年，盧循在交州被刺史杜慧度殺死，困擾東晉多年的孫恩與盧循起義最終失敗。四一五年，荊州刺史司馬休之和雍州刺史魯宗之起兵討伐劉裕，被擊敗。四一七年，劉裕發動第二次北伐。這次北伐取得了更加輝煌的戰績，收復了洛陽、長安在內的中原腹地。在劉裕全力北伐的八年時間裡，東晉消滅了南燕、割據四川的譙縱和後秦等政權，奪取了北方廣大地域。晉軍收復舊都洛陽後祭掃了西晉皇陵；而長安自三一六年被匈奴占領，已經一百多年沒有見到漢家軍隊的旌旗了。史載當時三秦父老「不沾王化，於今百年。始睹衣冠，人人相賀。」這一刻，劉裕的聲望如日中天。

但是第二年（四一八年），劉裕在被進封為相國、宋公後主動從關中地區撤軍。劉裕聽到留守後方的劉穆之病死的消息後，怕朝廷有變，留下十二歲的兒子劉義真鎮守長安，自己統軍南歸。劉裕的目的就是以北伐為進身的工具，而不是真心統一國家。現在目的已經達到，加上擔心

後方不穩，自然就回軍江南，去爭奪更高的地位去了。當時北方百姓沿途痛哭，請求晉軍不要撤退。但也有人看穿了劉裕的真實目的，說他將關中形勝之地託付給年幼的小兒子鎮守，本來就是無心恢復北方領土。「狼狽而還者，欲速成篡事耳，無暇有意於中原。」一句話點出了劉裕的不負責任，只是將北伐作為篡位的工具。

從此，晉軍再也沒有回到長安。但對於五十六歲的劉裕來說，他有自己的想法。

回到建康後，劉裕接受了「相國、宋公、九錫之命」，建立了有十個郡領土的宋國。朝廷封劉裕的繼母、豫章公太夫人為宋公太妃，世子為中軍將軍，副相國。劉裕還建立了封國內的官職體系，以太尉軍諮祭酒孔季恭為宋國尚書令，青州刺史檀祗為領軍將軍，相國左長史王弘為尚書僕射；其餘百官都依照東晉的舊制。

現在是一切俱備，只欠東風了。

急不可耐，劉裕開了壞頭

司馬德宗自然不知道劉裕的篡逆之心。因為他是個白痴。但是他的弟弟司馬德文卻不是傻瓜，他很清楚自家的王朝已經處於風雨飄搖之中了。

司馬德文是晉孝武帝的兒子，晉安帝的弟弟，最早封為琅琊王，在朝堂擔任地位崇高的虛職。他和哥哥的感情很好。晉安帝被桓玄廢掉的時候，司馬德文陪伴著哥哥居住在潯陽；桓玄敗死後，又一起被遷到江陵。

桓玄死後，部將桓振繼續叛亂，奪回了皇帝。當時桓振躍馬奮戈，衝到晉安帝面前要為主子的死討個說法。他瞪著眼睛對晉安帝說：「臣桓氏一家有什麼辜負國家的地方，要遭到朝廷的屠滅之禍？」

司馬德文當時正在榻上陪伴瑟瑟發抖的白痴哥哥，見事情緊急，下床對桓振說：「這難道是我們兄弟的意思嗎？」

一句話說得桓振無話可說。的確，哥哥司馬德宗是個天下皆知的白痴，連話都不會說，更不用說謀劃屠殺桓氏家族了；而桓玄是被劉裕打敗的，桓氏一家是在建康被殺的，與這兩個可憐的兄弟有什麼關係。這一句話也說出了司馬德文兄弟的無奈。身為皇室成員，他們對朝廷大事根本做不了主，卻要在亂世中因為血統飽受顛沛流離之苦。這一句話出自司馬德文之口，也恰好是他自己一生的寫照。

劉裕篡位的野心暴露得越來越明顯了。他急於篡位，密令黨羽中書侍郎王韶之買通司馬德宗左右侍從，要伺機除掉晉安帝司馬德宗。司馬德文知道劉裕有逼迫、殺害哥哥的企圖，加上晉安帝這個人不辨饑寒，沒有自理自衛能力，因此他便堅持天天隨侍於晉安帝左右。司馬德文整

日陪侍皇帝，一時讓王韶之等人無法下手。

十二月十七日，琅琊王司馬德文突患急病，不得不回府醫治。王韶之乘機入後宮東堂，指揮皇帝侍從用散衣結成帶子，將晉安帝司馬德宗活活勒死。司馬德宗時年三十七歲，在位二十二年。司馬德文還在府中醫治的時候，宮中傳出噩耗，說皇帝暴病駕崩。司馬德文痛哭失聲。

殺安帝後，劉裕本想自己登基，但之前社會上有圖讖盛傳「昌明（晉孝武帝）之後有二帝。」劉裕覺得時機還沒有最後成熟，人心對晉朝還有依戀，因此決定再等一兩年。

他指使黨羽偽造遺詔，於四一八年改立司馬德文為皇帝，次年（四一九年）改年號為元熙。

元熙元年正月，司馬德文為了表彰劉裕的「策立之功」，下詔進封劉裕為宋王，將徐州的海陵、東海、北譙、北梁，豫州的新蔡，兗州的北陳留，司州的陳郡、汝南、穎川、滎陽十個郡增劃為宋王封地。到了十二月，司馬德文又不得不允許劉裕佩帶十二旒的王冕，建天子旌旗，出警入蹕，乘金根車，駕六馬，備五時副車，置旄頭雲罕，樂舞八佾，設鐘虡宮縣。與司馬德文的祖先司馬昭做過的一樣，劉裕控制的朝堂也進封宋王太妃為太后，王妃為王后，世子為太子，王子、王孫各有爵命。

四一九年就這麼平淡地過去了，轉眼到了四二〇年。

但是劉裕不甘心。他覺得受禪的時機已經成熟，而且自己已經是五十八歲的老人了。一生的征戰讓劉裕遍體鱗傷，身體情況並不好。劉裕相信自己一定會在生命的時間長跑中輸給新皇帝司馬德文。因此他急於在有生之年稱帝。但是下面的大臣們卻沒有再出現劉穆之那樣知道他心意的人。也許他們覺得主子剛扶立了一個新皇帝只有一年，不會馬上受禪登基的。或許還有人以為他要做第二個曹操或司馬昭。

劉裕處於急想受禪又難以啟齒的尷尬中。於是他想了個方法，在宋

國首都壽陽召叢集臣宴飲。席間，劉裕感嘆說：「桓玄篡位的時候晉室鼎命發生移動。我首倡大義，興復帝室，南征北戰，平定四海，功成名就。於是我接受皇上的九錫之禮。現在我也進入了遲暮之年，身分尊貴至此，生怕物極必反不能久安。因此我計劃奉還爵位，歸老京師。」劉裕這番話的表面意思是回顧一生的成就，感嘆自己的遲暮之年。他宣稱退休養老的意思自然是裝出來的，實際上是希望群臣向他勸進。正如劉裕擔心的，自己已經位極人臣，一人之下，萬萬人之上，但也不是什麼好事，很容易物極必反。他想再進一步，不僅是自保的手段，也是胸中之志的展現。

可惜大臣們都只理解了劉裕講話表面的意思，紛紛爭相拍馬屁，盛讚宋王的功德。劉裕也就和大家嘻嘻哈哈，等天晚了，宴會也就散了。

參加宴會的中書令傅亮在回家的途中，突然靈光閃現。他猛然意識到，一扇巨大的機遇之門正在向自己開啟。他連忙折回宋王府，求見劉裕。當時宋王府的宮門已經關閉，傅亮也不顧禮節，叩門請見。劉裕下令開門召見。

傅亮見到劉裕後真的是千言萬語湧上心頭，憋了好一會，才說出一句話：「臣請求暫時回建康。」劉裕馬上就理解了傅亮的意思，沒有多餘的話直接問道：「你需要多少人馬相送？」傅亮說：「只需要數十人就足夠了。」劉裕馬上布置誰誰誰，跟著傅亮去建康辦事，聽從他的指揮。

傅亮得到劉裕的首肯後，隨即告辭出宮。等傅亮出門的時候，夜都已經深了。傅亮插著腰仰望滿天的星星，感嘆說：「我之前不相信天文，今天終於開始相信了。」

幾天後，傅亮帶著草擬好的禪位詔書入宮去見司馬德文。他將詔書遞給司馬德文，讓他謄抄一份。登基不到一年的司馬德文馬上就明白是怎麼回事了。

　　經過片刻的驚訝，司馬德文欣然允諾。他邊抄邊對左右侍從說：「桓玄篡位的時候晉朝其實已經亡國了。多虧了劉公出兵平定，才恢復晉朝。我們司馬家族得以繼續君臨天下近二十年全靠劉公之力。今日禪位之事，我心甘情願，沒有什麼可怨恨。」司馬德文抄謄完詔書，交給傅亮，然後主動攜同后妃等眷屬搬出宮去。

　　傅亮立即宣布了皇上禪讓的消息。

　　《宋書》記載劉裕得知這個意料之中的消息後，還是依照慣例上表推辭。但是司馬德文早已經自去了帝號，搬進原來的琅琊王官邸居住。也就是說，在那幾天中，天下已經沒有了皇帝。劉裕送上去的讓表自然也沒有了呈送對象。相反，以陳留王曹虔嗣（就是禪位給司馬炎的曹奐的後代）為首的建康貴族官員和宋國的群臣兩百七十人向劉裕上表勸進。劉裕還是不答應即位。

　　依照之前的慣例，權臣還要三請。這回，太史令駱達呈上了天文符瑞數十條；群臣又更加懇切地恭請劉裕登基。劉裕這才答應下來。

　　六月，劉裕在建康南郊登上受禪臺，接受皇帝位，並舉辦柴燎告天儀式。

　　新的王朝國號為宋，改元初平。傅亮因為有佐命輔立的大功被封為建城縣公，食邑二千戶，並且入值中書省，專門負責詔命，權重一時。司馬德文則被降封為零陵王，遷居秣陵縣城，由冠軍將軍劉遵考帶兵監管。《宋書》記載新朝給司馬德文的待遇是：「全食一郡。載天子旌旗，乘五時副車，行晉正朔，郊祀天地禮樂制度，皆用晉典。上書不為表，答表勿稱詔。」也就是說，宋朝以零陵一個郡的物產來供養司馬德文。司馬德文不僅保持皇帝的待遇和禮儀不變，而且在對皇帝的來往中可以不用稱臣，在封國之內奉行晉朝正朔。宋朝先是規定零陵王在貴族百官中的排位是「位在三公之上、陳留王之下」。之所以將零陵王放在陳留王

之後，因為劉裕覺得自己的天下是先由陳留王所代表的曹氏傳給零陵王司馬家族，再傳給劉氏。後來，宋朝又規定「零陵王位在陳留王上」，給予了司馬家族特殊的禮遇。

遺憾的是，史載：「有其文而不備其禮。」遜帝的待遇是新朝給的。真正執行到什麼程度，自然是由新王朝來決定。之前禪位的劉協和曹奐的待遇都還不錯，但是司馬德文就沒有前輩這麼幸福了。劉裕一開始就沒打算讓司馬德文繼續活在世上。

劉裕常年征戰，養成了置對手於死地的習慣。對他來說，讓一個遜位的、明顯要活得比自己長的皇帝活在身邊，簡直是一件不可想像的事情。萬一天下還有人對遜帝心有感情怎麼辦？萬一在自己百年之後，遜帝復辟怎麼辦？只是因為之前的禪讓先例規定了遜帝的一系列優待條件，劉裕才不得不做做樣子。

劉裕不僅派兵監視司馬德文的一舉一動，而派人時刻尋找機會暗殺遜帝。司馬德文皇后的哥哥褚秀之、褚淡之是晉朝的太常卿和侍中，在妹夫落難後迅速投靠劉裕，協助監視帝后。司馬德文的褚皇后在禪讓之時已經懷孕，遜位後生下一個兒子。劉裕怕這個剛出生的嬰兒日後對劉家不利，下達了暗殺令。褚秀之兄弟執行劉裕的命令，殘忍地將自己剛出生的外甥殺死了。經過這事後，司馬德文夫婦心驚膽顫，日夜生活在驚恐之中。夫婦倆整天共處一室；一切飲食也都由褚皇后親自動手。劉裕及其爪牙一時無法下手。

四二〇年九月，劉裕命令琅琊侍中、司馬德文原來的侍從張偉攜帶毒酒一瓶前去毒殺司馬德文。張偉不忍心謀害故主，對劉裕又無法交代，在路上飲毒酒自殺了。

劉裕一計不成，又生一計，派遣褚淡之兄弟出馬。兩兄弟假意去探望褚皇后，精兵悄悄地跟隨著他們身後。褚皇后聽說兄長來了，暫時離

開丈夫出門相迎。士兵們乘機越牆跳入司馬德文室內，將毒酒放在他面前逼他速飲快死。司馬德文搖頭拒絕說：「佛曰：人凡自殺，轉世不能再投人胎。」

幾個兵士於是一擁而上，將司馬德文按在床上，用被子矇住他的臉，使勁扼死他，然後再跳牆而去。司馬德文死時三十六歲。

劉裕聽到噩耗後，率文武百官哭悼了三天，追諡司馬德文為恭皇帝，葬沖平陵（今江蘇省江寧縣蔣山西南）。一九六四年五月，南京博物院在距石碣西四百公尺處，發掘了一座東晉大墓。結合該墓地望、形制與出土器物等，有學者認為該墓為晉恭帝司馬德文沖平陵。該墓的出土文物現在南京博物院中可以看到。

司馬德文死後，劉裕命司馬元瑜繼承零陵王爵位。零陵國一直傳國到南齊。之後，劉裕對司馬皇室痛下殺手，幾乎夷平了全族，開了後世受禪之君屠殺遜帝及先朝宗室的先河。這是個很惡劣的先例，之前文質彬彬的禪讓從此以後老是伴隨著腥風血雨。以後的皇帝還有所發展，趕盡殺絕，屠家滅族，慘無人道。只有到了外禪的最後一位皇帝柴宗訓時，又一個宋朝才算對年幼的柴宗訓網開一面，讓他得以善終。

儘管劉裕在禪讓一事上開了一個壞頭，但他一生戎戰，結束了江南在東晉後期的動盪局面，採取了一系列抑制豪強兼併，減輕人民負擔和恢復農業生產的措施，與民生息。劉裕只在皇位上坐了不到兩年時間，就死了。但他的崛起意味著之前中國歷史上以個人出身為考核標準的門閥政治的瓦解，和一個新的平民政治時代的到來。總而言之，劉裕還是個相當不錯的皇帝。

劉裕被稱為宋武帝。宋武帝劉裕和其子宋文帝劉義隆統治時期，南北朝亂世出現了難得的小康局面，史稱元嘉之治。

蓄謀已久還是被逼篡位

　　劉裕統治時期的宋朝給紛亂的南朝帶來了一抹亮色。

　　之後宋朝迅速走向了衰亡。皇子皇孫們為了爭奪帝位骨肉相殘，高貴的鮮血淋漓了華麗的殿堂。劉裕的子孫們為了爭奪皇位展開了駭人的殺戮，不是子弒父、兄弟相殘就是叔侄屠殺。宋孝武帝、前廢帝、宋明帝三朝皇族一百二十九人，被殺者二十一人，其中皇室內部相殘者多達八十人。

　　在鮮血橫飛的動亂中，一個叫蕭道成的外姓攝取了皇位。

老將軍與小頑童

蕭道成走向帝王寶座的過程中，有件荒唐事不得不提及。

盛夏的一天中午，建康城酷熱難耐。

中領軍蕭道成是胖子，解衣袒腹地在家裡堂中睡午覺。

突然，蕭家門口出現了一群躡手躡腳的年輕人。他們衣著華麗，容貌形態不像一般人家的子弟，卻行為猥瑣，對著蕭家大門張頭探腦，分明又是一群市井無賴的模樣。尤其是領頭的年輕人，十三四歲光景，特別顯眼，招人懷疑。這群人的確不是一般人，而是當朝皇帝劉昱和他們的一幫侍衛。這天，好動荒唐的劉昱出宮遊玩時，經過蕭道成的領軍府，突然想進去戲弄一下這位老將軍。

領軍府有警衛認識皇帝，要行禮迎接。劉昱示意警衛不要驚動他人。他帶著一行侍衛輕聲細語地直入蕭家正堂。劉昱一眼看到酣睡的胖子將軍，好奇地揭開帳子欣賞起袒胸露肚的蕭道成來，只見蕭道成的肚子碩大滾圓，肚臍眼像雞蛋一般大，劉昱不禁哈哈大笑起來。

笑聲驚醒了蕭道成。蕭道成睜眼見是小皇帝親臨府邸，以為出什麼大事了，急忙起身要穿衣行禮。劉昱搖搖手說：「你的肚子是個很好的箭靶子，正好讓我試試箭法。」

蕭道成驚訝地還沒回過神來，劉昱就命令左右架起蕭道成站到幾步開外，要用他的腹部當箭靶，肚臍眼當靶心練習箭法。劉昱還有模有樣地拿起弓箭，擺出姿勢就要射。

蕭道成嚇得魂飛魄散慌忙用手捂住肚臍，大聲申辯說：「老臣無罪，為何要射殺我？」

劉昱也不搭理，拉滿弦就要放箭。千鈞一髮之間，隨從的皇家衛隊

長王天恩進言道：「蕭領軍的肚子真是一個好靶子，可以供皇上練習射技。但是如果一箭下去將蕭領軍射死了，以後皇上就沒有這麼好的靶子了。皇上不如將箭頭拔去，用禿箭射。」

劉昱想想覺得有道理，於是拔掉箭頭，張弓就射。那一箭正中蕭道成的肚臍眼，痛得他嗷嗷大叫。小皇帝劉昱卻哈哈大笑。王天恩等人連忙拍馬屁說：「陛下神射無雙，一箭中的。」劉昱更加高興了，玩盡興後扔下蕭道成揚長而去。

回去的路上，劉昱想起剛才蕭道成的態度又發起怒來。回到宮中，劉昱咬牙切齒地叫喚：「明天就去殺掉蕭道成。」他還磨起劍來，一副要明天親力親為去殺蕭道成的架勢。宮中早有人告訴了他的生母陳太妃，陳太妃匆忙趕過來制止兒子。她罵道：「蕭道成統領禁軍，是國家的功臣。你殺了他，誰還為國家出力啊！」劉昱挺怕母親的，一思索她教訓的有道理，也就把殺蕭道成的事情擱到一邊去了。

劉昱是劉裕的曾孫子，是宋朝的第七任皇帝。元嘉之世是宋朝國力最強盛的時期。但在元嘉末期，黃河以北的北魏日益崛起，不斷南侵，大大削弱了宋朝國力。四五三年，太子劉劭殺文帝自立，他弟弟劉駿起兵殺劉劭即位。之後劉宋便陷入王室紛爭和將領疑忌之中，內亂愈演愈烈。從南到北叛國投敵的文臣武將絡繹不絕；劉宋淮河以北的土地都落入北方之手；而劉宋王朝一再加深對百姓剝削更累積了尖銳的矛盾，農民起義不斷發生。

四七二年，十二歲的劉昱繼位。他是宋明帝與陳貴妃的長子。陳貴妃年輕的時候曾經是李道兒的侍妾，所以劉昱的身世也一直被質疑。宋明帝接陳貴妃回宮後不久就生下了劉昱。因此劉昱的身世一度鬧得沸沸揚揚。劉昱也聽到那些傳言，成年後還常常自稱「李將軍」，一點都不為父母避諱。

劉昱就是這麼個不知輕重，任性胡鬧，並且殘忍無道的年輕人。他在五六歲就被立為太子，在東宮的時候劉昱從不好好進學，喜歡嬉戲，特別喜歡學猴子爬油漆竿。那些竿子離地面有丈餘高。劉昱爬到頂端再滑下來，老師們都管不了他。稍微長大點後劉昱喜怒無常。左右有不順他意思的，動手就打。對此他習以為常。歷史總會給予每個朝代一個荒誕無理的末代皇帝，不知是巧合還是時勢使然。劉昱剛登基的時候，因為有太后、太妃在宮中管教，朝堂上有功勳大臣主持國事，劉昱還算有個皇帝的樣子。十四歲，劉昱行成人禮後，就開始肆無忌憚，不聽任何人管教了。

劉昱的主要愛好有兩個：一是出宮遊玩，一是無故殺人。劉昱喜歡穿件小衣衫，帶著幾個隨從出宮，不管郊野還是市井，哪裡有趣就往哪裡湊。陳太妃一開始還時常乘著車跟隨他。但劉昱一出宮就似蛟龍入海，轉瞬間將母親甩得無影無蹤。陳太妃越來越力不從心，對寶貝兒子也就睜隻眼閉隻眼了。劉昱常常是從承明門微服出入，傍晚出宮次日凌晨回來，早上出去再晚上回來。每次在外面，劉昱睏了就投宿客棧，有的時候甚至找個路邊空地睡一覺。他交往的對象不是賣柴養馬的商販，就是拉車擔貨的少年。遇到被人喝斥辱罵，劉昱就淡然一笑；遇見婚喪嫁娶，劉昱就衝入人群高歌飲酒取樂。宮廷官吏見了，都習以為常。

劉昱如果僅僅是喜歡民間，倒還有與民同樂，不拘小節的味道。遺憾的是，他總是攜帶鉗鑿斧鋸，發明了擊腦、椎陰、剖心等刑罰。一般情況下，劉昱每日都殺數十人，有些人是劉昱親自用長矛刺穿的。一次，劉昱聞到一個叫孫超的大臣口中有蒜味。為了證明他吃過大蒜，劉昱讓左右抓牢孫超，親手剖腹查探他肚子裡有沒有大蒜頭。建康城傳聞大臣孫勃聚斂了許多金銀財寶，劉昱發動了一次奪寶行動，帶著人馬劫掠孫勃。搶劫開始了，劉昱揮刀衝鋒在前，頭一個衝入孫家。一夥人殺

掉孫勃後，劉昱記得小的時候被孫勃管教過，竟然臠割屍體解恨。

從即位第四年起，劉昱就無日不出去胡鬧。最後他發展到手執長矛大棒，凡是遇到男女行人及犬馬牛驢就立即撲殺，致使人民驚擾，道無行人，儼然是一夥強盜。劉昱殺人成癮，如果一日不殺人就悶悶不樂。父親的正妻老太后多次訓斥自己，劉昱煩了竟然下令太醫煮毒酒準備鴆殺老太后。左右侍從慌忙勸他說：「如果太后死了，陛下您就得以兒子的身分參加各式各樣繁瑣的喪禮儀式。我們就沒時間陪陛下出宮遊玩了。」劉昱一想也是，打消了毒死太后的念頭。

四七四年，桂陽王劉休範趁朝政混亂起兵造反，但是被蕭道成等人平定。劉昱絲毫不將地方的反叛放在心上，依然我行我素。蕭道成就是在荒唐的朝政和不斷加劇的內亂中登上政治中心舞臺，逐步掌握實權的。

蕭道成是個職業軍人，元嘉四年（四二七年）出生於職業軍人家庭。父親蕭承之歷經戰爭，因戰功一步步升遷為劉宋王朝的右軍將軍。蕭道成年幼的時候曾經學習儒學，但在他十四歲那年發生了大將軍、彭城王劉義康被廢黜事件，父親的部隊要移防豫章，蕭道成只好放棄學業，正式參軍，跟隨父親去江西。蕭道成先後歷經大小數十戰，為劉宋王朝出生入死，官職和權力逐步提升。宋明帝泰始四年（四六八年），他正式成為南兗州刺史，先是鎮守廣陵，後來移鎮淮陰，成為南方對北魏作戰的前線指揮官。

不知道是惡作劇，還是有心陷害，建康城一度出現了「蕭道成當為天子」的流言。宋明帝原本就覺得蕭道成這個人相貌出眾，不是久居人下的人，聽到民間流言後更加懷疑前線的蕭道成有野心，會對自己構成威脅了。宋明帝決定試探一下他的前線指揮官，於是千里迢迢派遣使者送給蕭道成一壺酒。蕭道成戒裝出迎使者，謝過天恩後，毫不懷疑地仰面喝下御酒。聽完使者的回報，宋明帝判斷蕭道成還是忠心的，不

會造反。

當時的蕭道成真的是一位忠心的前線將領，無奈多疑的皇帝老是懷疑他，弄得他非常鬱悶。蕭道成曾經寫過一首〈群鶴詠〉。全詩只有四句：

大風舞遙翮，九野弄清音。
一摧雲間志，為君苑中禽。

他用鶴的迎風高飛，當空鳴叫來表達自己的雄心壯志和宏才大略。遺憾的是，因為受到朝堂的約束，難以真正展翅高飛，無奈成為君王的觀賞動物。可見，雖然地位和權力得到升遷，但蕭道成的心情並不愉悅。

泰始七年（四七一年），宋明帝病重，派人召蕭道成入京。前線部將都覺得此行凶多吉少，為蕭道成擔心。蕭道成清醒地分析道：「諸位都沒有看到事情的本質。當今皇上誅殺兄弟，而太子稚弱。皇帝病重，正在考慮自己的身後事，既想尋找輔政大臣，又不想威脅到太子的地位。皇上召我，我正應該迅速應召，如果遲遲不去，反而是自取其禍啊。」接下去，蕭道成又講了一段大逆不道的話，充分暴露了他心中已經萌發的不臣之心。他說：「皇室骨肉相害，非靈長之運。國家禍難將起，各位要和我一起出力同心啊。」

事實發展證明蕭道成的分析是完全正確的。一到建康，他就被拜為散騎常侍、太子左衛率，加邑二百戶。不久，宋明帝駕崩，立下遺詔，封蕭道成為右衛將軍，領衛尉，加兵五百人。蕭道成與尚書令袁粲、護軍褚淵、領軍劉勔四人共掌機事，成為輔政大臣，被稱為「四貴」。其中蕭道成又兼領東北選事加侍中，負責首都周邊軍事。他很快掌握了劉宋朝堂禁衛軍的兵權，為日後的政治發展打下了堅實的基礎。

　　禁衛軍權是中國古代宮廷政治的重要影響因素，是古代君權的重要組成部分，卻也常常在亂世中離開君王控制，甚至成為顛覆君權的工具。禁衛將軍控制禁衛軍權，從而專斷朝政，多有廢立篡弒之舉。登基之初，新皇帝就會以親信部將擔任禁衛將軍，控制禁衛軍權，鞏固統治。南朝時候政治不穩，昏主迭出，禁衛軍權對朝政影響更大。劉裕打敗桓玄初期就親自擔任指揮禁衛軍的領軍將軍，牢固掌握建康的禁衛軍權。這是劉裕控制京師、整頓朝政的勢力基礎。但劉裕的舞臺顯然不是禁衛軍。蕭道成是以禁衛軍將領身分顛覆自己所要護衛的皇室的第一人。蕭道成開了這個頭後，以後的宮廷政變和朝政變遷或多或少都有禁衛軍的影響，為中國古代歷史提出了一個不大不小的新命題。

　　荒唐的劉昱雖然放棄了殺蕭道成的想法，但蕭道成內心極度不安起來。

　　誰能保證自己哪天不會被這個莽撞無理的小皇帝殺掉呢？於是，蕭道成開始找人密謀廢掉劉昱。他首先尋找的就是禁衛軍內部的人，比如禁衛軍越騎校尉王敬則，劉昱貼身侍衛等等，伺機行事。

七夕夜裡好殺人

四七七年七月七日，七夕節。

劉昱在這一天白天的行程非常混亂。《宋書》和《南齊書》中有不同的版本。

《宋書》說劉昱當天乘露車，帶著二百左右人，與往常一樣沒有帶儀仗裝飾，到民間去野混。先是去了往青園的尼姑庵，猜想是去偷雞摸狗，或者調戲小尼姑去了；傍晚的時候他又到新安寺找曇度道人飲酒。

《南齊書》也說劉昱當天在外微服遊玩。劉昱出北湖，像往常一樣騎著單馬飛奔在前，羽儀禁衛等人隨後追趕。一行人在堤塘之間相互蹈藉，狼狽得很。突然劉昱的隨從張互兒的馬在追趕擁擠之中墜下湖去。劉昱很生氣，把馬拉上水來，趕到光明亭前，自己玩起殺馬遊戲。馬被殺後，他和隨從一起屠割馬肉。大家一起學北方的羌胡人，邊割肉邊唱歌跳舞。傍晚的時候，劉昱又去了蠻岡賭博。

夜深了，劉昱終於回到宮中。

當晚，劉昱是在仁壽殿東的阿氈屋中就寢。臨睡前，他突然記起今天是七夕。於是，劉昱就對隨從楊玉夫說：「今天晚上織女渡河與牛郎相會，我要看看織女的模樣。等織女出來了，你叫醒我。如果看不到織女，我明天就殺了你。」

楊玉夫大驚失色。他如何能夠讓劉昱看到織女？楊玉夫馬上想到了「伴君如伴虎」。現在為了自衛，他不得不去打虎了。楊玉夫知道同伴陳奉伯等人平日裡與禁衛軍校尉王敬則等人互通消息，有過密謀。於是他就去找陳奉伯，將事情起因和自己要殺小皇帝自衛的計畫和盤托出，尋找配合。陳奉伯一面聯絡王敬則，一面和楊玉夫聯絡了更多的劉昱侍

衛、隨從，準備共同起事。結果，二十五個劉昱平日的親信聚集起來，決定弒君。

事不宜遲，楊玉夫帶了幾個人來到劉昱休息的氈房外，只聽鼾聲陣陣。楊玉夫等人突入氈房之中，取出劉昱的防身刀，當場將熟睡中的小皇帝殺死。劉昱時年十六歲。楊玉夫將劉昱的頭顱割下，又假傳聖旨，宜禁衛軍校尉王敬則入內，商議後事。

大家商議的結果是決定利用小皇帝平日的生活習慣，騙出宮去，將蕭道成引進宮來主持大事。於是，王敬則領頭，楊玉夫假扮劉昱，陳奉伯提著劉昱的腦袋，向宮外走去。劉昱之前經常在深更半夜出宮，現在陳奉伯等人就聲稱皇帝要出宮，王敬則陪護。宮廷一干人等一見是小皇帝的貼身隨從和禁軍校尉陪同「皇帝」出宮，沒有絲毫的懷疑。劉昱每次出門，門衛和士兵們懼怕他的喜怒無常都不敢正視他。這天夜黑，宮人只知道慌忙開啟承明門，看都沒看清到底是不是劉昱本人出宮，就放走了一行人。

來到領軍府外，王敬則稱帶了皇帝的首級來請蕭道成入宮主持大事。因為整件事情事起突然，蕭道成之前毫不知情。現在突然深夜有人說殺了皇帝，請你入宮，換作讀者您，您也不會相信這是真的。蕭道成的最初判斷就覺得這極可能是劉昱對自己的考驗或者是另一場惡作劇，因此下令家人緊閉大門，不要放人進來。

王敬則無奈，急中生智，將小皇帝劉昱的人頭從門上拋了進去。蕭道成忙命人將腦袋上的汙血洗去，親自檢視，果然是劉昱的首級。他大吁了一口氣，這才下令大開府門。蕭道成聽完報告後，迅速決定入宮。他全身戎裝，率左右數十人，由王敬則、楊玉夫等人引路向宮中奔去。這一次，他們聲稱是皇帝回宮，讓宮中開門。宮廷內照樣沒有絲毫的懷疑，開啟了宮門。

蓄謀已久還是被逼篡位

承明門剛一開啟，蕭道成就駕著常騎的赤馬當先衝入。宮中見放進來的是全副武裝的蕭道成及其侍衛，大驚失色。蕭道成的那赤馬高大威猛，也許是頭次進入深宮的緣故，揚蹄嘶叫起來，竟然鎮住了不知所措的宮人們。蕭道成日後登基後，封這匹赤馬為「龍驤將軍」；民間稱這匹馬為「赤龍驤」，可見這匹馬確非尋常馬匹。王敬則等人趁機高舉著劉昱的腦袋大喊：「昏君已死，蕭領軍人宮主持大事！」殿內一片驚怖，片刻後都高呼起萬歲來。蕭道成隨即下令自己控制的禁衛軍陸續開到皇宮內外，連夜控制了整個局勢。

蕭道成又派人去召集護軍褚淵，司徒袁粲、尚書令劉秉三位輔政大臣入宮，商議廢立事宜。褚淵原本就與蕭道成的關係極好，入宮知道真相後，堅定地站在蕭道成的一邊。司徒袁粲、尚書令劉秉兩人原本權力地位與蕭道成相當，現在見蕭道成一夜間主持了朝政，加上自己對皇帝猝死等事毫無所知，自然心懷不滿。在新的權力分配方面，袁劉二人也不願意蕭道成獨霸朝政。

天明後四貴在殿庭前的槐樹下集議。蕭道成依然一副戎裝，先對劉秉說：「劉大人您是國家重戚（劉秉是皇室成員），今日之事，應該由您主持。」劉秉沒有想到蕭道成會來這一手，慌亂地推辭了。蕭道成又讓袁粲主持廢立之時，袁粲也不敢接受。蕭道成於是當仁不讓地宣布，備法駕去東城迎立宋明帝第三子，劉昱的弟弟，年僅十一歲的劉準為新皇帝。袁劉二人這時候又後悔了，想發表意見，但是蕭道成布置的士兵用長刀組成了刀牆，阻遮在袁粲、劉秉等人面前。兩人只好失色而去。

皇太后天明後也知道了消息，但是生米已做成了熟飯，只好接受蕭道成的既成現實。太后下令說：「劉昱窮凶極暴，自取毀滅。但是將他廢為庶人，我又有所不忍。可特追封為蒼梧郡王。」劉昱被葬丹陽秣陵縣郊壇西。

　　劉準登基後，史稱宋順帝。蕭道成因為有扶立之功，進位為侍中、司空、錄尚書事、驃騎大將軍，持節、都督、刺史如故，封竟陵郡公，邑五千戶，給油幢絡車，班劍三十人。蕭道成堅決推辭，只接受了驃騎大將軍、開府儀同三司的官職，不久又兼管了南徐州、豫州、司州三個州。對楊玉夫等二十五人不僅沒有被追究弒君的罪責，而且還封賞爵邑。蕭道成獨掌了朝政。

　　蕭道成的迅速崛起，引起了其他大臣的反對。先是袁粲、劉秉兩人的起兵反抗。雖然他倆與蕭道成同為輔政大臣，但與在前線戰火中成長起來的蕭道成不同，並無經世之略。蕭道成憑藉強大的禁衛軍和控制首都的優勢，很快打敗了兩人。袁劉二人身死。荊州刺史沈攸之是劉宋的實力將領，也起兵討伐蕭道成，結果在郢城一戰中失敗，軍潰身死，首級被帶到建康示眾。同時蕭道成還誅滅了反抗的鎮北將軍黃回。

　　在鎮壓了內部的反對勢力後，朝廷進封蕭道成為太尉，增三千戶人口，都督南徐、南兗、徐兗、青、冀、司、豫、荊、雍、湘、郢、梁、益、廣、越十六州諸軍事。蕭道成不僅辭掉了都督，連驃騎大將軍的職位也自我解除。朝廷只好增加了他的儀仗和待遇。

　　蕭道成之所以這樣推辭，是覺得自己的聲望和功績還遠遠不夠。在這一時期，他主要透過加強內政建設來塑造自己的權力和形象。年輕的時候，蕭道成曾經立下過「治天下十年，當使黃金與泥土同價」的宏願。一次，他與族弟蕭順之登上武進的金牛臺，見到枯骨橫道。蕭道成說：「宋文帝之後才幾年時間啊，怎麼又出現了這樣的慘況？」當時他凜然的表情讓蕭順之為之動容。元嘉之世結束後，南朝上流奢侈成風，百姓也不事節儉。蕭道成主政後，罷御府，清理宮殿和官府的飾玩，又禁止民間的華偽雜物。他以節儉勤政入手，積蓄國力，減輕百姓負擔，推動了劉宋王朝的改革，取得了一定的成效。

隨著蕭道成威望的增長，四七八年九月，宋順帝晉封蕭道成假黃鉞、都督中外諸軍事、太傅、領揚州牧，給予他劍履上殿，入朝不趨，贊拜不名的待遇。這一回，蕭道成在經過堅決推辭，朝廷屢次下詔敦勸之後接受了黃鉞，但是辭去了過高的特殊待遇。第二年，朝廷再次重申前命，給予蕭道成劍履上殿，入朝不趨，贊拜不名的特殊待遇，蕭道成這才接受。他的接受是一個特殊的信號，馬上朝廷又晉封蕭道為相國，總百揆，劃土十郡為齊國，封他為齊公，備九錫之禮，加璽紱遠遊冠，位在諸侯王上。依照慣例，蕭道成退讓了三次，朝廷和公卿敦勸請求之後，他才接受。

局勢豁然開朗了。接下來就是皇帝主動禪讓了。但是宋順帝是一個十二歲的貪玩小孩，根本不知道禪讓是怎麼回事。而宮中的皇太后、太妃等人又裝聾作啞，不吱聲。蕭道成不可能殺入宮中去搶奪寶座。於是局勢又似乎停頓了。

最後還是禁衛軍產生了作用。四七九年春的一天，禁衛軍官兵在王敬則的率領下湧入宮中，大喊著「齊王當繼大位」的口號，橫衝直撞，逼劉準遜位。劉準當時正在一個小房間捉迷藏，被外面一嚇，不肯出來。禁衛軍才不管這些，據說是將刀架在皇太后的脖子上，逼皇太后親手把小皇帝從某個房間的角落裡拽出來，官兵們是架著劉準去完成「禪讓之禮」的。

劉準坐在車上，被人急速帶往宮外，在驚嚇過度的情況下反而不哭了。他問王敬則：「你們要殺我嗎？」王敬則回答說：「你不能住在宮中了，要搬到別的地方住。你家祖先取司馬家的天下的時候就是這麼做的。」劉準哭泣道：「願後身世世勿復生在帝王家！」宮中家眷聽到小皇帝的這句話，哭成一片。這句話成為古代歷史上的一句名言，成為後來人形容皇帝不易的一條鐵證。但是我懷疑十二歲的劉準能否說出這句經

典之句。也許這只是後人杜撰附會上去的一條言論而已。

依照慣例，蕭道成在接受禪讓之前還要推辭三次。蕭道成按照慣例都一一做了，宋朝從劉準到王公貴族又誠懇堅定地請求了三次。其中兼太史令、將作匠陳文建說的一句話，可以作為到那時為止的禪讓歷史的一個小結。他說：「後漢從建武到建安二十五年經過一百九十六年後禪位給魏；魏從黃初到咸熙二年經過四十六年禪位給晉；晉從太始到元熙二年經過一百五十六年禪位給宋；宋自永初元年至升明三年已經有六十年了。占卜的結果是六預示著天命六終六受。請宋王順天時，應符瑞，登基稱帝。」

蕭道成這才同意受禪。

四七九年四月甲午，蕭道成在建康南郊即皇帝位，設壇柴燎告天。新朝國號齊，史稱南齊。

蕭道成即位後封劉準為汝陰王，在汝陰郡建國，全食一郡，位在三公之上。劉準搬離建康，在丹陽縣故治建宮居住，奉行宋正朔。南齊規定劉準是新朝的賓客，在封國內行宋朝正朔，上書不為表，答表不為詔。

但就是在四七九年當年五月己未，丹陽縣汝陰王府門外馬蹄聲雜亂。奉命監視劉準的軍隊以為有人想劫持劉準復辟，自作主張將十三歲的劉準殺害。從四月遜位到五月被殺，劉準離開皇位後存活了不到一個月。蕭道成聽到消息後，非但沒有吃驚反而十分高興。五個月後，蕭道成封劉胤繼承劉準為汝陰王，奉宋祀。汝陰國傳國至南陳。

蕭道成登基的時候，宋朝諸王都降封為公，其中晉熙王劉燮為陰安公，江夏王劉躋為沙陽公，隨王劉翽為舞陰公，新興王劉嵩為定襄公，建安王劉禧為荔浦公，郡公主為縣君，縣公主為鄉君。這些皇室成員是在宋朝殘酷的骨肉相殘後倖存的。在劉準被殺後，蕭道成將這些劉宋宗室全部誅滅。也許他是覺得得位過於容易，時刻擔心前朝皇室的復辟。

蕭道成臨死時囑咐兒子蕭賾:「前朝劉氏如若不是骨肉相殘,我蕭家哪能乘亂奪位。子孫後代要牢記宋朝的教訓。」蕭賾遵遺囑不殺本家,朝政也還清明。但蕭賾之後的南齊又重走了宋朝的老路,骨肉相殘的程度遠勝過宋朝齊明帝,幾乎殺光了同族親屬。也就是在他的手中,南齊王朝種下了被其他家族取代的禍種。

蕭道成死後葬在老家武進。常州城內的文筆塔與太平寺就是蕭道成為故鄉所建,現在這些齊梁遺蹟已經破敗零落。他的願望是好的,但是蕭家依然沒有逃過被逼禪位的結局。

並非壓軸的兩場戲

　　南朝梁和陳的歷史與宋朝和南齊驚人地相似。蕭衍、陳霸先像劉裕、蕭道成一樣登上受禪臺，建立了兩個新的短命王朝。整個過程就好像蹩腳編劇的抄襲之作。只是兩位開國君主的個性言行無疑是其中的亮點，令後人讀來印象深刻。

歷史驚人地相似

蕭道成建立的南齊被另一個姓蕭的人替代了。他就是蕭衍。

蕭衍是蕭道成的族侄。其父蕭順之是蕭道成的族弟。蕭衍文才出眾，年輕的時候與沈約、王融、蕭琛、范雲、任昉、陸倕等文士交遊，號稱「竟陵八友」。入仕後，蕭衍初為巴陵王南中郎法曹行參軍，在對北方的戰爭中逐步升遷，四九七年成為雍州刺史，駐守襄陽。

南齊建立的時候，蕭道成最怕子孫相殘，給外人可乘之機。然而偏偏事與願違，南齊皇室的內亂可說是歷史上最嚴重的，它給了蕭衍等野心家以不可多得的良機。

其中最大的機會還是昏君蕭寶卷親自送給蕭衍的。

蕭寶卷是南齊第六代皇帝，是中國歷史上最為昏庸荒唐的皇帝之一。他可以說是劉昱的翻版。（南北朝時盡出昏君，一個和一個比誰更加荒誕昏碌。）蕭寶卷年少時也不讀書，以抓老鼠為樂；四九九年即位後也只喜歡出宮遊玩，不過動靜更大，每次出遊都一定要拆毀民居、驅逐居民，因為他不是覺得這些房子和人阻礙他的視線，就是看上了百姓家庭院裡的什麼奇石芳草，要運回宮中。在宮中，蕭寶卷與貴妃潘玉奴、宦官梅蟲兒等人日夜玩樂，揮霍無度，造成國家財政的極度困難。

蕭寶卷討厭處理朝政，也不願意與大臣們接觸。他即位不久就殺害顧命大臣右僕射江佑、司空徐孝嗣、右將軍蕭坦之、領軍將軍劉喧等人，先後導致了始安王蕭遙光、太尉陳顯達與將軍崔景慧的起兵叛亂。依靠蕭衍哥哥蕭懿等人的大力支援，蕭寶卷才平定了三次叛亂。尤其是在五○○年，崔景慧兵圍皇城，蕭寶卷的命危在旦夕，全靠蕭懿解圍。

蕭懿是亂世中少有的忠臣。在平滅崔慧景之亂後，他獲封尚書令，

掌握禁軍。有人就勸他行廢立大事。但蕭懿忠於齊室堅決拒絕。而蕭寶卷卻在小人的蠱惑慫恿下要殺掉他。蕭懿事先得到了消息，旁人在江邊準備小船，勸說他逃往弟弟蕭衍處。蕭懿大義凜然地說：「哪有尚書令逃離朝廷的？人生誰能無死，我不走。」結果，他在宮中從容接過蕭寶卷賜的毒藥自殺。蕭懿在自殺前還對小皇帝說：「我弟弟蕭衍現在駐兵襄陽。他聽到我的死訊，可能做出對朝廷不利的舉動來。我替朝廷擔憂啊。」

蕭寶卷聽蕭懿這麼一提醒，覺得蕭衍鎮守雍州，手握重兵，也是個禍害。他決定派前將軍鄭植去襄陽行刺蕭衍。

鄭植的弟弟鄭紹寂當時是蕭衍的部將。鄭植便快馬加鞭以探親的名義前往雍州。當時蕭懿的死訊還沒有傳到襄陽，加上鄭植官職很高，蕭衍按慣例要宴請鄭植。席前，鄭植懷揣利刃，決定在宴席上殺掉蕭衍。鄭紹寂事先知道了哥哥的陰謀，在宴會舉行前將鄭植的來意告訴了蕭衍。蕭衍得知後，還是照常舉行宴會，親自接待鄭植。

宴席開始後，蕭衍突然問鄭植：「鄭將軍受皇命來殺我，今天的這酒席可是下手的好機會啊！」

鄭植也不是普通人物，心中雖然大驚，但面不改色，矢口否認。

蕭衍哈哈一笑，又像沒事一樣繼續觥籌交錯起來。鄭植懷裡的利刃一直沒有派上用場。

宴會散後，蕭衍邀請鄭植參觀襄陽城的軍備。鄭植同是行伍中人，發現整座城池固若金湯，糧草充足，士氣高昂。他對蕭衍的治軍能力大為嘆服，同時也折服於蕭衍坦蕩的氣度，便放棄了行刺的念頭，並把蕭懿的死訊和蕭寶卷的陰謀合盤托出。

蕭衍作雍州刺史的時候曾對哥哥蕭懿說南齊連年內亂，北方強敵虎視眈眈，已經處於內憂外患；而朝廷大員和皇室成員依然專權互爭；蕭

衍判斷國家大亂將至，勸蕭懿積蓄力量，尋找機會奪取政權。蕭懿自然是沒有同意還責罵了蕭衍一頓。但蕭衍的野心不是哥哥的責罵可以打消的，相反早就實施了不臣計畫。他在襄陽以防備北方為名，大造器械，暗中砍伐了許多竹，沉於檀溪中，以備造船用。可見，蕭衍爭奪中央權力的野心由來已久。

現在蕭懿被殺，皇帝又派刺客來刺殺自己，蕭衍除了起兵造反別無選擇。他「出檀溪竹木，裝舸艦，旬日大辦。百姓願從者，得鐵馬五千匹，甲士三萬人。」這一方面證明蕭衍蓄謀已久，一方面也說明南齊早已失去了人心。在向都城建康出發的過程中，蕭衍軍一路勢如破竹，沿途官吏非走即降。為了增加正義性，蕭衍奉南齊南康王蕭寶融為名義上的主帥，一同進軍。五○一年三月，蕭衍乾脆在江陵擁立南康王蕭寶融為帝，與蕭寶卷分庭抗禮。蕭寶融就是齊和帝。

建康城中的蕭寶卷繼續著他的荒誕生活。他一心忙於擴建自己的宮殿，在民間遊玩時候，只要看中一棵好樹木或一株好竹，就不惜毀牆拆屋，移植入宮。十月，蕭衍的軍隊正式包圍了建康城，蕭寶卷依然若無其事。他經歷了三次兵變，都化險為夷，對這第四次兵變也沒有放在心上。

當時宮中儲存著數百張大木片，相關部門奏請用來加圍城防。蕭寶卷覺得它們將來可以用來維修殿門，寧可放著不用，也不用在城防上。他在重圍中催促御府趕製三百人的精仗，用金銀寶物雕飾儀仗鎧甲，準備在打敗蕭衍後用來裝備慶功的儀仗隊。有幾個左右親信提醒蕭寶卷局勢已經非常嚴重，希望皇上戰備抵抗。一次，蕭寶卷的坐騎受驚狂嘶，有人趁機向他進諫：「臣曾經見到先皇，先皇對皇帝終日出宮遊蕩不施戰備很不高興。」結果是連父親都責備不得蕭寶卷這個寶貝兒子，只見他憤怒地拔出佩刀要尋找父親的鬼魂算帳。先皇的靈魂自然不會與他糾

纏，找不到撒氣對象的蕭寶卷就用草縛一個他父親的形象，斬首，把頭懸掛在宮門口，昭示全城。又有將領恭請蕭寶捲出財物犒軍，蕭寶卷暴跳如雷，喊：「為什麼只讓我花錢，難道敵人來了只殺我嗎？」

的確，蕭衍只為蕭寶卷而來。蕭寶卷也早已眾叛親離，剩下孤家寡人了。負責建康城防的征虜將軍王珍國對蕭寶卷失望和憤恨透頂，暗中送給蕭衍一個明鏡，表明歸順心跡。

王珍國聯絡了城內對小皇帝不滿的勢力，在一天深夜率領士兵衝入蕭寶卷寢宮。一行人殺進宮中，都愣了，原來蕭寶卷正在悠閒自得地吹笛子，看美女跳舞呢！蕭寶卷見亂軍前來，知道是來取自己性命的，忙奪路而逃。沒跑多遠，蕭寶卷就跌倒在地。王珍國趕上前去，朝著蕭寶卷的脖子就是一刀，了結了他的性命。蕭寶卷時年十九歲。王珍國等人提著蕭寶卷的首級，大開城門，迎蕭衍入城。

蕭衍進入建康後，成為了新權貴。齊和帝封他為大司馬、中書監、錄尚書事。之後的事，對於野心勃勃的蕭衍來說，就像是走程序一樣。蕭衍堅絕不讓還在西部的齊和帝進建康。第二年，他升遷為相國，進封梁王，又讓宣德皇后臨朝，使很多事情可以繞開合法的齊和帝直接處理。不久朝廷下詔進封蕭衍都督中外諸軍事，給予劍履上殿，入朝不趨，贊拜不名的特權待遇，並加前後部羽葆鼓吹。

親信們為他組織了一批祥瑞，包括陳文興在桓城內鑿井的時候挖到的玉鏤麒麟、金鏤玉璧、水精環各二枚；建康令羊瞻、解報告說在縣城的桐下里出現了鳳凰。宣德皇后下詔說符瑞的出現都是相國蕭衍的功勞，將所有祥瑞都送到相國府去。荊州地區則出現了「行中水，為天子」的傳言為新朝新君大造輿論。

最後是親信沈約的勸說堅定了蕭衍篡位的決心。沈約勸進說「現代與古代不同了，不可以用純樸的古風來要求當今社會了。士大夫們攀龍

附鳳，都有建功立業的心思。現在連兒童牧豎都知道齊朝國祚已終。明公您正應當承其運。天文讖記都證明天心不可違，人情不可失，即使出現一些劫數，也是不得已的事情。」沈約這段冠冕堂皇的說辭，徹底打消了蕭衍的君臣大義和忠孝禮儀。蕭衍最終下定了篡位的決心。

沈約於是寫信給遠在江陵的中領軍夏侯祥，要他逼齊和帝寫禪讓詔書。齊和帝的禪讓詔書送到建康後蕭衍迅速表示謙讓。另一個親信范雲帶領一百一十七個大臣上書稱臣，恭請蕭衍登基稱帝。太史令再三陳述天文符讖證明篡位是合乎天意的。蕭衍表面上是勉強接受眾人的請求，於五○二年四月正式在建康南郊登上受禪臺祭告天地稱帝，接受百官跪拜朝賀，改國號為梁。

蕭衍的受禪是非常奇怪的。當時合法的皇帝不在建康，所以蕭梁受禪的時候齊和帝蕭寶融並沒有在場。為了使改朝換代合法化，蕭衍讓太后下詔說：「西詔至，帝憲章前代，敬禪神器於梁，明可臨軒，遣使恭授璽紱，未亡人歸於別宮。」太后說，南齊知道自己國運已經終了，現在要傚法前代將天下禪讓給梁王，但是皇帝不在建康，而在長江中流，所以太后她做主，請梁王派特使來接受傳國玉璽。

蕭衍即位後封蕭寶融為巴陵王，遷居姑孰，全食一郡。依照慣例，蕭寶融享有載天子旌旗，乘五時副車的待遇，在封國內奉行南齊正朔，郊祀天地，禮樂制度都用南齊故典。梁朝規定巴陵王排位在宋朝禪位的汝陰王之上，南齊宗室諸王都降爵為公爵。

幾天後，蕭衍派親信鄭伯禽到姑孰，送給蕭寶融一大塊生金，讓他吞金自殺。蕭寶融大笑說：「我死不需金，醇酒足矣。」鄭伯禽就弄來一大罈美酒，讓蕭寶融暢飲。蕭寶融狂飲後醉得不省人事。鄭伯禽於是輕鬆地掐死了他。蕭寶融時年十五歲。

最初蕭衍計劃以南海郡建立巴陵國，讓蕭寶融在巴陵自生自滅；又

擔心蕭寶融在巴陵成為反對勢力的旗幟，想殺他。於是他假腥腥地將蕭寶融送往南海的計畫拿去詢問范雲的意見，范雲低頭不語。蕭衍又問沈約，沈約說：「魏武帝曹操說：『不可慕虛名而受實禍。』」沈約的意思是不能為了虛名，而心存「婦人之仁」，而應該當機立斷，了結了遜帝。從四月辛酉日蕭寶融被去掉帝號到被鄭伯禽掐死前後不過七天。蕭寶融是遜位後存活時間最短的皇帝。

南齊宗室諸王在蕭衍稱帝前就在皇室內亂和戰亂中被屠殺殆盡，新皇帝即位後並沒有對前朝皇室進行大的殺戮。在殘存的前朝皇室中有一個謝沐縣公蕭寶義，因為年幼有殘疾，不能說話，這才躲過屠殺。蕭寶融死後，蕭衍立蕭寶義繼承巴陵王爵位，奉南齊正朔。巴陵國傳國至南陳。

蕭衍雖然對政治對手大開殺戒，卻是著名的「以佛化治國」的菩薩皇帝。在梁朝的半壁江山內，佛寺達兩千八百四十六座，有僧尼八十二萬餘人。梁武帝身體力行，帶髮修行。晚年梁武帝一天只吃一頓飲，肉食一絲不沾，只吃豆類的湯菜和糙米飯。五十歲後他就斷絕房事，遠離嬪妃。梁武帝還四次入寺捨身為奴，最短的一次四天，最長的一次達五十一天。每次群臣都以錢一億萬將蕭衍從寺廟贖出來，稱他為「菩薩皇帝」。

在對外戰爭上，蕭衍卻一錯再錯。五四七年東魏大將侯景求降，蕭衍一意孤行，引狼入室。結果建康陷落，八十六歲的蕭衍被活活餓死。臨死前蕭衍孤身一人，想討一杯水喝，用最後的力氣發出了「喝喝」聲，死了。

打天下途中的皇帝招牌

蕭衍即位的第二年，浙江長興縣一戶貧寒之家生下了一個男孩。家人為他取了一個很霸道的名字：陳霸先。

陳霸先小的時候沒怎麼好好讀書，卻讀了許多兵書。這樣的少年通常頭腦靈活，善於鑽營，陳霸先就是這樣的人。起初，他在鄉間做里司（里正），後來不知怎麼去了首都建康當油庫吏，這可是一個肥缺。之後他又成為新喻侯蕭映的傳令員。後來蕭映去廣州做刺史也就把陳霸先帶到了廣州，讓他擔任中直兵參軍。陳霸先在嶺南平亂有功，先後被提任為西江督護、交州司馬兼領武平太守、振遠將軍、西江督護兼高要太守。蕭衍親自召見了這個青年才俊，授予陳霸先直閣將軍，封新安子爵。

陳霸先的真正崛起之時是在侯景叛亂中。

陳霸先得知都城被圍後，立即在始興宣布起兵討侯景，整軍赴援。在渾渾噩噩的南方官場中，此舉無疑是驚天泣地的舉措。當時他和侯景的地位、實力對比極其懸殊，而且整個梁朝幾乎是早預想到侯景在建康的所作所為的。陳霸先僅有千餘南方土兵。從廣州到建康地方藩鎮勢力大於陳霸先的比比皆是。他們或勾結侯景或擁兵自重。陳霸先硬是在這些藩鎮勢力中擠出了一條道路北上勤王。

陳霸先進入長江流域後，投到江陵的湘東王蕭繹門下，北伐東征。五五一年他與征東將軍王僧辯會合共進，第二年三月大軍進圍建康大敗侯景。蕭繹即位，史稱梁元帝。侯景之亂平定後陳霸先因功授征虜將軍、開府儀同三司，封司空，領揚州刺史，駐鎮京口。

梁朝的內亂給了北方兩國以可乘之機。北齊、西魏都趁火打劫，其中西魏攻破江陵，梁元帝投降後，受盡侮辱後被殺。西魏在江陵扶持了

傀儡，建立了後梁政權。

遠在建康的王僧辯和陳霸先拒絕承認西魏的傀儡皇帝。王僧辯迎接蕭繹的第九子，十三歲的蕭方智立為皇帝。北齊乘機派遣大軍護送被俘已八年之久的蕭淵明回建康爭奪帝位。蕭淵明是蕭衍的侄子，在血統上缺乏繼位的合法性。但是南下的北齊大軍連連勝利，兵臨城下。王僧辯最後和北齊軍隊達成妥協，擁立蕭淵明做皇帝，蕭淵明則以蕭方智為太子，延續了梁朝政權。陳霸先反對向北方屈服，也一再勸說王僧辯。但是後者不聽，陳霸先於是在四個月後發動兵變，誅了戰友王僧辯，重新擁立蕭方智為帝。陳霸先集尚書令、都督中外諸軍事、車騎將軍、揚州刺史於一身，成為朝廷事實上的主政者。

侯景之亂後南方陷於四分五裂的狀態，陳霸先的梁朝朝廷政令往往出不了建康及其周邊地區。北齊占領了淮南，西魏占領了四川；長江中游存在江陵的後梁，湘州的王琳兩大傀儡政權。王琳被中游諸將推為盟主，擁立梁元帝之孫蕭莊為帝，投靠北齊集結軍隊，窺視建康。其他地方官吏和將領也都擁兵自重，並不服從建康的政令。

陳霸先就是在這樣的分裂困境中，縱橫捭闔，最終大致統一了東南地區。對北方強敵，陳霸先繼續稱臣，他向北齊解釋王僧辨是因為陰謀篡位而被誅，新君仍為北齊藩屬，蕭淵明退位後擔任司徒。穩住外敵後，陳霸先接著向東邊的吳興、義興、會稽等地用兵，解決不歸順的藩鎮杜龕、韋載、張彪、王僧智等人。在戰爭即將勝利的時候，建康內部的異己勢力發動叛亂，聯絡北齊，進攻建康。北齊在內奸配合下，大規模侵犯建康，暫時占領了大半個城市。陳霸先從前線緊急回軍，組織餘部英勇奮戰，以弱勝強，不僅奪回了建康，還大敗北齊南下的軍隊，局勢大為好轉。

在征戰中陳霸先發揮著主要作用，整個朝廷政令所通地區都是他用

長矛和鮮血重新打拚下來的。蕭方智則更多是造成與北方入侵者抵抗時
證明南方政權存在的象徵性意義。陳霸先在起兵早期地位低微，需要扶
持一個皇室成員號召南方軍民，與外敵作戰。但是現在，陳霸先覺得沒
有必要保持一位虛君了，他是親自打江山，也要親自坐江山。於是，陳
霸先選擇了禪讓這一通行的做法。

五五七年十月，陳霸先進爵為陳王，以揚州的會稽、臨海、永嘉、
建安，南徐州的晉陵、信義，江州的尋陽、豫章、安成、廬陵等二十個
郡建立陳國。蕭方智允許陳王佩十二旒王冕，建天子旌旗，出警入蹕，
駕六馬，備五時副車，置旄頭雲罕。三天後，蕭方智就禪位於陳。陳霸
先沒有做什麼退讓，就大方地接受了。大臣們也免去了反覆敦請的煩惱
手續。陳霸先創下了封王之後三天就受禪為帝的紀錄。

陳霸先即位後封蕭方智為江陰王，在江陰郡建國，全食一郡，行梁
正朔車旗服色，一如既往遜帝的待遇一樣。也和往常一樣，陳霸先沒有
讓蕭方智繼續存活多久。五五八年，陳霸先派親信劉師知去殺蕭方智。
蕭方智躲避士兵的屠殺，繞床而跑。他邊跑邊哭喊：「我本不願當皇帝。
陳霸先非要我即位，現在又要殺我，這是為什麼啊？」這位十六歲的遜
帝最後還是被士兵們亂刀砍死。陳霸先的行事沒有絲毫的掩蓋，倒也顯
得乾脆俐落。

蕭方智死後，被追諡為「梁敬帝」。蕭季卿襲爵江陰王。江陰國傳國
至陳末。

陳霸先的陳朝建立之初只能算是南方地區比較大的割據勢力而已。
陳霸先的皇帝生涯幾乎就是一部征戰史。他即位後又花了兩年時間去統
一南方，結果出師未捷身先死。五五九年，陳霸先去世，葬於萬安陵，
年五十七歲。第二年十二月，陳軍收復巴陵、湘州，勉強保住了長江中
下游南岸的一片土地。

　　明末清初的思想家王夫之研究君權的禪代問題。他的一個觀察角度就是從政治道德上分析開國君主的人格品性。對於陳霸先，王夫之認為陳的政治道德要高於魏、晉、齊、梁等朝開國君主：「陳高非忠於蕭氏，而保中國之遺民延數十年以待隋之一統，則功亦偉矣哉！」我們不能排除當時陳霸先完全沒有私心，但他以敢死之心，東征西討，客觀上使南方免於戰火。他的征戰基本上是符合南方百姓的願望的。陳霸先雖然篡奪了梁朝，但是梁朝的最後階段完全是陳霸先自己打拚出來的。他的處境就類似於曹操，天下明明是我的天下，卻要樹原先主人的旗號。陳霸先與曹操不同的是，他扯下了這面旗幟，自己光明正大地做起了皇帝。從這一點上來說陳霸先可謂是南朝各代開國君主中最偉岸，最正大光明的。

　　陳霸先的遭遇卻是南朝各代中最悲慘的。他建立的陳朝是南朝四代中疆土最小，實力最弱的，只能在北方的軍事高壓下偏安於江南一隅，毫無作為。王僧辯的兒子王頒入隋後為隋朝大將，參加了統一南方的戰爭。陳亡後，王頒糾集父親舊部，夜掘陳霸先墳墓，破棺焚屍，並將陳的骨灰倒於池塘之中。死後慘遭掘墓焚屍在古代中國人看來，是最大的不幸了。

　　萬安陵現在位於南京市江寧區上坊鎮西北面。整個陵墓毀壞嚴重，只留下兩隻瑞獸（東面為「天祿」，西面為「麒麟」）忠誠地守護在荒野中，經歷著風吹日晒，慢慢風化。「天祿」旁邊有一個面積在二十平方公尺左右的小池塘，有村姑在一旁悠閒地洗衣洗菜……

起於宮變，成於禪讓

　　紛繁複雜、荒唐可笑的南北朝的終結者是隋朝。隋朝的建立很晚，是孕育在北周軀體之內，後來取而代之的新王朝。這與三國時期的情形相似，南北方鬥來鬥去，結果都被第三者給收拾了。隋朝就好似那個旁觀的漁翁。它的建立者是楊堅。這個有才幹的陰謀家最終奪取了外孫的皇位，開啟了隋唐盛世的大門。

不爭氣的宇文贇

隋朝建立後被追封為隋太祖的楊忠其實是個出身很苦的奴才。

楊忠出身於北魏六鎮漢族家庭，家境貧寒。在六鎮騷動、北方起義的時候，楊忠沒有參加鎮兵。也許他想過平穩安逸的生活，所以就拼命地往南方逃亡。但是跑到北魏南部邊境的時候，他實在是無路可去了。不得已，他也參了軍，做了名北魏士兵。爾朱榮發動河陰之變後，北魏宗室汝南王元悅、北海王元顥、臨淮王元彧和部分刺史南逃投降了梁朝。楊忠也莫名其妙地被裹挾在這股南逃的潮流中，到了江南。不久，南梁扶持元顥返回中原爭奪帝位，楊忠又莫名其妙地隨軍返回了中原。爾朱榮打敗了這股北上的軍隊，楊忠也就做了俘虜。他的這段早期經歷展現了一個無依無靠的普通百姓隨波逐流、為生存而奮鬥的艱辛，完全可以拍一部現代版的電影《小兵楊忠的故事》。

爾朱榮並沒有屠殺俘虜，反而挑選其中強壯順眼的編入自己的軍隊。楊忠就被挑中，被編入將軍獨孤信的部隊。楊忠於是跟隨獨孤信轉戰南北。在戰爭中，楊忠和獨孤信結下了終身的友誼。這是亂世中既罕見又可貴的感情。

北魏分裂後，楊忠追隨獨孤信，跟著元修西入關中，投入宇文泰的陣營。獨孤信的部隊被派往東南方收復荊州。獨孤信以楊忠等人為前鋒，一舉收復了被東魏占領的荊州。不久東魏大軍反攻，獨孤信部一敗塗地。楊忠便跟著獨孤信又一次逃亡江南，在南梁度過了三年遊蕩生活，直到西魏透過外交途徑將他們贖回來。西魏對從南梁歸來的將領們非但沒有懲罰，反而還加官進爵：比如賀拔勝被封為太師，獨孤信被提升為驃騎大將軍、加侍中、開府。楊忠則被西魏丞相宇文泰看中，直接

調入自己帳下聽用。在宇文泰的直接指揮下，楊忠在對突厥、東魏和南梁的戰爭中屢建戰功。宇文泰死後，楊忠又成為幫助宇文覺建立北周政權的鐵桿將領，因功受封為柱國、隨國公（後改為隋國公）。楊忠歷經了宇文泰、宇文覺、宇文毓、宇文邕四朝，在北周天和三年（五六八年）因病結束征戰生活，回到京城長安。皇帝宇文邕和主政的宇文護親自到楊家探望病情授予楊忠帝國元勛的榮耀。幾天後楊忠死在家中。

《隋書》對楊忠的記載相當簡單：「皇考從周太祖起義關西，賜姓普六茹氏位至柱國、大司空、隋國公。薨，贈太保，諡曰桓。」但是楊忠的功勳、地位和人際關係，為兒子楊堅的崛起奠定了扎實的基礎，賦予了楊堅較高的政治起點。因為父親被皇帝賜姓的緣故，楊堅的前半生被稱為普六茹堅。

楊忠死後四年，宇文邕誅殺主政的宇文護，開始親自掌握國政。北周的前兩任皇帝在位都很短，無所作為，宇文邕成為了北周王朝的主線，成為了北周歷史上最傑出的君主。

宇文邕在位期間，改革鮮卑舊俗，釋放奴隸，大力推動生產。建德三年（五七四年），宇文邕開始大規模禁佛教、道教，勒令沙門、道士還俗，使寺院占有的大量人口開始向國家納稅服役。宇文邕滅佛是歷史上三大滅佛事件之一。宇文邕個人以身作則，生活儉樸，對前代和宇文護修築的奢華的宮殿一律焚燬；對下嚴酷少恩，但果斷明決，耐勞吃苦征伐時躬親行陣，所以深得部下擁護。

宇文邕最大的歷史功績是統一了中國北方。五七五年，他在與齊王宇文憲等少數人謀劃後，力排眾議，決定御駕親征討伐北齊。宇文邕親自統軍圍攻洛陽城，因病還師。第二年他又率大軍兵分幾路伐齊，攻克平陽。但在圍攻北齊老巢晉陽的時候，北周大軍戰敗，宇文邕僅得身免。死裡逃生的宇文邕並不氣餒，繼續對北齊發動連續的攻擊，終於攻

克晉陽。五七七年，宇文邕攻占鄴城，消滅了北齊。從此北周擁有了黃河流域和長江上游地區，為後來隋唐大一統的局面奠定了基礎。

北周帝國統一了中國北方之後，經宇文邕的治理逐漸強大。吞併北齊的第二年（五七八年），宇文邕在征討突厥時病逝，年僅三十五，謚武帝。

宇文邕在世時，挑選長子宇文贇當繼承人。他對兒子的要求非常嚴格，尤其是對繼承人宇文贇動不動就施用體罰，頗有恨鐵不成鋼的意思。周武帝嚴令太子東宮官屬每月寫一份詳細報告，細細稟明太子在這個月的所作所為；還常常警告宇文贇：「自古至今被廢的太子數目不少，難道我別的兒子就不堪繼任大統嗎？」儘管父親從來沒有將更立太子的事情提上日程，但宇文贇始終生活在戰戰兢兢、如履薄冰的日子裡。宇文贇原本是好酒好色的年輕人，現在不得不壓抑自己的癖好，堅持每天和大臣們一樣，五六點鐘就佇立於殿門外等待父皇早朝，即使是嚴寒酷暑也不例外；堅持待人接物不卑不亢，說話溫文爾雅。因此，周武帝對宇文贇的表現大致還是滿意的。

實際上宇文贇是個傑出的演員。歷史上出現過很多像他這樣登基之前規規矩矩，實際上滿肚子男盜女娼的太子。宇文贇和同時期南齊的蕭昭業一樣，平常因為有老爹的嚴格管教，言行不僅正常，而且還多有值得稱讚的地方。但一旦父親去世，沒有人再拘束他們，他們就會坐在皇位上將天下鬧得天翻地覆。

周武帝死的時候，宇文贇剛好二十歲。父親的棺材還擺放於宮中沒有入殮，宇文贇就原形畢露。他不但絲毫沒有悲傷之色，而且還撫摸著腳上的杖痕，惡狠狠地對著父親的棺材大聲叫罵：「你死得太晚了！」

宇文贇將父親的嬪妃、宮女都叫到面前，排隊閱視，將長得漂亮、自己喜歡的都納入後宮，毫不顧及人倫綱常。從此，宇文贇開始了淫蕩

荒唐的執政生涯，活生生葬送了父親奠定的基業。宇文贇在寶座上肆虐了九個月後，覺得做皇帝太麻煩了，於是將帝位傳給七歲的兒子宇文闡，寵信鄭譯等人，透過他們遙控指揮朝政。宇文贇執政時期，北周的大權開始轉移到權臣手中。

我們再回過來說那楊忠留下的兒子楊堅。楊堅小名那羅延。隋朝建立後，朝廷說楊堅出身於著名的弘農楊氏，是漢太尉楊震的第十四世孫。這樣顯赫的出身已經難以考證，但是我們可以確定的是，楊堅的父親沒有享受到這樣的出身帶來的任何好處。

隋朝的李德林《天命論》中說楊堅「帝體貌多奇，其面有日月河海，赤龍自通，天角洪大，雙上權骨，彎回抱目，口如四字，聲若釧鼓，手內有王文，乃受九錫。昊天成命，於是乎在。顧盼閒雅，望之如神，氣調精靈，括囊宇宙，威範也可敬，慈愛也可親，早任公卿，聲望自重。」大意是說楊堅長得很大氣，威武雄壯。李德林還將楊堅身上的特徵都和天命、日月等敏感事物連繫在一起，極力論證楊堅的形象就注定了他必將成為皇帝。實際上，楊忠的外貌和體魄都不錯，遺傳給了兒子楊堅。我們現在看那一時期的雕塑，武將的形象大致如此。一代梟雄宇文泰見了楊堅後，感嘆說：「此兒風骨，不似代間人。」意思是說楊堅這個小孩子長得很好，不像是來自於代地這樣的北方邊鎮。宇文毓即位後還曾經派遣善於相面的趙昭去觀察楊堅，看看這個小孩子日後會不會成為奸雄。趙昭回來對宇文毓說：「楊堅不過是作柱國的料。」柱國類似於大將軍，意思是說楊堅日後最高也就做到大將軍，不會對北周的皇位造成威脅。但是一轉身，趙昭就悄悄對楊堅說：「公當為天下君，必大誅殺而後定。善記鄙言。」意思是說，你以後肯定會登基做皇帝的，但是要先經歷一場殘酷的殺戮才能平定天下。這些話都被記載在《隋書》楊堅的傳記中。

　　楊堅十四歲的時候就因父親的緣故進入政壇，成為京兆尹薛善的功曹。十五歲時，楊堅因為父親的功勳被授予散騎常侍、車騎大將軍、儀同三司的高位，被封為成紀縣公。第二年，楊堅再次升遷為驃騎大將軍，加開府。宇文毓即位後晉升楊堅為右小宮伯，進封大興郡公。宇文邕即位後任命不滿二十歲的楊堅做了隨州刺史的實職。

　　五六六年後，楊忠的好朋友，柱國大將軍獨孤信把剛十四歲的女兒許配給楊堅。獨孤家的女兒就成為了後來有名的獨孤皇后。兩家聯姻，關係更進一步。獨孤家族所代表的軍隊勢力成為了楊堅有力的靠山。

　　當時宇文護主政。宇文護不知為什麼，看楊堅特別不順眼，多次想加害他。大將軍侯伏、侯壽等一再袒護楊堅。不久楊忠死了，楊堅襲爵為隋國公。不滿宇文護的周武帝聘楊堅的長女為皇太子妃，為楊堅的地位上了一層保險。

　　齊王宇文憲對周武帝宇文邕說「普六茹堅相貌非常，臣每見之，不覺自失。恐非人下，請早除之。」意思說，楊堅這小子有反相，應該早日除去這個禍害。宇文邕說：「此止可為將耳。」意思是說，我只讓楊堅做到大將軍，不會有事的。內史王軌又對宇文邕說：「皇太子非社稷主，普六茹堅貌有反相。」意思說，皇太子不像是個好君主，而楊堅卻有反相。宇文邕見有人說自己長子的壞話，不高興了：「必天命有在，將若之何！」（有天命在，能怎麼辦，能有什麼事情？）楊堅聽說了這些對話後，心驚膽顫起來。他採取了韜光養晦的方法，開始裝出一副平庸木訥的樣子來。可見在早期，楊堅的能力和地位就引起了朝野的嫉妒。有的人還想藉機打擊楊堅。但楊氏家族、獨孤家族的勢力護衛著楊堅基本的地位，加上楊家的長女又是周武帝太子的王妃，所以這些暗箭終究沒有對楊堅構成致命的威脅。

　　宇文贇即位後，楊堅的長女做了皇后。楊堅升任上柱國、大司馬，

參與朝廷大權。宇文贇的昏庸荒淫、倒行逆施，使他很快在群臣中失去威信。一向有野心的楊堅開始結交大臣，準備取而代之。但宇文贇並不是笨蛋，多少對楊堅的行動有所察覺，只沒有抓住確切的把柄。一次，宇文贇單獨召見楊堅，事先對左右侍衛說：「如果一會楊堅在席上神色有所異常，就立即殺了他。」楊堅來了後神色自若，與皇帝面對面毫無異常，左右侍衛們也就沒有下手。宇文贇既沒有楊堅謀反野心的真憑實據，又礙於他是自己的岳父，更難下決心除掉楊堅了。

　　楊堅為了避免皇帝的猜疑，不得不主動放棄朝廷權力，計劃到地方上去任實職。他想曲線救國，等將來天下有變時利用實力爭奪皇位。楊堅將自己的願望告訴了結交的朋友——皇帝身邊的紅人——內史上大夫鄭譯。史載：「高祖為宣帝所忌，情不自安，嘗在永巷私於譯日：『久願出藩，公所悉也。敢布心腹，少留意焉。』譯日：『以公德望，天下歸心，欲求多福，豈敢忘也。謹即言之。』」可以看到當時楊堅說：「我想到外地去鎮守藩鎮，希望你能在宮中幫我多留意留意。」鄭譯回答說：「楊公的德望，天下人誰不知道。大家都支援你。現在你想進一步發展，我怎麼能不幫忙呢？」五八〇年，宇文贇決定出兵南伐，想調親信鄭譯去南邊。鄭譯便向皇帝請示元帥人選。宇文贇就問他的意見。鄭譯回答：「若定江東，自非懿戚重臣無以鎮撫。可令隋公（楊堅）行，且為壽陽總管以督軍事。」鄭重地向皇帝推薦了楊堅。宇文贇對鄭譯一向信任，而且覺得將楊堅放到外地去也是個不錯的選擇，就下詔任命楊堅為揚州總管。

楊堅與典型的宮廷陰謀

楊堅的真正崛起，歸功於一場宮廷陰謀。

楊堅剛被任命為揚州總管，還沒有出征，宇文贇就病倒了，而且是日益嚴重。北周的宮廷之中開始醞釀起宇文贇死後的權力分配來。《隋書·帝紀第一》記載：「內史上大夫鄭譯、御正大夫劉昉以高祖皇后之父，眾望所歸，遂矯詔引高祖入總朝政，都督內外諸軍事。周氏諸王在藩者，高祖悉恐其生變，稱趙王招將嫁女於突厥為詞以徵之。丁未，發喪。」短短的兩行字就概括了一場決定中國命運的巨大的政治陰謀。

這段紀錄透露出宇文贇不久就在宮中死去。內史上大夫鄭譯、御正大夫劉昉這兩個深受宇文贇信任的大臣暗地裡與楊堅關係密切，決定推舉楊堅主持新朝的朝政。對於鄭譯、劉昉兩人來說，新皇帝年幼，如果要想保持富貴榮華，必須與新的主政人搞好關係。其中最簡單的方法就是扶持與自己關係密切的大臣主持朝政。於是他們選擇了楊堅。而楊堅身為原來的皇后，也就是現在的太后的父親，自然很容易進出宮廷。於是三人在宮中一拍即合，偽造了一份宇文贇的遺詔，宣布由楊堅輔助新皇，主持朝政，都督中外軍事。楊堅、鄭譯、劉昉三人都害怕掌握實權的宇文家族諸位王爺發難。於是，他們封鎖了皇帝的死訊，宣布趙王宇文招的女兒將要嫁給北方的突厥人，徵召各位王爺入長安。等一切都安排定了，三人才宣布皇帝死訊，公布遺詔。

鄭譯、劉昉兩人在這場政變中發揮了關鍵的作用。他們都是世家子弟出身，政治起點高，長期活動在宮廷中，親近宇文贇。宇文贇也都將他們視為心腹。這樣的宮廷政治人物通常都出身高貴，但是輕浮奸詐、隨性妄動，比如劉昉是大司農劉孟良的兒子，「性輕狡，有奸數」，「及宣

帝嗣位，以技佞見狎，出入宮掖，寵冠一時」。劉昉在宮廷中的輕浮狂妄的舉動，曾經使他受到廢黜。但宇文贇離不開這樣的角色，不久又任命他為大都督、小御正，與御正中大夫顏之儀一起主持宮廷事務。

《隋書·劉昉傳》對這一場宮廷政變有更為詳細的描述，告訴我們這並不像《隋書帝紀第一》所概括的那般簡單、平穩。「及帝不念，召昉及之儀俱入臥內，屬以後事。帝暗不復能言。昉見靜帝幼沖，不堪負荷。然昉素知高祖，又以後父之故，有重名於天下，遂與鄭譯謀，引高祖輔政。高祖固讓，不敢當。昉曰：『公若為，當速為之；如不為，昉自為也。』高祖乃從之。」

宇文贇快不行的時候，召劉昉和顏之儀進入臥室，囑咐後事。宇文贇當時基本喪失了語言能力，只是示意兩人照顧好兒子宇文闡。劉昉見宇文闡還是個小孩，承擔不了一個亂世王朝的政治重任，於是就想引入自己認識的——皇后的父親——揚州總管楊堅輔政。劉昉和鄭譯一謀劃，兩個人就去找楊堅了。楊堅一開始還不敢參與這場陰謀（可能是裝裝樣子），劉昉就說：「你想做，就趕緊和我們一起；如果不做我劉昉就自己去了。」楊堅這才同意拚一把。

就在劉昉和鄭譯兩個人去找楊堅的時候，另一個在臥室裡的大臣顏之儀也沒閒著。《隋書·劉昉傳》說：「時御正中大夫顏之儀與宦者謀，引大將軍宇文仲輔政。仲已至御坐，譯知之，遽率開府楊惠及劉昉、皇甫績、柳裘俱入。仲與之儀見譯等，愕然，逡巡欲出，高祖因執之。」顏之儀與宦官們的關係比較好，他們開啟宮門引入了大將軍宇文仲，也想偽造詔書以宇文仲為輔政大臣。他們的動作比楊堅要快，宇文仲都已經到達皇帝的寶座了，鄭譯才得到消息，急中生智，帶著開府楊惠及劉昉、皇甫績、柳裘等大臣進入大殿，計劃與宇文仲、顏之儀等人展開面對面的較量。色屬內荏的宇文仲和顏之儀等人見大臣們都進來了，滿臉

驚愕，自亂了陣腳。他們不僅不敢展開針鋒相對的鬥爭，而且還猶猶豫豫地想逃走。這時候楊堅出場了，輕易就將宇文仲、顏之儀等人抓了起來。

之後楊堅等人的政變有條不紊地進行著。鄭譯等人做了一封假詔書，以宇文贇遺詔的名義宣布楊堅總管朝政輔佐他的外孫，剛八歲的宇文闡。楊堅等人又利用假詔書奪取了京城部隊的指揮權穩定了政局。宇文贇時期政令嚴苛、刑罰殘酷。老百姓群心崩駭，人心浮動。楊堅剛輔政，就清理這些嚴刑峻法撫慰百姓，以身作則，躬履節儉。天下百姓也認同了新的執政團隊。

楊堅在鞏固輔政地位後，開始向威脅自己輔政地位的宗室各王爺展開了攻勢。當時，宇文贇的弟弟，漢王宇文贊在朝廷中和楊堅的地位不相上下，與楊堅同帳而坐。宇文贊的存在不僅使楊堅不能完全施展拳腳，而且也很容易成為政敵利用的旗幟，成為替代楊堅的潛在威脅。《隋書·劉昉傳》說劉昉幫助楊堅巧妙地除去了這個政敵。劉昉蒐羅了許多美女獻給宇文贊。宇文贊還不到二十歲，高興地接受了美女，對劉昉也親近起來。劉昉和宇文贊熟悉了後，就勸說宇文讚：「大王您是先帝的親弟弟，眾望所歸。現在是孺子當國，怎麼能夠承擔軍國大事呢！如今先帝剛剛駕崩，人心尚未穩固。大王不如先退回宅第，等局勢安定後再出來主政，還可能入宮做天子。這才是萬全之計啊。」宇文贊實在是太年輕了，缺乏社會閱歷和政治經驗，聽劉昉這麼一說，竟然覺得非常有道理，就從此深居簡出，不與楊堅爭奪權利了。楊堅高興地拜劉昉為下大將軍、封黃國公，鄭譯為沛國公。兩人因為有定策之功，一起成為楊堅的心腹。

除去宇文贊，當時已經成年而且在地方有實權的王爺一共是五位，分別是：趙王宇文招、陳王宇文純、越王宇文盛、代王宇文達、滕王宇

文遷。楊堅在政變的時候就害怕這五位王爺聯合起兵反對自己，所以封鎖皇帝的死訊，利用假詔書將五王都召回長安，剝奪了他們的實權和軍隊。五位王爺在楊堅輔政後，都很不服氣。但是他們已經失去了實權，無法與楊堅抗衡了，所以五個人便透過另一位王爺畢剌王，雍州牧宇文賢祕密聯絡外藩將領起兵。

相州總管尉遲迥是北周的重臣宿將，也對楊堅的輔政非常不滿，在東夏起兵反對新政府。一時間，河北、河南、山西一帶出現騷動。十幾天時間裡，尉遲迥聚集了近十萬反對力量。宇文胄在滎州、石愻在建州、席毗在沛郡、席毗的弟弟席叉羅在兗州響應尉遲迥。尉遲迥還派遣自己的兒子向南方的陳國請援並作人質。楊堅果斷地命令上柱國，郇國公韋孝寬率領大軍討伐關東的叛亂，很快平定了這場騷亂。韋孝寬將尉遲迥的首級送到長安，還討平了騷亂餘黨。尉遲迥作亂的時候，郧州總管司馬消難割據本州響應，淮南的很多州要都參與了叛亂。楊堅平定尉遲迥後，命令襄州總管王誼討伐司馬消難。司馬消難被打敗，逃往南陳。荊郢一帶的少數民族卻乘機作亂，楊堅又命令亳州總管賀若誼討平這一帶。事後查明，這場騷亂有畢剌王宇文賢和趙陳五位王爺在幕後陰謀作亂的影子。楊堅捉拿宇文賢處斬，但寬恕了趙王五個人的罪過，還下詔給予在長安的五位王爺劍履上殿，入朝不趨的待遇，安定人心。

鎮守四川地區的上柱國、益州總管王謙也是個野心家。他看到幼主在位，楊堅輔政，就以清除權臣、匡復朝廷為藉口，發動巴蜀的軍隊作亂。楊堅開始因為關東和荊州一帶騷亂分了精力，沒有馬上討伐四川。王謙的軍隊屯劍閣，乘機攻陷了始州。現在楊堅命令列軍元帥、上柱國梁睿討伐王謙，很快就在長安的宮殿裡看到了王謙的首級。楊堅看到巴蜀阻險，常常發生叛亂，於是開闢平道，毀掉劍閣險要，防止再次動亂。

在解除了中央的威脅和地方勢力的反對後，楊堅在短時間內完全掌

握了北周政權。

　　楊堅的成功讓長安的五位王爺坐臥不安。他們走了著險棋，在趙王府擺下鴻門宴邀請楊堅參加。五位王爺的面子楊堅還是要給的，加上楊堅也想看看五個人想做什麼，所以就去趙王府赴宴了。趙王在府裡埋伏了甲士取楊堅的性命，楊堅自己進入了非常危險的境地。甲士還沒出動，楊堅的隨從元胄就有所察覺拉著楊堅找了個藉口跑出來。趙王陰謀暴露，楊堅以謀反罪殺掉了主謀的趙王宇文招、越王宇文盛。

　　經過這次未遂暗殺，楊堅加強了對政權的控制，抓緊篡位的準備工作。

　　五八〇年九月，楊堅操控的北周朝廷封楊堅長子楊勇為洛州總管、東京小塚宰。同月宇文闡下詔褒獎「假黃鉞、使持節、左大丞相、都督內外諸軍事、上柱國、大塚宰、隋國公」楊堅道高雅俗，德協幽顯，運帷帳之謀，行兩觀之誅，掃萬里之外，對朝廷功勛卓著。詔書罷免了左、右丞相的官制，任命楊堅為唯一的大丞相。十月，宇文闡又追封楊堅的曾祖父楊烈為柱國、太保、都督徐兗等十州諸軍事、徐州刺史、隋國公，上諡號「康」；追封楊堅祖父楊禎為柱國、太傅、都督陝蒲等十三州諸軍事、同州刺史、隋國公，上諡號「獻」；追封楊忠為上柱國、太師、大塚宰、都督冀定等十三州諸軍事、雍州牧。在完成對楊氏家族的世系追封後，楊堅同月誅殺陳王宇文純，第二月誅殺代王宇文達、滕王宇文逌。

　　十二月北周晉封楊堅為王爵，位在諸侯王上。隋王楊堅可以劍履上殿，入朝不趨，拜不名；朝廷備九錫之禮，賜予楊堅璽紱、遠遊冠、相國印、綠綟綬。北周以中原各州二十郡為隋國，隋國置丞相等上下官員。楊堅一再推讓，以各種理由拒絕接受。於是，朝野掀起對楊堅龐大的歌頌浪潮，恭請隋王接受恩賞。最後楊堅不得不接受王位，但他只要

了中原的十個郡作為封地。之後，北周下詔晉封楊氏各位先祖為王爵，各位夫人封為王妃。

　　現在，連傻子都知道楊堅即將登基稱帝了。

接過外孫手中的權杖

　　楊堅以相當不錯的政治肅清和改革措施，在通往皇位的賽跑中開始衝刺。

　　北魏的漢化改革雖然促進了民族融合。但是在政治領域，鮮卑等少數民族掌握著實權。北魏、北齊和北周都是少數民族建立的王朝，上層貴族排斥漢人，熱衷於黃河流域的鮮卑化與胡化。楊家就因為從政有功被賜胡姓普六茹，楊堅之前一直被稱為普六茹堅。楊堅上臺後立即恢復了自己的漢姓。大定元年（五八一年）二月楊堅又下令：「以前賜姓，皆復其舊。」楊堅開始毫不手軟地對付反叛舊臣和豪強大吏，清理少數民族貴族隊伍。他罷黜了一些沒有真才實學的人，即便有些人對楊家有著這樣那樣的功績；提拔有真才實幹的人輔佐自己管理國家政務。這不僅遏止了半個多世紀的鮮卑化趨勢，而且也意味著長期處於政治劣勢的漢族人得以能真正進入政壇。漢族人士自然支援楊堅的執政。

　　五八一年二月楊堅接受了九錫之禮。沒幾日，宇文闡又下詔允許楊堅佩帶有十二旒的帝冕，建天子旌旗；出警入蹕，乘金根車，駕六馬，備五時副車，置旄頭雲罕。隋王王妃為王后，世子為太子。這一次楊堅在推讓了三次後平穩地接受了。宇文闡又馬上下詔，承認周德將盡，天命從宇文家轉移到了楊家，自己要依漢魏故事，禪位給楊堅。楊堅依然是再三退讓。宇文闡先後派遣太傅、上柱國、杞國公；大宗伯、大將軍、金城公等高官貴族敦請楊堅接受帝位。朝廷百官也紛紛勸進，恭請楊堅順應上天和百姓，登基稱帝。楊堅這才點頭同意受命。楊堅於是在人們的簇擁下，從相國府穿著平常的衣服入宮。在臨光殿，宇文闡恭敬地將皇位禪讓給楊堅，楊堅更衣即皇帝位。同時，朝廷在長安南郊設祭

壇，楊堅派遣太傅、上柱國、鄧公竇熾柴燎告天。意思是告訴上天，楊堅做了地上的皇帝。同日，楊堅上告太廟，大赦天下；改年號「大定」為「開皇」；變更北周官制，恢復漢魏時期的漢族舊官制。《隋書》記載禪讓當天，京師長安出現了祥雲。整個禪讓過程和之後的宣示讓長安城忙碌了一天。

這時的楊堅剛四十歲。因為楊家的爵位是隋王，因此楊堅依慣例將新王朝定名為「隋」。都城是漢族舊都長安城。

退位的宇文闡還只是個年僅九歲的小孩子。楊堅封宇文闡為介國公，食邑五千戶，待之以隋朝賓客之禮。介國公的旌旗、車服、禮樂，一應照舊，按照他在位時期的標準配給。宇文闡上書可以不稱表，答表可以不稱詔。北周的諸王也都降封為公爵。

三個月後，介國公就死了。《隋書》對這位小遜帝退位後的生活只記載了兩句話：

「辛丑，陳散騎常侍韋鼎、兼通直散騎常侍王瑳來聘於周，至而上已受禪，致之介國。」

「辛未，介國公薨，上舉哀於朝堂，以其族人洛嗣焉。」

前一句話透露了介國公的死因。南陳事先不知道北周禪讓的確切時間，派遣散騎常侍韋鼎、兼通直散騎常侍王瑳兩個人出使北周。兩位使節到達長安的時候，北周已經不存在了，隋朝剛剛建立。韋鼎和王瑳兩個人都是死腦筋，覺得自己是向北周出使的，現在也理當去見介國公。於是這兩個人就去拜見宇文闡，當作完成使命。宇文闡只是個九歲的孩子，哪知道其中的奧妙所在，接見了南陳皇帝派來的使團。楊堅必定對這件事極為震怒。沒幾天宇文闡就死在家裡了，享年九歲。楊堅在朝堂上為宇文闡舉哀。因為宇文闡沒有子嗣，隋朝在宇文家族後人中找人延續了宇文闡這一脈。

我們對照《周書》對宇文闡最後生活的描述，可以發現一些微妙的內容。

《周書》中說宇文闡當介國公的食邑是一萬戶，但是一切待遇「有其文，事竟不行」。意思說介國公空有爵位，實際上隋朝並沒有給予他相應的待遇。「隋開皇元年五月壬申，帝崩，時年九歲，隋志也。」在這句話中，《周書》記載了介國公的死，基本史實與《隋書》一樣。但最後加了個小尾巴「隋志也」。意思是說，這是隋朝官方的說法，《周書》沒有做考證，也不敢對真實情況進行調查。我們有充分的理由懷疑介國公宇文闡是被自己的外公楊堅殺死的。

宇文闡被隋朝追謚為靜皇帝，葬在恭陵。

最後我們還得介紹一下之前關鍵角色的命運。劉昉在楊堅受禪後，被任命為柱國，封舒國公。但是楊堅內心中並不喜歡他這樣的弄臣，即便劉昉對自己有擁立之功，也毫不猶豫地將劉昉趕出宮廷，剝奪實職。劉昉閒居無事，又自以為是開國元勛，現在被疏遠了，非常不滿。後來長安出現饑荒，楊堅明令禁酒，劉昉卻公開在自家產業中做起了沽酒買賣，宣示內心的不滿。御史彈劾劉昉，楊堅不回批，對劉昉進行冷處理。

劉昉更加鬱鬱不得志。當時柱國梁士彥、宇文忻也都失去了實職，心懷不滿。劉昉就和他們交往。梁士彥的老婆非常漂亮，輕浮的劉昉與她私通。梁士彥毫不知情，反而和劉昉的感情更好了，兩人相約謀反，劉昉推舉梁士彥做皇帝。事情很快敗露了，楊堅一查到底。劉昉知道這回禍闖大了，在獄中默默無語。楊堅下詔誅殺劉昉。

臨刑前，一干犯人被帶到朝堂。同案的宇文忻不斷叩頭求饒。劉昉勃然大怒，對宇文忻喝道：「事已至此，還叩頭幹嘛！」劉昉慷慨赴死，被籍沒全家。

鄭譯和劉昉一樣出身官宦，祖父鄭瓊是太常，父親鄭道邕是司空，

家族還與皇室通婚。鄭譯從小就和各位皇子交遊。周武帝時，鄭譯與劉昉就伺候在皇帝左右，娶梁安固公主為妻。鄭譯後來做太子宮尹，為宇文贇出謀劃策，保住了宇文贇的太子之位。但鄭譯這個人缺點非常明顯，不僅輕浮隨性，而且貪財專權，也因此被廢黜過。但宇文贇始終將鄭譯當作心腹，留在身邊。

在宇文贇死後的關鍵政變中，鄭譯出力最多，楊堅專權後拜他為柱國、相府長史、治內史上大夫事，之後一再升官。鄭譯自由出入楊堅臥室內外。楊堅對他言無不從，賞賜給他的玉帛不可計數。鄭譯每次出入，都帶領大批甲士。

楊堅見到，就承諾即使鄭譯犯了死罪，也寬恕他十次。但實際上，楊堅在內心裡非常疏遠鄭譯這樣輕浮貪險的人，只是因為他有定策大功，不忍廢黜，暗地裡叫官屬不得將所有事情都匯報給鄭譯。

楊堅受禪後，封鄭譯為上柱國公，讓他回家去慢慢消化豐厚的賞賜。鄭譯從此被疏遠。暗地裡招呼道士章醮為自己祈福幫助。鄭家的奴婢上奏，告鄭譯厭蠱左道。楊堅召見鄭譯，語重心長地說：「我絕不辜負你，你這麼做是什麼意思？」鄭譯無言以對。事後楊堅重新任用鄭譯。讓鄭譯參撰律令，授予開府、隆州刺史的實職。鄭譯在任上曾經要求回長安治病，楊堅還在醴泉宮召見了這位故人，賜了宴。席間，兩個人談得非常高興。楊堅對鄭譯說：「你已經被貶退很久了，現在我們的感情還是這麼好啊。」於是恢復鄭譯沛國公的爵位，位上柱國。楊堅還對左右侍臣說：「鄭譯與朕同生共死，間關危難，興言念此，何日忘之！」

鄭譯因此得以善終。他參與了隋朝律令和樂事的制定，不久轉任岐州刺史。開皇帝十一年，鄭譯因病死在任上，時年五十五歲。楊堅還專門派遣使者弔祭，追諡「達」。

巧合的是，楊堅是從宇文氏手中奪取的帝位，而他的兒子隋煬帝楊

廣卻又是命喪宇文氏之手。

　　大業十四年（六一八年）天下大亂，隋煬帝避居江都。三月三日傍晚，叛將宇文智、司馬德勘、裴虔通、元禮、馬文舉等人推右屯衛將軍宇文化及為主，煽動士兵殺入宮中。一群人將楊廣拉出房間要去見宇文化及。這時，叛官封德彝過來傳宇文化及的命令說：「不用帶昏君來見我了，當場了結他吧！」蕭皇后苦苦哀求留隋煬帝一條性命。周圍的將士不許，嚷著要殺楊廣。楊廣要求喝毒酒自盡。將士們依然不許。最後楊廣哭了，說：「我怎麼也是個皇帝，你們就讓我留個全屍吧。」宇文智等人這才答應，將士們一起將隋煬帝勒死。

　　這一幕距離楊堅登基不過三十六年。不知道楊堅看到隋朝這樣的結局，會不會感慨世事無常，因果輪迴？

最走過場的禪讓

用「時勢造英雄」來形容唐高祖李淵，一點都不為過。

如果沒有隋朝末年天下沸騰的農民起義，李淵始終都是隋朝的貴族和官員。農民起義的浪潮淘空了隋朝的天下。李淵趁勢而起，僅僅用半年時間就占領了長安，建立了傀儡政權；又用了半年時間正式稱帝，建立了大唐帝國。在眼花撩亂的政治表演中，李淵照搬了流行已久的禪讓劇目，上演了一場唐代隋的受禪演出。遺憾的是，沒有人對這場歷史大變遷中的小演出投過太多的關注。

跑龍套的楊侑

西元六一七年十月的一天，長安城下。

十三歲的代王楊侑覺得特別的無奈。最近幾天，他天天睡眠不足，東奔西跑，卻不知所為何事。刑部尚書衛文升告訴他，說太原留守李淵叛亂，叛軍已經包圍了長安城。楊侑茫然地點點頭，知道自己生長和居住的城市已經陷入了包圍之中，但是覺得自己的生活並沒有受到任何影響，也不知道這件事情的嚴重性。

楊侑是當今天子隋煬帝長子楊昭的兒子，初封陳王，後改封代王。楊侑隱約覺得威嚴的爺爺隋煬帝似乎特別器重自己。隋煬帝晚年喜歡外出巡遊，總是命楊侑留守長安。楊侑先後兩次鎮守長安，一次外出擔任太原太守。隋煬帝親征遼東的時候就令這個孫子在京師總負責後方事務。對於一個十歲左右的孩子來說，這真是為難楊侑了。好在爺爺替他配置了大批的輔助官吏，前幾次的鎮守任務都沒有出什麼問題。這一次隋煬帝去揚州遊玩，留楊侑守備京師；李淵趁機自太原起兵圍攻長安，楊侑的使命面臨著嚴峻的考驗。

留守長安的刑部尚書衛文升和右翊衛將軍陰世師堅持要在長安進行防禦戰，等待關東和其他地區隋朝救兵的到來。兩人挾持著楊侑巡視城防，積極備戰。怎奈隋朝國勢衰弱已久，即使是首善的京師也支撐不起一支雄壯精幹的守軍。李淵希望不戰而屈人之兵，兩次發通牒要求楊侑獻城投降。楊侑不置可否，但衛文升、陰世師和京兆郡丞滑儀堅持要固守一戰。

這天，滑儀又趕來報告說：「李淵第三次遣使，要求長安城降。臣看圍城各叛將志在必得，叫囂攻城。如何定奪，請王爺示下。」

陰世師斷然說：「戰則戰，勝者王，敗則死，何來投降一說？」

楊侑木然地將目光轉向衛文升。衛文升滿臉正氣地掃視著在場的人，說：「京師是朝廷中樞絕不能落在叛軍手中。不降！」

楊侑記得別人說過，衛文升是武將出身的刑部尚書，以強硬著稱。楊侑聽幾位輔助大臣都說話了，忙點點頭，表示同意。他已經習慣了以點頭作為最終的意見了。

李淵遭到三次拒絕後，對長安發動總攻。長安城防日益吃緊。每天都有警報送到楊侑面前。隨著形勢吃緊，楊侑不像之前那樣對現實茫然無知了。他越來越明白孤城長安的淪陷是遲早的事情。到時候，李淵會如何處理只有十三歲的留守王爺呢？

楊侑對李淵並不陌生，相反兩人還是親戚。李淵的先世發源於趙郡（今河北趙縣），發跡於北魏。祖父李虎在西魏官至太尉，因為積極參與後魏權臣宇文泰的政變並獲得成功，與宇文泰、太保李弼、大司馬獨孤信等八人一起被稱為「八柱國家」。李虎死後被北周追封為世襲的唐國公。李淵的父親李柄襲爵唐國公，在北周時歷任御史大夫、安州總管、駐國大將軍。他迎娶了獨孤信家的女兒；而隋文帝楊堅則迎娶了獨孤信家的另一位女兒、李柄妻子的妹妹。因此李淵是隋文帝楊堅的外甥，隋煬帝楊廣的姨表兄弟，按輩分推是楊侑的表爺爺。

從小楊侑對李淵這個親戚就不太熟悉。李淵對他來說，就是重大朝會和異化的親屬聚會中的片面印象，就是朝廷通報的官方履歷：李淵，北周天和元年（五六六年）出生於長安。因為李柄早死，李淵七歲時就襲爵唐國公。身為世襲貴族和皇室的表親，李淵的仕途一帆風順。但是這樣的貴族很多，楊侑不可能人人都記得。

現在李淵的軍隊即將破門而入了，楊侑不得不惡補李淵的資料。他在府中尋找了解情況的老人。遺憾的是，下人們對李淵的印象也並不深

刻。楊侑只知道李淵的妻子也是貴族出身，是京兆平陵（今陝西興平）人北周上柱國竇毅的女兒。竇氏的母親是北周武帝的姐姐襄陽長公主，所以竇家也是顯赫的貴族。

衛文升在城市攻防戰的激烈時刻，病死了。

幾天後，長安城破，李淵軍隊湧入城中。陰世師、滑儀等人成為俘虜，都被斬殺。

城破之時，楊侑一日數驚。先是有人說正在激烈巷戰，後來又有消息說李淵軍隊已經占領了全城，之後沒有人再來通報消息了。只是在最後僕人慌張地進來說，代王府已經被李淵軍隊包圍了！

年幼的楊侑突然擔憂起了自己的生命。亂世中人頭落地的王爺，他絕不會是第一個。他是否會成為其中一個，完全看李淵的想法了。楊侑在接下去的幾天心驚膽顫，寢食難安。他埋怨上天為什麼要將天下弄得四分五裂，甚至怪自己早逝的父親和高高在上的爺爺為什麼將自己過早地拋上權力競技場。

我們後來人難以想像一個十三歲的男孩如何獨自一人在利刃臨頸的危局中度過等待判決的時光。

各條管道的消息逐漸彙集起來，先是長安城流傳著李淵的號令：「犯隋七廟及宗室者，罪三族。」楊侑的心稍微安定了一下。事實上，李淵的軍隊也是這麼做的。李淵入城後，仿效漢高祖劉邦當年與關中居民的約法三章，也約法十二條，規定殺人、劫盜、背軍、叛者死，廢除隋朝的嚴刑峻法和苛捐雜稅，嚴格執行。長安城很快就從大戰中平定下來。楊侑雖然躲藏在王府中，但還是感受到了整座城市日益平和的氣氛。他的心也逐漸安定下來。

人們猜想，也許李淵並不想為難年幼的皇孫，會讓他做個前朝的平庸貴族。

人們猜錯了。李淵的確不想傷害楊侑，但並不表示他要放過楊侑。

筆者不得不在這裡再次感嘆，在中國傳統的王朝政治中，血緣關係是如此重要。它一開始就基本決定了個人的人生軌跡。楊侑身在其中，年紀又輕，很難明白這一點。如果他身在襄陽，他依然可以保持尊貴一方的王爺身分；但是現在他在長安。皇室血統配上首都，決定了楊侑身上擁有巨大的政治能量。

李淵自然不會放過他。

沒過幾天，李淵帶著人跑到楊侑家裡，恭敬地說：「臣等恭請代王即皇帝位。」

楊侑此刻之前還在擔心自己的生死問題，聽到這樣的話，大吃一驚。他木然地看著李淵，完全不知所云。

李淵重複說：「天下紛爭，民怨沸騰，請皇上登基，拯救萬民於水火之中。」

這一回，楊侑明白了，原來李淵要自己做皇帝。他又木然地掃視起周邊來，除了李淵，其他人都垂頭不語。在這種情況下，楊侑已經習慣於用點頭來表達自己的意見了。

李淵見面前的年輕人點了點頭，一揮手，人們就簇擁著楊侑奔向宮中而去。一路上，楊侑回頭觀望過自家的住宅，茫然看著兩旁的民居從身邊飄過。他始終不知道自己是否生活在夢幻之中。在過去的短短幾天裡，他被各式各樣的人簇擁著，穿上各式各樣的服裝，變換著稱謂。只有楊侑知道自己始終只是一個十三歲的小孩。

義寧元年十一月壬戌，楊侑在大興殿即皇帝位，改元義寧，遙尊遠在揚州的爺爺楊廣為太上皇。

幸運的主角李淵

所有一切都是為主角李淵的上場做鋪墊。

在隋朝建立之初，李淵因為貴族出身，補為千牛備身。這是一個貴族入仕的起步官職。隋煬帝即位後，李淵的官運一點都不亨通。據說是因為他過分喜愛自己養的駿馬和獵鷹，不肯獻給隋煬帝，所以隋煬帝就故意刁難自己的這個表親。

後來李淵在妻子竇氏的提醒下，開始積極向隋煬帝進獻駿馬、獵鷹和玩物，官運立即亨通起來，先後任滎陽（今河南鄭州）樓煩（今山西靜樂）兩郡太守、殿內少監、衛尉少卿。六一五年，李淵出任山西河東慰撫大使，兩年後拜太原留守。

李淵地位上升的時期正是起義風起雲湧的時期。從西元六一一年開始，各地先後出現了近二百支農民起義軍。這些力量逐漸凝聚成竇建德領導的河北起義軍，杜伏威領導的江淮起義軍和李密、翟讓的瓦崗軍三大主力。隋朝正規軍完全不能與之相敵。

李淵最初是以鎮壓造反者的正面形象出現在隋史中的。

六一七年，馬邑郡人、鷹揚府校尉劉武周因為和太守王仁恭的侍女私通，先下手為強，以貪汙之名殺死了王仁恭，造反起兵。劉武周自稱天子，建立定陽國。鄰近的太原留守李淵以討伐劉武周為名，招兵買馬。李淵和二兒子李世民、親信劉文靜、長孫順德、劉弘基等人積極募兵，十餘天就聚集了超過一萬軍隊。李淵並不出兵攻擊劉武周，還祕密派人召回在河東的長子李建成和三子李元吉。

太原副留守王威和高君雅都是隋煬帝的親信，安插在太原監視李淵。他倆意識到情況反常，判斷李淵極有可能加入造反者的行列，決定先下手

除掉李淵。他們假稱將在晉祠舉辦祈雨儀式，請李淵主持，準備暗中埋伏士兵殺掉李淵。晉陽鄉長劉世龍知道了王高兩人的陰謀，告訴了李淵。

李淵之前的確有造反之心，他不是那種食古不化、頑固愚忠的大臣。李淵長期在與起義軍作戰的第一線，非常清楚造反者已經遍布全國，朝廷已經無力鎮壓。隋朝的滅亡是遲早的事情了，李淵不得不為自己的前途考慮。而荒誕嗜殺的隋煬帝也一直猜忌李淵。隋煬帝一次出巡途中，徵召李淵來行宮覲見。李淵稱病沒有前來，隋煬帝大為不滿，續而猜疑起來。當時李淵的外甥女王氏在後宮做妃子。隋煬帝不經意地問她：「你舅舅為什麼不來啊？」王氏說：「舅舅生病，來不了了。」隋煬帝再問：「李淵的病，能讓他死嗎？」李淵聽到這段對話後，更加恐懼，不再輕易去朝見隋煬帝。他以縱酒沉湎，納賄貪汙的表象來掩護自己。隨著隋朝形勢的日益惡化，李淵造反的念頭從出現到深入發展。之前的招兵自肥就是壯大自己實力的表現。現在知道王高兩人的刺殺陰謀後，李淵是不想造反也不行了。

六一七年五月十四日深夜，太原的皇帝行在，晉陽宮城外，出現陣陣盔甲晃動碰撞之聲。

火把映照出了李世民的面孔。

第二天早晨，李淵和王威、高君雅議事。劉文靜領太原屬下開陽府的司馬劉政會到庭中，說有密狀呈給李淵。

李淵很自然地讓劉政會將密狀呈上來。劉政會卻不交，說：「密狀關係重大，只能給留守大人一人檢視。」

李淵很奇怪地問：「在座的都是朝廷大臣。你所告何事，如此機密？」

「下官所要告的，真是兩位副留守大人。我告他們勾結突厥，圖謀不軌。」

王威和高君雅大驚喊到：「絕無此事，劉政會妖言惑眾。」

李淵也驚訝地說：「怎麼會有這種事？快快將密狀呈上來。」李淵看後對大家說：「王威、高君雅二人勾結突厥入侵，的確是證據確鑿。來人啊將二人拿下正法。」

王威、高君雅不甘束手就擒，召喚親兵隨從拔出兵器拒逮。怎無奈，大殿外湧入的不是一般的守衛兵丁，而是李世民早已經埋伏好的鐵甲精兵。沒幾個回合，王高等人就受不了傷亡，倒地被俘了。當天，王威和高君雅被斬首。

當時突厥趁中原大亂，時常入侵中原。太原城外時常出現遊蕩的突厥騎兵。李淵為除去王高二人而找的理由非常自然，他人找不出確切的反對證據來。

有一段流傳很廣的故事，說的是李淵走上造反道路的另一點推進因素。

傳說晉陽宮監裴寂和李淵交好，往來甚密。裴寂為了前途生計，早想投靠新主子了。身為太監，唯一的方法就是扶立新天子。他看中了李淵的潛力，決定促進李淵造反。一次，裴寂請李淵飲酒，將他灌醉。之後，裴寂安排隋煬帝留在晉陽宮的妃子和宮女為醉酒的李淵侍寢。一夜風流清醒後，李淵意識到了事情的嚴重性：隋煬帝要是知道自己與妃子睡覺的事情，肯定饒不了自己。裴寂於是勸說李淵造反。《新唐書》正式將這個傳說記入正史。它還增加了一些情節，說整件事情其實是李世民和裴寂兩人的陰謀。事後，裴寂勸說李淵舉事，李淵在大驚之餘還是猶豫不決。裴寂恐嚇說：「事發，你我大罪當誅，現在只有叛隋一條路可以走了。」李世民在關鍵時刻，出現在談話中，敦促父親造反。李淵覺得自己被算計了，一開始還拒絕作亂臣賊子，揚言要將李世民送官法辦。但是經過幾分鐘思考後，李淵點頭同意了。

六一七年七月，李淵率軍三萬在太原誓師，正式起兵。

身為從隋朝陣營中脫離出來的高階貴族，李淵一開始就樹立了與其

他造反者不同的旗幟。李淵在太原發布了興兵檄文。其中，李淵宣稱自己是替天行道，而不是爭權奪利。他斥責隋煬帝聽信讒言，殺害忠良，窮兵黷武，致使「豺狼充於道路」，民不聊生。因此，李淵起兵的目的是要廢掉昏君，改立明主，拯救萬民於水火之中。

這樣宣告為李淵減輕了許多政治阻力。起兵後，李淵採取了靈活正確的策略，一面派遣劉文靜出使突厥，請求突厥可汗派兵馬相助，主要目的是減輕突厥南下的軍事壓力；一面招募軍隊，率師南下。此時李密領導的瓦崗軍正在洛陽與隋朝關東主力的王世充軍激戰，關中地區空虛。李淵一路上瓦解農民起義軍和收編地主武裝，壯大自己，進軍到長安時已擁有二十萬軍隊了。攻拔長安後，李淵及時進行了政權建設，在關中站穩了腳跟。

李淵立楊侑為天子，取消了隋煬帝的正統性，占據了最高的法統地位。他又以楊侑名義自加假黃鉞、使持節、大都督內外諸軍事、尚書令、大丞相等頭銜，進封唐王，綜理萬機。李淵長子李建成成為唐世子，次子李世民封秦王，三子李元吉封齊王。

廢黜昏君，拯救黎民的政治宣傳的背後通常都隱藏著一顆衝擊最高權位的欲望之心。以丞相的名義輔助國政，總理一切，這都是之前的權臣們奪取大權的一貫準備步驟。從魏晉故事到隋文帝楊堅代周都是如此。李淵的特殊之處是他在起兵五個月之後就做到了前人花費數十年才做到的一切。李淵曾概括自己的幸運說：「我雖失意於後主（指楊廣），幸未負於先帝（指楊堅）。」在這裡，他依然將自己視為隋朝的臣子，得意地炫耀自己才是隋文帝楊堅的繼承人。

一個月後，六一八年的正月丁未，隋帝楊侑下詔賜唐王李淵劍履上殿，入朝不趨，贊拜不名的待遇，唐王儀仗加前後羽葆、鼓吹。李淵離寶座又近了一步。

最走過場的禪讓

六一八年，隋煬帝楊廣在揚州被殺。死前幾年，楊廣就預感到了這個結局。

兩年前，楊廣不顧隋朝安危，再次巡遊揚州，沿途有人膽敢進諫，殺無赦。他很清楚這是在逃避，更清楚其實去哪裡也逃避不了。在揚州的楊廣心裡日夜受到起義烈火的煎熬。晚上他難以安睡。即使入睡，夢中又常驚呼有賊，需要宮女像哄孩子那樣搖撫、哄著才能入睡。

有一次，隋煬帝對著鏡子發呆說：「這麼好的頭顱，不知道誰來砍它呢？」

眼看大部分領土已被起義軍所控制，隋煬帝決定遷都到長江以南的丹陽（今南京），命民眾給他修建宮室。但禁衛軍將士都是關中人，早就不願久居南方，現在見皇帝要繼續南遷，軍心浮動，紛紛謀劃逃歸故里。六一八年三月，右屯衛將軍宇文化及、將作少監宇文智與將領司馬德勘、裴虔通等人率領士兵殺入宮中縊死了隋煬帝，隋朝滅亡。之所以被縊死，還是楊廣自己的選擇。叛軍們原來要用兵器殺死楊廣，楊廣則要求給自己留個全屍去見祖宗。

楊廣的死帶給長安的李淵勢力不大不小的震動。楊侑做皇帝對抗隋煬帝法統的作用降低；但另一方面，楊侑又名正言順地成為了天下的君主。

只是現在，楊侑的第二方面作用不一定非要由他來承擔：他姓之人也可以稱帝號令天下。隋煬帝剛死，楊侑進封李淵為相國，總百揆，備九錫之禮。這又是之前篡位者的一貫步驟。李淵被封相國之後，便立高祖以下四廟於長安通義里第，開始了新王朝世系的建設工作。在攻入長

安後，絕大多數臣民就已經預設李淵的統治地位。隨著事態越來越明朗，李淵代隋已經是板上釘釘的事情。在六一八年三月，楊侑就以李淵「功德日隆，天歷有歸」的理由想禪讓天下給李淵。史料的缺乏讓我們無法判斷這到底是李淵幕後指使，還是群臣拍馬屁的結果，或者是小皇帝本人的意思。當時朝廷大臣都勸李淵順水推舟接受禪讓。

但是李淵感到時機還不成熟。儘管裴寂等率群臣二千人三番五次勸諫李淵都沒有答應。

五月五日，楊侑下詔李淵佩帶有十二道旒的王冕，建天子旌旗，出警入蹕。如果說之前李淵的待遇和天子有一步之遙的話，現在李淵就是個近乎有名有實的天子了，所缺的只是個稱號而已。

十幾天以後，楊侑又一次要禪位給李淵。他派使持節、兼太保、邢部尚書、光祿大夫、梁郡公蕭造，兼太尉、司農少卿裴之隱奉皇帝璽授於高祖。兩人帶去了禪讓詔書。書中寫道：「天禍隋國，太上皇在揚州遇刺。我只是個小孩子，遭遇罹耗，心情糜潰，難以理事。相國唐扶危拯溺，東征西討，總九合於一匡，決百勝於千里。天下全靠唐王的維持。現在是人心所向，天命難違。隋朝國運已去，我原本是代王，現在請求遵歷代聖賢的例子，回歸藩國禪位唐王。天下臣民，都要改事唐朝。」之後的詔書內容是楊侑個人真情實感的流露：「我現在有一種如釋重負的感覺。希望能假手於人平定天下。希望天下臣民都能理解我的心意。」

這一回李淵決定接受帝位。不過按照慣例，他們還得演一場戲。李淵要以自己道德淺薄，恐怕擔當不起治國重任而辭讓。百官臣僚要上表勸諫，人數越多，言辭越懇切越好。皇帝也要不厭其煩地表現讓位的誠意，這樣的推來推去要表演三次。最後李淵才同意。整個過程要表達的不僅是受禪者李淵的謙虛，更是要表現新朝的建立是天命所歸，人心所向的事情。

李淵同意後，在位半年的楊侑立即離開皇宮，宣布遜位，重新住回原來的官邸。

幾天後，五月二十日，甲子。李淵選擇登基稱帝。他改大興殿為太極殿，即皇帝位。重新被稱為代王的楊侑又一次回到皇宮，親手將皇帝的寶璽交付李淵。

新皇帝命刑部尚書蕭造兼太尉，告於南郊。因為李淵封爵是唐王，故改國號為「唐」，仍然定都長安；改隋義寧二年為唐武德元年，大赦天下百官百姓，賜爵一級。李淵就是唐高祖。為了慶祝自己在不到一年內完成了從太原留守到皇帝的變化，李淵下令自己起兵經過的州縣全部給復三年。

當月，李淵封楊侑為酅國公。與之前的遜帝一樣，楊侑沒有被允許前往封地，而是閒居長安。第二年，也就是武德二年五月（《新唐書》為八月）楊侑薨，年僅十五歲。正史沒有記載楊侑的死因，因此野史就認定他是被李淵毒死的。楊侑在位沒有任何建樹，主要舉動就是一再給李淵加官進爵，還多次下詔要求讓位。因此死後給他上諡號就有一定的難度，最後唐朝稱楊侑為「恭帝」。

楊侑被葬於陝西省乾縣陽洪鄉乳臺村南五百公尺處。他的族人繼承酅國公封號，一直傳到五代晉時期。

楊侑的死沒有引起任何波動，當時唐朝上下正致力於統一全國。不久，李淵統一全國。在位時期，李淵依據隋文帝舊制，重新建立中央及地方行政制度，又修定律令格式，頒布均田制及租庸調制，重建府兵制，為唐代的職官、刑律、兵制、土地及課役等制度奠定了基礎。

此後，李淵的運氣似乎喪失殆盡。國家統一後李淵就陷入了新統治集團的內鬥和殘酷的家庭紛爭之中。在唐王朝建立的過程中，秦王世民功勛卓著，威望遠遠超過了太子李建成，但因是次子無法繼承皇位。李

建成將二弟李世民看作是自己登基的重大威脅。兄弟倆展開了激烈的皇位爭奪戰。在這場政爭中，三弟李元吉擁護李建成，李淵也經常站在建成一邊。開國元勛劉文靜是秦王世民的心腹，又與裴寂不和，結果被李淵藉故誅殺。

太子的心腹楊文斡受命召募壯士送長安，以供李建成發動政變時使用。

李建成還曾引誘李世民赴宴，企圖毒殺二弟，結果沒有成功。

六二四年，有人向李淵揭穿了李建成的醜事。李淵開始轉向李世民，起了廢李建成改立李世民為繼承人的念頭，但並未實現。

兩年後的六月初三，李世民早早向李淵報告說大哥和三弟計劃發動政變，殺害自己。李淵非常震驚，不敢相信。最後他讓李世民明日早些入宮，自己要召集親人開家庭會議嚴加處理。第二天，六月初四凌晨，太監慌張地叫醒李淵，說宮廷內外正在廝殺流血。秦王李世民殺死了李建成和李元吉，現在長安城內兩派正在繼續混戰。李淵一句話都沒有說。

再一年後（六一八年），李淵禪位給新太子李世民，自己成為太上皇。

李淵在貞觀盛世死於太安宮，廟號高祖，葬於獻陵。

天子寧有種乎，兵強馬壯者為之耳

　　大文豪杜甫曾在盛唐時節，欣然寫道：「憶昔開元全盛日，小邑猶藏萬家室」。也正是在這句詩發表的同時，大唐江山開始走向了衰落。天寶十四年（西元七五五年），長達八年的安史之亂使輝煌一時的唐王朝走上了一條不可逆轉的衰亡之路。但誰能想到，最終篡奪天下的卻是起義軍的一名叛徒。

唐僖宗：引狼入室

　　唐朝的病症主要有三：藩鎮割據、宦官專政和朋黨之爭。在疾病的折磨下，唐朝政治腐敗黑暗，百姓民不聊生。唐朝後期的歷代皇帝都鮮有作為，毫無中興景象。唐太宗曾語重心長地告誡子孫：「水能載舟，亦能覆舟。」顯然祖先的遺訓子孫們並沒有恪守。最終，滔滔洪水眼看就要將這個王朝覆頂了。

　　時起時伏的呻吟背後，躺著的是一個矛盾重重、虛弱的帝國。安史之亂前後，原本為加強邊防和守備要地而建立的藩鎮開始惡性膨脹，逐漸脫離朝廷控制。由此皇帝開始對藩鎮將領產生猜疑，而宦官則大受寵信。宦官們掌握了軍隊，並成為使節監督軍事將領。唐朝後期的皇帝只知昏庸享樂，尸位素餐，甚至聽任宦官的擺布。會昌三年（八四三年），大宦官仇士良告老還鄉時，一針見血地指出了病症根源：「不要讓天子閒著，應該常常以奢靡來掩住他的耳目，使他沉溺於宴樂中，沒工夫管別的事情，然後我輩才能得志。千萬不要讓他讀書，不讓他接近讀書人，否則，他就會知道前朝的興亡，內心有所憂懼，便要疏斥我輩了。」

　　官逼民反。生活在水深火熱之中的百姓紛紛揭竿而起。以王仙芝、黃巢為首的起義軍南征北戰，給了唐朝極大的打擊。起義軍的對手是以擅長鬥雞打球著稱的唐僖宗。唐僖宗自詡是球場上的狀元，荒唐到了以球技好壞為標準來任命節度使的地步。有一次，長安城發生蝗災，地方官謊報稱：「這些蝗蟲不吃皇家莊稼，都嚇得抱著荊棘自盡了。」唐僖宗竟對這些謊言深信不疑。大規模起義爆發後，以他為首的唐朝朝廷只知道調兵鎮壓，拆東牆補西牆，醜態百出。

　　而就在唐王朝即將傾覆之時，新王朝的建立者已經在唐王朝內部成

長起來了。

大唐宋州碭山縣（今安徽碭山）午溝裡有戶人家姓朱，世代以教書為生。

戶主朱誠是鄉里的私塾教師。唐大中六年（西元八五二年）十月二十一日，朱家新生了一個男孩取名叫朱溫，因為排行第三，乳名朱三。朱溫長兄為朱昱，次兄為朱存。

朱誠在朱溫很小的時候就去世了，朱家陷入貧困之中。朱溫日後尊為文惠王皇后的母親，因為實在家貧，不得不帶著孩子流浪到蕭縣劉崇家去做傭工。朱昱、朱存兩人在劉家放牛、做雜務；朱溫年紀小，整日無所事事。三兄弟寄人籬下，社會地位極其低下，生存環境又極為惡劣，都形成了自卑、爭強好勝、狡猾奸詐的性格。三人蠻橫鄉里，惹事生非，不肯勤於正事，算得上是鄉中三霸。

《舊五代史》記載道：崇以其慵惰，每加譴杖。唯崇母自幼憐之，親為櫛髮，嘗誡家人曰：「朱三非常人也，汝輩當善待之。」家人問其故，答曰：「我嘗見其熟寐之次，化為一赤蛇。」然眾亦未之信也……既長，以雄勇自負。可見身為主人的劉崇因為朱溫的凶悍惹事，沒少責打他。但是劉崇的母親卻一直護著朱溫，並經常和家人說：「朱三不是一般人，你們應該好好對待他。」家人都問為什麼，她說曾經有一次看到朱溫熟睡時，化身成了一條赤蛇。大家都笑了，誰也不相信老太太的話。朱溫就是在這樣的環境中成長為一名帶有流氓氣息又富有反抗精神的青年。

八七七年，朱溫二十五歲的時候，黃巢起義軍打到宋州（今河南商丘市），大敗唐軍。朱溫和二哥朱存一起參加了黃巢起義軍。他們追隨黃巢南征北戰，屢立戰功。朱存在廣州戰役中陣亡；朱溫則因為作戰驍勇，屢立戰功逐步被提升為黃巢手下的大將。從中原到兩浙地區，又進軍福建和嶺南然後北伐攻克東都洛陽，最後西破潼關，攻入唐都城長

安，朱溫都參與其中。起義軍在長安建立「大齊」政權的時候，朱溫已經是東南面行營先鋒使，算是當時政壇上的一個角色了。

朱溫命運的轉折是在長安附近完成的。他先是駐守在東渭橋，後來又奉命轉戰河南一帶攻占了鄧州掩護了起義軍的東南側翼，使「大齊」政權東南面局勢穩定下來。朱溫得勝回長安時，黃巢親自到灞上犒賞朱軍。朱溫回師長安後負責與重新糾集起來的唐朝軍隊對陣，又獲大勝。中和二年（八八二年），三十歲的朱溫被任命為同州（今陝西大荔）防禦使，事後率軍攻下了同州上任。

朱溫本部兵馬並不多，加上同州孤懸於起義軍主力之外，朱溫占領同州後馬上就陷入了困境。和朱溫隔河對峙的是唐朝河中節度使王重榮。王重榮擁有精兵數萬，超過朱軍，同時他投降過黃巢，熟悉起義軍的戰法。朱溫接連戰敗，又突圍不能，只好向黃巢求援。可是求援的奏章都被當時負責軍務的孟楷扣住。實際上起義軍本身也已陷入困境，抽調不出增援軍隊去救世主同州。再加上起義軍內部混亂腐敗，朱溫坐困孤城，一籌莫展。

《舊五代史》記載道：請濟師於巢。表章十上，為偽左軍使孟楷所蔽，不達。又聞巢軍勢蹙，諸校離心，帝知其必敗。九月，帝遂與左右定計，斬偽監軍使嚴實，舉郡降於重榮。

也就是說朱溫判斷出唐朝實力已經超過了黃巢，對起義軍的前途失去了信心，他的思想開始動搖了。九月分，朱溫與左右親信商量去路問題。部將謝瞳趁機進言道：「黃巢起兵於草莽之中，趁唐朝衰亂才得以占領長安。唐朝的氣數未盡。現在唐朝各路軍馬會集，對長安形成了合圍之勢，而黃巢內部卻上下離心，左右見窘。您困守孤城，上為奸人所制約，外無援兵，不應該再和黃巢保持一致了啊。這也正是章邯背叛秦國而歸楚的原因。」朱溫為了前途著想，表現出底層流氓的本性，殺掉監

軍使嚴實，率部投降了對手王重榮。

王重榮將朱溫投降的消息報告給了遠在四川的唐僖宗。唐信宗知道後大喜過望，興奮地說：「這真是天賜我也！」他立即下詔任命朱溫為左金吾大將軍、河中行營招討副使，還賜朱溫一個全新的名字：朱全忠。在唐僖宗看來，朱溫是上天送給他的禮物，是剿滅黃巢、興復唐朝，重新過上之前安逸生活的希望。他希望朱溫改名朱全忠後，能夠全心全意忠於唐朝。

歷史證明，朱溫的確是一位能幹的將領，卻不是唐朝的忠臣。

朱全忠：統一中原

朱溫投降大唐朝廷後，唐朝給他任命的實際職務是汴州（今河南開封）刺史、宣武軍節度使。這個職務和黃巢任命的同州防禦使一樣，需要自己靠實力去奪取。因為黃巢起義軍占據著關中地區，妨礙著朱溫上任，所以收復京城長安就成為朱溫赴任的首要任務。

朱溫毫不猶豫地配合各路唐軍合圍長安，與昔日的戰友兵戎相見。黃巢起義軍在一系列錯誤過後，開始走向失敗。起義軍不久退出長安，突圍後向南轉移奔向河南。

朱溫率軍乘勝追擊起義軍，一路打到汴州，正好上任汴州刺史。之後，朱溫便以汴州為根據地，逐漸兼併鄰近勢力，迫使河北藩鎮歸附，擴大統治地區，成為中原最大的軍閥。汴州這座城市也逐漸發展成中原都會。

在成為一方藩鎮的初期，朱溫還是唐朝的大臣，忠實地與黃巢殘部進行拉鋸戰。黃巢退出關中地區後的重要戰役是圍攻陳州（今河南淮陽）戰役。朱溫和黃巢在陳州附近作戰大小四十餘次，取得勝利。黃巢撤退後，朱溫又與節度使李克用的精銳騎兵合擊起義軍於中牟（今河南中牟北）北面的王滿渡。這一戰，黃巢主力部隊全軍覆沒。起義軍將領李讜、楊能、霍存、葛從周、張歸霸、張歸厚等人投降了朱全忠。可以說，黃巢的起義雖然失敗了，但是朱溫卻在另一個角度繼承了黃巢起義軍。一方面，朱溫收編了起義軍的重要將領和殘餘部隊。另一方面，朱溫踏著起義軍的鮮血，攀爬上了政治頂峰。因為追剿黃巢有功，朱溫被加封為檢校司徒、同中書門下平章事，初封沛郡侯後又進封吳興郡王，食邑三千戶，地位顯赫。

　　黃巢失敗後，部將秦宗權橫行河南地區，朱溫與秦宗權展開了河南爭奪戰。朱溫在山東地區招募兵員，擴充實力，同時聯合兗州朱瑾、鄆州朱宣兩兄弟共同出擊。三朱聯軍在汴州北面孝村取得關鍵勝利，秦宗權失敗。大敵消滅後，朱溫按捺不住內心的狂熱，又積極參與了唐朝的藩鎮混戰。他首先選擇了實力較弱的昨日的盟友——朱瑾和朱宣。朱溫狡詐地編造藉口，突然襲擊，很快就擊敗了朱瑾兄弟。兩人僅以身免。朱溫馬不停蹄，隨即將兵鋒指向了淮南地區，但遭到淮南實力派楊行密（即十國之一的吳國的創立者）和徐州時溥的抵抗。

　　西元八八八年，唐僖宗病逝，其弟唐昭宗繼位。朝廷更加虛弱。《新唐書》議論道，唐朝自穆宗以來八世，其中有七位皇帝是宦官所立的。朝廷是天下的根本，君王是朝廷的根本，「本始不正，欲以正天下，其可得乎？」

　　唐僖宗死前任命朱溫為蔡州四面行營都統，負責消滅秦宗權殘部。朱溫開始違抗聖旨，沒有進攻處於頹勢的秦宗權，而是抓緊擴張自己的勢力。他北上插手魏博兵變，建立起黃河對岸東北方向的同盟者；又派軍北上救援被李克用圍攻的張全義，建立黃河對岸西北方向的同盟者。唐昭宗為促使朱溫早日解決秦宗權勢力，又加封他為檢校侍中。朱溫這次才調集大兵強攻蔡州，擒拿秦宗權。這一次，朱溫因功晉封東平郡王，並加檢校太尉兼中書令。穩定西北後，朱溫全力向東，攻克徐州，時溥及其家眷自焚；朱瑾兄弟的勢力被徹底消滅。短短幾個月內，朱溫掃蕩中原，控制了黃河以南、淮河以北的大片土地，成為全中國最大的軍閥。

　　長安的唐朝內部朝官與宦官的鬥爭也像中原戰火一般，愈來愈烈。

　　唐昭宗即位不久，光化三年（九〇〇年），掌權的宦官劉季述、王仲先等人緝拿唐昭宗，歷數其罪過，將他軟禁在少陽院屋裡。為了防止

有人將皇帝放出來，宦官們不僅給唐昭宗套上枷鎖，而且將鐵水澆在鎖上，使之成為死鎖。每日，唐昭宗只能靠從牆根挖的小洞裡遞進來的粗飯過活。

《陽五代史》如此記載了這次政變：是歲，唐左軍中尉劉季述幽昭宗於東宮內，立皇子德王裕為帝，仍遣其養子希度來言，願以唐之神器輸於帝。帝時方在河朔聞之，遽還於汴，大計未決。會李振自長安使回，因言於帝曰：「夫豎刁伊戾之亂，所以資霸者之事也。今閹豎幽辱天子，王不能討，無以令諸侯。」帝悟，因請振復使於長安，與時宰潛謀反正。

從正史紀錄中我們可以得知，朱溫在這次政變中經受了一場很大的考驗。劉季述等人幽禁皇帝後，擁立了太子、德王李裕為帝。劉季述為了得到朱全忠的支援，派自己的養子劉希度去見朱溫，聲稱要把唐朝的皇帝寶座送給朱溫。這是一個令人震驚的誘惑。這時的朱溫已經不是衝動莽撞的匹夫，長期的政治鬥爭鍛鍊了他高度的政治智慧和技巧。他一方面權衡利弊，按兵不動，一方面四處派遣人手打探消息。其中派往長安探聽消息的使者李振回到汴州對朱溫說：「宦官作亂，歷來都是成就霸業的良機。現在宦官們囚禁天子，正是您勤王除奸而樹威於天下的最好時刻。」朱溫也對宦官們的實力表達懷疑，贊同了李振的看法，派李振去長安聯絡與自己關係頗好的宰相崔胤，合謀勤王之策。崔胤外與朱溫聯合，內與侍衛將軍孫德昭、董彥弼、周承誨等誅殺劉季述等人，迎接昭宗復位。唐昭宗大喜過望，封賞功臣，晉封朱溫為梁王。

在這場政變中，汴州來的小官程巖曾強行牽著唐昭宗的衣服，逼他下殿。朱溫事後知道，將程巖叫回到老家，折斷他的兩條腿，再送到長安，用亂杖打死。朱溫用這種殘忍的方法向唐昭宗表示忠心，不知道唐昭宗作何感想。

唐昭宗復位後，朱溫依然屯兵汴州附近。朝廷軍政大權掌握在宰相

崔胤手中。崔胤有意識地裁抑宦官，遭到了宦官集團的強烈不滿和反抗。他們密謀驅逐崔胤。宦官們在長安城蒐羅漂亮女子十數人進獻給唐昭宗，在宮中安插眼線，控制唐昭宗；同時他們謊稱宰相減損禁軍冬衣，剋扣禁軍伙食，煽動禁軍鼓譟嘩變。在宦官的脅迫之下，唐昭宗不得不罷免崔胤。朝廷重新落入宦官掌握之中。

賦閒的崔胤則密召朱溫入朝輔政。這次朱溫親自領兵西入陝西，沿途同州留後等人舉郡投降。大軍迅速推進到渭河岸邊。宦官們慌忙劫持唐昭宗逃往鳳翔，依靠鳳翔節度使李茂貞庇護。朱溫進軍鳳翔，與李茂貞展開激戰，不分勝負。僵持之際，朱溫使用詐降計，令人偽裝叛將投奔李茂貞，詭稱朱溫已經糧草耗盡，正在撤退回河南。李茂貞輕信謊話，連夜派兵追擊。朱溫整軍以待，大敗李茂貞。李茂貞不得不表示送還昭宗，誅殺閹黨，以贖自己的罪過。

唐昭宗離開鳳翔，駐紮進了朱溫的軍營。現在，皇帝的命運為朱溫所掌握了。唐昭宗將隨身佩帶的玉帶送給朱溫說：「宗廟社稷是卿再造。朕與戚屬之性命，賴卿得以保全。」

九〇三年朱溫擁著皇帝還都長安。他在內侍省誅殺宦官五百多人。這是唐朝末年最大一次誅滅閹宦事件。至此，禍害唐朝多年的宦官專政問題在血腥的殺戮中得到解決。作惡多端的宦官算是得到了歷史的懲罰。而失去宦官的唐昭宗則完完全全被朱溫控制了。

唐昭宗任命朱溫為守太尉、兼中書令、宣武宣義天平護國等軍節度使、諸道兵馬副元師，加食邑三千戶，賜「迴天再造竭忠守正功臣」。朱溫率軍東歸的時候，唐昭宗還上延喜樓送行，並派遣內臣御賜〈楊柳詞〉五首。

我們不知道唐昭宗的賞賜是真心的感謝，還是對權臣的無奈之舉。對於野心勃勃的朱溫來說，再多的賞賜和官爵也滿足不了他那不斷膨脹的野心。耀武長安的時候，朱溫就萌發了登基稱帝的想法。

唐王朝的最後一次遷都

為了登上耀眼的帝位，朱溫採取的是步步進逼，慢慢剷除唐朝殘餘力量的做法。

回到河南後，朱溫覺得將皇帝留在長安不保險。萬一皇帝被大臣或軍閥劫持怎麼辦？因此他開始一再敦請唐昭宗遷都洛陽——也就是到他的根據地中原地區去。在這方面，曹操開了一個頭。唐昭宗自然不願意離開久居的都城長安。他更不安的是洛陽雖然號稱是唐朝的東都，但為朱溫的軍隊所團團包圍，所以他並沒有馬上答應。

此時的一件突發事件促使朱溫以強力脅迫唐朝宮廷遷都洛陽。朱溫的兒子，在長安擔任護駕都指揮使的朱友倫在玩蹴鞠的時候墮馬身亡。朱溫得到消息後，大怒。疑心很重的他以為這是唐室大臣陰謀反對自己，製造叛亂，所以才導致了朱友倫的暴死。朱溫決定加快遷都步伐進一步掌握朝廷。

天祐元年（九○四年）正月，朱溫率軍從大梁出發西進到河中。長安震動朱溫和眾人討論「迎駕東幸洛陽」。考慮到唐朝大臣中還存在不同的聲音，朱溫決定先開殺戒，用鮮血來逼迫朝廷遷都。他密令護駕都指揮使朱友諒偽造唐昭宗的詔書，將宰相崔允、京兆尹鄭元規等人殺死。朱溫再以邠、岐等其他軍閥部隊逼近京畿為由，態度強硬地上表請唐昭宗遷都洛陽。同時，朱溫讓河南地區徵集工匠勞力徵收財物，大張旗鼓地營造洛陽宮殿。無兵無將的唐昭宗只能聽命。

當皇帝的車輛行駛到華州（今陝西華縣）時，百姓們夾道高呼萬歲。唐昭宗觸景生情，涕淚交流：「別叫我萬歲了，朕將不再是你們的君王了。」他對左右侍臣們說道：「朕今漂泊，不知竟落何處！」

「我怎麼會落魄到今天的地步的？」唐昭宗不明白，他只是唐朝百年亂政的受害者之一。王朝大廈將傾，你是最後的主人。你如果都不強頂著、硬撐著，還會有這座大廈嗎？

從此，唐昭宗再也沒有回到長安。他的擔心與預言全都成為了現實。

二月分，唐昭宗到達陝縣，停了下來。他還是希望能夠推遲進入洛陽。

朱溫親自來到皇帝行營覲見。君臣見面，朱溫涕淚交加，說：「李茂貞等竊謀禍亂，將迫乘輿，老臣無狀，請陛下東遷，為社稷大計也。」意思是說，亂臣李茂貞等人陰謀叛亂，威脅長安和您的安全。老臣我沒有別的辦法，請皇上向東遷都洛陽，是為了社稷國家著想啊。

唐昭宗只能對他加以撫慰。皇帝破例讓朱溫進入寢宮，拜見有孕在身的何皇后，還賞賜了許多酒器和衣物。何皇后對皇帝說，實際上是對朱溫說：「此後我們夫婦的性命就託付給朱溫了啊。」史載，唐昭宗夫婦說完這話，「歔欷泣下」。

幾天後，朱溫在陝縣的私宅中設宴，請唐昭宗光臨。第二天，朱溫向唐昭宗告辭，先行返回洛陽。唐昭宗按例在行營內設宴歡送。正吃著飯，有宮人跑到唐昭宗耳邊，說了幾句耳語。我們不知道這位宮人說了什麼，也許只是一些關於上菜情況的請示。但是朱溫一幫人就大為緊張，以為皇帝設下的是鴻門宴，要擒拿自己。一個叫韓建的隨從忙碰碰朱溫的腳。朱溫心領神會，馬上告辭出宮。這事暴露出雙方平和的表面下暗藏著的緊張關係。

唐昭宗到底有沒有圖謀朱溫的計畫呢？《舊五代史》以《十國春秋》、《吳世家》加註道：三月丁巳，唐帝遣間使以絹詔告難於我及西川、河東等，令糾率藩鎮，以圖匡復。詔有雲：「朕至洛陽，則為全忠所幽閉，詔敕皆出其手，朕意不得復通矣。」我們不知道唐昭宗的命令是否存在，

或者有沒有送出去，反正在遷都沿途並沒有藩鎮前來劫駕。

朱溫出宮後，連連上表，加強了敦請皇帝遷都的態度。

三月分，唐昭宗讓朱溫兼任判左右神策及六軍諸衛事。同時，唐昭宗多次派遣中使及內夫人請求朱溫「皇后有孕在身旅途勞頓，希望能在十月到達洛陽。」朱溫則認為陝州是個小藩，小地方不是皇帝萬乘之軀久留的地方，所以要求皇帝一行在四月內到達洛陽。唐昭宗這才不得不從陝州出發。

皇帝一行到達谷水的時候，又發生了一個插曲。

當時唐昭宗身邊沒有禁軍，只有兩百多個小太監照顧生活。朱溫對這些小太監也不放心，必欲去之而後快。他事先讓人找到與皇帝身邊小太監相似兒童兩百多名。一行人到達谷水的時候，朱溫命令將真太監全部縊殺，埋在帳幕地下，再讓假太監們穿上真太監的衣服，侍候在唐昭宗的左右。

《舊五代史》詳細記述操作過程如下：是日密令醫官許昭遠告變，乃設饌於別幄，召而盡殺之，皆坑於幕下。先是選二百餘人，形貌大小一如圍內人物之狀，至是使一人擒二人，縊於坑所，即蒙其衣及戎具自飾。

唐昭宗起先還沒有察覺，稍後才知自己身邊已經沒有任何親信了。三月，唐昭宗按時進入洛陽。現在的皇帝已是被深鎖牢籠的傀儡，一言一行，均在朱溫的監視之下。從實力對比上來說，朱溫離皇位已是一步之遙。

改名、殺戮與禪讓

　　在幾乎穩操勝券的情況下，朱溫還是不放心。唐昭宗雖已在自己掌握之中，但還是可能被李克用或者李茂貞等軍閥搶走，構成對自己的威脅。何況，以皇帝來說，唐昭宗並不算差。朱溫希望擁有一個更聽話的皇帝，一個更利於自己奪位的皇帝。

　　朱溫密令朱友恭、氏叔琮等人弒殺昭宗。於是一場更加巨大的陰謀開始籠罩著唐昭宗。

　　《舊五代史》記載：七月甲子，昭宗宴帝於文思毬場。乙丑，帝發東都。壬申，至河中。八月壬寅，昭宗遇弒於大內，遺制以輝王柷為嗣。乙巳，帝自河中引軍而西。癸丑，次於永壽，邠軍不出。九月辛未，班師。十月癸巳，至洛陽，詣西內，臨於梓宮前，祗見於嗣君。

　　整個事件是這樣的：七月分，朱溫還和唐昭宗在文思毬場吃飯。幾天後，朱溫離開洛陽去河中，征伐異己去了。八月分，唐昭宗在洛陽宮殿中被人殺死，還留下詔書，以輝王李柷為繼承人。朱溫開始聽到皇帝遇刺的消息時，撲地大聲嚎哭：「奴輩負我！令我受惡名於萬代！」但他還是選擇繼續在河中一帶打仗，九月分班師，十月分才回到洛陽。回洛陽後，朱溫跑到昭宗的靈前慟哭流涕，悲痛異常。

　　《新五代史》載：十月，王朝於京師，殺朱友恭、氏叔琮。《新唐書·奸臣傳下》說兩個人臨刑前都大喊冤枉。朱友恭說：「朱溫殺我，他也該滅族！」氏叔琮臨死前，高呼：「朱溫賣我以取容天下，神理謂何？」

　　我們完全可以推定，刺殺事件是朱溫幕後導演的。他安排好劇本後，為了不承擔弒君的罪名，領兵出洛陽征伐去了。具體執行的演員是朱友恭、氏叔琮。但是事後他們都被殺人滅口。朱溫假裝不知內情，回

到洛陽的舉動類似於演戲，以求籠絡人心，表明自己是唐朝的忠臣。至於詔書，則是朱溫等人偽撰的。唐昭宗享年三十八歲，死後曾被更諡為「恭靈莊閔」，廟號襄宗。後唐同光初，恢復原來的諡號。

唐昭宗死後，輝王李柷登基為帝，改元天佑。

第二年，殺了皇帝後的朱溫大開殺戒，為稱帝鋪路。二月，朱溫殺唐昭宗的兒子李裕等九人於九曲池。六月，又殺裴樞、獨孤損等朝臣異己三十多人，將屍首在滑州（今河南滑縣）白馬驛附近的黃河邊投入滔滔黃河。裴樞、獨孤損等人自詡為「清流」，成事不足，敗事有餘，是唐末亂世的責任人之一。他們死後葬身渾濁的黃河水，真是莫大的諷刺。至此，朱溫對外擁有宣武等二十一道城池，初步統一黃河流域；對內則牢牢地控制了朝廷上下。

朱溫覺得可以稱帝了。他先派人曉諭諸鎮，刺探地方實力派的態度。襄州的趙匡凝明確表示反對。朱溫就派遣楊師厚大兵壓境，攻取唐、鄧、復、郢、隨、均、房七州。朱溫親自來到襄州，屯軍於漢水北岸。最後楊師厚攻破襄州並荊南等地。

正當朱溫東進攻擊淮南的時候，新天子「卜祀天於南郊」。敏感的朱溫發怒了。他認為這是主事的樞密使蔣玄暉等人想祈禱上天來延長唐朝的國祚。李柷害怕了，改祭祀上天為卜郊，並封朱溫為魏王、相國，總百揆。唐朝以宣武、宣義、天平、護國、天雄、武順、佑國、河陽、義武、昭義、武寧、保義、忠義、武昭、武定、泰寧、平盧、匡國、鎮國、荊南、忠武二十一軍為魏國，備九錫。朱溫還在生氣，不接受。兩個月後，李柷加朱溫官職為天下兵馬元帥。朱溫更加生氣，反而派人告發蔣玄暉與唐昭宗的遺孀何太后私通，將蔣玄暉殺死後焚屍，將何太后殺死於積善宮；同時還殺了宰相柳璨，將太常卿張延範車裂。李柷下詔，因為出了何太后的事件，天子停止在南郊的祭祀活動。

　　天下的形勢明瞭了。於是各種關於朱溫的祥瑞和故事紛紛出現。朱溫自己說，有一個晚上自己夢見一條白龍附於肩膀上，與自己對視。天佑四年（九〇七年）二月，「帝之家廟棟間有五色芝生焉，狀若芙蓉，紫煙蒙護，數日不散。又，是月，家廟第一室神主上，有五色衣自然而生，識者知梁運之興矣。」原來朱溫的家廟中生出了五色的靈芝，長得像芙蓉一樣，而且有紫色的煙霧繚繞，好幾天都沒散去。同時，朱家家廟第一室神主牌位自然長出五色衣服來。知道風水氣象的人都一致斷定，梁王將興！

　　四月，禪讓正式開始。識相的唐朝皇帝李柷親自書寫詔書，禪位於梁。唐朝以攝中書令張文蔚為冊禮正使，禮部尚書蘇循為副使；攝侍中楊涉為押傳國寶使，翰林院學士張策副之；御史大夫薛貽矩為押金寶使，尚書左丞趙光逢為副，率領百官，捧著唐朝最後的象徵，備齊法駕前往大梁。沿途，宋州刺史王皋趕緊拍馬屁，進獻赤烏一雙祝賀。

　　張文蔚、楊涉一行來到上源驛的時候，開始出現慶雲。唐天佑四年四月十八日（九〇七年六月一日），一行到達汴州後「從冊寶諸司各備儀衛鹵簿前導，百官從其後，至金祥殿前陳之」。朱溫穿著袞冕，即皇帝位。張文蔚、蘇循奉冊升殿進讀，宣布唐朝將天下讓於朱溫。楊涉、張策、薛貽矩、趙光逢等人依次上殿，將象徵天下和皇位的寶物獻給朱溫。唐朝二百八十九年的皇統，至此結束。之後，百官舞蹈，高呼萬歲，祝賀朱溫登基。

　　朱溫即位，改天下為梁，史稱後梁。儀式結束，朱溫與張文蔚等人元德殿舉行宴會。朱溫舉杯說：「朕輔政沒有多少時間，現在登基都是諸位推戴的功勞。」張文蔚等人既慚愧又恐懼，匍匐在地不敢應聲。而蘇循、薛貽矩及刑部尚書張禕盛等人則面目泰然，反過來稱頌朱溫的功德，認為天下更換是應天順人的大好事。

《新五代史》記載道：「開平元年春正月壬寅，天子使御史大夫薛貽矩來勞軍。宰相張文蔚率百官來勸進。夏四月壬戌，更名晃。甲子，皇帝即位。戊辰，大赦，改元，國號梁。封唐主為濟陰王。升汴州為開封府，建為東都，以唐東都為西都。廢京兆府為雍州。賜東都輔一日。契丹阿保機使袍笏梅老來。」

可見朱溫做了很多文章，改名為朱晃（之前的正式名字朱全忠太不適合做皇帝的名字了），表明自己與農民起義軍將領和唐朝的藩鎮身分一刀兩斷；大赦天下；定國號為梁，年號開平；升汴州為開封府定為東都；以唐朝的東都洛陽為西都，而唐朝首都長安所在的京兆府被降為雍州。已經興盛起來的北方契丹首領耶律阿保機也派來了使臣。朱晃時年五十六歲。

充滿血雨腥風的五代歷史正式開啟。

五代史中沒有記載禪位後李柷的後況。《新唐書》有簡單的記載：甲子，皇帝遜於位徙於曹州，號濟陰王。梁開平二年二月遇殺，年十七，諡曰哀帝。後唐明宗追諡昭宣光烈孝皇帝，陵曰溫陵。可見退了位的李柷雖然還貴為王爺但在第二年就被朱晃殺死，年僅十七歲。這就是唐朝的最後一任皇帝：唐哀宗。

稱帝後，朱溫也採取了一些安邦定國的措施。剛接受禪讓的時候，朱晃讓大臣們搜訪賢良；特加擢用那些懷才不遇的人。做了皇帝後，他一定程度上轉變了只重軍事的做法，努力去恢復生產，獎勵農耕。在朱晃統治時期，中原的經濟得到恢復一定程度，但是朱晃的統治是不穩固的。後梁只統一了黃河流域，北方有李克用的沙陀大軍，南方各大割據政權也紛紛稱霸地方，藩鎮之間交兵戰爭持續不斷。朱晃個性依然殘暴、荒淫、多疑，晚年更加猜忌淫亂，最後為自己的兒子朱友珪所殺。死後葬宣陵，史稱後梁太祖。

　　朱晃導演的這場禪讓，並不太高明。綜觀整個過程，他的殘暴讓禪讓付出了許多本不應付出的鮮血，他的多疑多多少少拖延了禪讓的過程。從目的上來說，朱晃的禪讓是不成功的。它並沒有完成掩蓋篡位實質，增加自身政權神聖性的作用。明眼人一下就看出了整套把戲背後的實情。五代時有藩鎮稱：「天子寧有種乎？兵強馬壯者為之耳。」可謂是對朱晃禪讓最恰當的註腳。

黃袍加身後的受禪

　　今天的旅客只要在河南開封市長途巴士站花十元人民幣（約新臺幣四十五元），就可以乘長途巴士到封丘縣。封丘縣有條封河。河旁有座陳橋鎮。現在的陳橋鎮是中原腹地的一個平凡小鎮，但是一千年前陳橋鎮扼守南北通衢，是黃河岸邊的明星城鎮。陳橋鎮千年前的繁華與榮光，與鎮上的一座官驛有關。這座官驛就是陳橋驛。小小的驛站裡走出了一箇中國歷史上繁華絕頂的王朝。

從士兵到元帥

在陳橋驛上演大劇的主角叫趙匡胤。

趙匡胤祖籍河北涿郡，西元九二七年三月出生於洛陽的夾馬營。趙匡胤的父親，也就是宋朝建立後被追封為宣祖的趙弘殷，當時正行軍在洛陽。趙弘殷是歷經後晉、後漢、後周三朝的驍勇將軍，常年征戰在外。趙匡胤是趙弘殷的第二個兒子，母親是杜夫人。趙匡胤的弟弟，北宋的太宗皇帝趙匡義也是杜夫人在丈夫行軍地浚儀官舍裡生產下來的。後周中期後，趙弘殷也成為了上將軍，和兒子一起是朝廷禁軍將領。這些都是後話了。

《宋史‧本紀第一》記載趙匡胤出生時：「赤光繞室，異香經宿不散。體有金色，三日不變。」大概是說趙匡胤出生時不僅有體香，而且全身散發著金光，讓人們驚嘆了三天三夜。趙匡胤稍微長大些後，身材高大，容貌出眾，更重要的是為人豁達膽識也不同於一般的人。可能是出身武將世家的緣故，趙匡胤從小就學習騎射。在五代十國的亂世中，許多人家的子弟也都練習武藝作為防身或者尋找前途的工具。但是趙匡胤對刀槍馬上功夫非常精通，超乎常人。一次他要馴服一匹烈馬，沒有使用任何道具就跳上馬去，那匹烈馬跑上了城牆的斜道，導致趙匡胤額頭撞上城門框墜馬落地。旁觀的人們都以為這個小孩的腦袋肯定是被撞碎了。誰知道趙匡胤在地上又慢慢站起來，勇敢地跳上馬背堅持馴服了牠。結果是趙匡胤一無所傷地得了這匹寶馬。這件事情一直到元朝脫脫等人修《宋史》時候還被正式記錄在案，可見流傳之廣。

九四五年，十八歲的趙匡胤結婚成家。當時趙弘殷的官職始終低迷徘徊，也沒有能力為趙匡胤安排錦繡前程。三年後，學藝有成又勇敢冒

險的趙匡胤告別父母妻子，獨立闖蕩江湖。當時有個擅長相面算卦的老和尚對他說：「向北走，你會最終大福大貴的。」結果趙匡胤在華北、中原，西北等地漫遊了兩年多時間。

這兩年裡趙匡胤窮困潦倒，充分感受到了世態炎涼。他曾投奔父親昔日的同僚王彥超，希望能謀一官半職。王彥超看到趙匡胤落魄的樣子，竟像打發乞丐一樣，給了他幾貫錢，便把他趕走了。最後，一事無成的趙匡胤來到了河北鄴都。後漢樞密使郭威正在此地招兵買馬。趙匡胤便投入郭威的帳下，從一名最普通的士兵做起。次年，郭威趁後漢遭受契丹打擊，內外交困之際發動兵變，代漢建立了後周王朝。趙匡胤因戰功卓著被提拔為禁軍東西班行首，也就是負責宮廷禁衛的偏將。

後周的太子柴榮當時擔任開封府尹，非常賞識趙匡胤，一心要將後者收入門下。趙匡胤不久轉任開封府馬直軍使，成為了柴榮的部屬。郭威在位四年後病逝，柴榮即位稱帝，史稱周世宗。趙匡胤又重新擔任禁軍將領。後周的禁軍不僅是護衛宮廷的武裝力量，更是柴榮指揮討伐天下的主力部隊。趙匡胤正是在柴榮的指揮下成長為一代名將，凝聚自己的勢力並最終取代後周自立的。

周世宗即位之初，北漢大軍侵略中原。周世宗親自率師迎戰。周漢兩軍在高平展開主力決戰。一開始，後周軍隊呈現敗勢，指揮官樊愛能等人搶先逃跑，形勢危急。趙匡胤在關鍵時刻率領騎兵迎頭趕上，全力抵住了後漢軍隊的兵鋒。最後漢軍大潰。趙匡胤乘勝進攻河東城，焚燒了大門。戰鬥中，趙匡胤左臂中了流矢。周世宗憐惜他才鳴金收兵，並提升趙匡胤為殿前都虞侯，領嚴州刺史，成為後周禁軍的高階將領。

高平之戰後，周世宗一心改革禁軍暴露的弊端，對趙匡胤委以整頓禁軍的重任。趙匡胤獲得了獨當一面的機會，完成了禁軍汰除老弱、調選精壯和組建殿前司諸軍的工作。在這次整頓中，趙匡胤將羅彥環、郭

延斌、田重進、潘美、米信、張瓊、王彥升等自己的部下安排在殿前司諸軍任基層和中層職位，在禁軍中打下了扎實的基礎。趙匡胤還不局限於此，他又主動交結了大批中高階將領，並與石守信、王審琦、韓重斌、李繼勛、劉慶義、劉守忠、劉廷讓、王政忠、楊光義等九名高階將領結拜為「義社十兄弟」，形成了趙匡胤為核心的勢力。

九五五年，後周討伐後蜀。趙匡胤參與軍事調查和戰鬥部署，為後周占領蜀國大片土地立下了赫赫戰功。九五六年春，趙匡胤跟從周世宗發起了淮南戰役。

後周首戰就在渦口擊敗了南唐軍隊。南唐節度使皇甫暉、姚鳳等率領號稱十五萬的大軍氣勢洶洶前來，結果又在清流關被擊敗。趙匡胤率軍追擊。皇甫暉被追急了，說：「人各為其主，希望能夠排成佇列一決勝負。」趙匡胤瀟灑地同意給敵人整軍再戰的時間。皇甫暉整軍列陣而出；趙匡胤排馬揮刀直入敵陣，在萬軍之中手刃皇甫暉，並擒拿姚鳳。趙匡胤此戰中的帥氣、光輝形象真可謂是古今罕有。

趙弘殷當時也在軍中，率軍半夜趕到城下，傳呼開門。守城的趙匡胤說：

「父子關係雖然是至親。但城門的開閉是國家大事。」一直到清晨，趙匡胤才讓父親的部隊入城。

後周大將韓令坤平定揚州後，南唐大軍大規模反攻。韓令坤決定撤退。周世宗命趙匡胤率二千士兵趕趨六合參戰。趙匡胤下令道：「揚州守兵有敢過六合的，斷其足！」韓令坤不得不固守揚州。趙匡胤並且在六合東部以兩千人戰勝南唐大軍兩萬人。第二年春，趙匡胤又從征壽春、壽州。趙匡胤因功被拜為義成軍節度使、檢校太保，仍兼殿前都指揮使。冬天，趙匡胤再征濠、泗、楚、滁等州。趙匡胤依然是一馬當先，帶動麾下步騎緊隨其後，所向披靡。南唐畏懼趙匡胤的威名，向周世宗

施用離間計。具體作法是派人給趙匡胤書信,並且餽贈了白金三千兩。但是趙匡胤悉數上交內府,離間計還是失敗了。

淮南戰役的最後結果是南唐臣服後周,割讓江北十四個州土地。

淮南戰役以後,趙匡胤的地位再次提升。隨著這一次地位提升,趙匡胤將觸角伸得更長了。他透過戰功和與武將的密切關係鞏固了在軍中的地位,同時開始結交文人。趙普、王仁贍、楚昭輔、李處耘等人就是在這一時期成功進入趙匡胤的幕府的。為了彌補知識的不足,趙匡胤一改五代時期軍閥的草莽作風,開始研讀起經史子集來。從這裡,我們可以看出,趙匡胤此時似乎已經有天大的野心了。事實上,他做得非常成功,威望日漸高漲。

九五九年,趙匡胤隨周世宗討伐契丹。這是他做大臣時期的最後一戰。

周世宗的北伐非常成功,收復了許多被契丹人占領的漢人城池。但在關鍵時刻,周世宗一病不起,壯志未酬身先死,年僅三十九歲。雄才偉略的周世宗柴榮死前感嘆說「假如我能再有三十年生命,一定要用十年統一天下,十年休養生息,十年致太平。」從一定程度上說,周世宗的文治武功為結束割據局面的事業奠定了基礎,為趙匡胤及其後人的成功做了鋪墊。

周世宗死前,發生了一件不得不提的小事。史載:「(世宗)閱四方文書,得韋囊,中有木三尺餘,題雲『點檢作天子』。」原來在北伐進軍途中,病中的柴榮在翻看檔案時,曾經莫名其妙地得到一個錦囊,裡面裝著塊三尺來長的木條,上面寫著「點檢作天子」五個字。點檢指的是禁軍的最終指揮官殿前都點檢,當時擔任這個職務的是張永德。趙匡胤儘管屢立戰功,掌握著禁軍實權,但在資歷和官職上仍然處於張永德之下。

得到木條的周世宗自然對張永德產生了懷疑。五代十國是個兵強馬壯的將領欺壓君主,多次奪取政權的時代。周世宗的父親郭威就是以節

度使身分奪取政權的。木條的出現不可能不挑起他敏感的疑心。隨著病情加重，周世宗決心防患於未然，提拔自認為年輕、可靠的殿前都指揮使趙匡胤取代了張永德為殿前都點檢。趙匡胤名正言順地在周世宗生前掌握了所有禁軍，成為了朝廷重臣。

現在想想，那塊木條極有可能是長期跟隨在周世宗左右的趙匡胤耍的陰謀，目的是為掌握禁軍最高指揮權。趙匡胤既了解周世宗在病床上的心思，也有在周世宗物品中夾塊木條的可能性。周世宗萬萬沒有想到的是臨死前的人員安排不但沒有為兒子消除隱患，反而正是突擊提拔的這個「點檢」果真最後得了天下。

九五九年六月周世宗柴榮去世，七歲的獨生子柴宗訓即位，史稱後周恭帝。

柴宗訓年幼，符太后沒有執政經驗，朝廷大權一時掌握在趙匡胤手中。

新皇帝登基免不了一波加官晉爵的浪潮。《舊五代史》載：「以今上為宋州節度使，依前檢校太尉、殿前都點檢，進封開國侯。」趙匡胤既然掌握禁軍，同時進封為侯爵，兼任宋州節度使。他還利用登基之時的人事調整，將大批親信安排在禁軍系統中。

在周世宗去世後的半年裡，趙匡胤少年時代的好友慕容延釗出任一直空缺的殿前副都點檢一職；趙匡胤闖蕩江湖時期的好友王審琦出任殿前都虞侯一職；他們和擔任殿前都指揮使的石守信一樣，都是趙匡胤交往圈子中的最核心人物。整個禁軍系統的所有中高階將領的職務幾乎都由趙匡胤的好友與親信壟斷了。為了控制京城開封，趙匡胤將手握兵權的李重進「提拔」為揚州節度使，單獨控制了京城，也單獨控制了朝廷。

林林總總的安排使得稍有政治頭腦的人們都清楚：一場政治變局即將開始了。

小驛站大事件

　　這場政治變局的開頭是在九六〇年春天的一個下午。

　　《舊五代史》載：「正月辛丑朔，文武百僚進名奉賀。鎮、定二州馳奏，契丹入寇，河東賊軍自土門東下與蕃寇合勢。詔今上率兵北征。」

　　北方邊關傳來緊急軍情，契丹人大舉侵略河北地區，與並州的北漢勢力聯合，鎮、定兩州告急。符太后和一般文臣不辨真假，自然是下令趙匡胤率禁軍主力前往迎戰。

　　趙匡胤隨即調集軍隊，向北出發。大軍剛出城門的時候，有個號稱通曉天文的軍校苗訓大喊大叫，說自己看到了兩個太陽在相互搏鬥，並對趙匡胤的親信楚昭輔說這是天命所歸。這場蹊蹺荒誕而又煞有其事的談話迅速在軍中傳開。

　　大軍出征的第一天，夜宿黃河以南的陳橋驛。陳橋是後周時代開封通往大名府的小驛站。

　　將士們抵達陳橋驛，苗訓的預言傳得越來越神了，弄得軍心浮動。安營紮寨的時候，有群官兵在河邊燃起篝火取暖。突然旁邊的梧桐樹上飄下一片黃絹。大家取來一看，只見上面寫道：「漢唐今何在？承者趙匡胤。小兒多誤國，點檢做天子。」現在有實物為證，軍中更加懸群情沸騰。穩重者想早做準備，以備不測；輕狂者更想抓住機遇，建功立業。

　　對於這一晚在陳橋驛發生的情況，相關史書的記載都是幾句話帶過。《五代史》說：「是夕宿於陳橋驛。未曙，軍變，將士大噪呼萬歲，擐甲將刃，推戴今上升大位，扶策升馬，擁迫南行。」《宋史本紀第一》說：「夜五鼓，軍士集驛門，宣言策點檢為天子，或止之，眾不聽。遲明，逼寢所，太宗入白，太祖起。諸校露刃列於庭，日：『諸軍無主，願

策太尉為天子。』未及對，有以黃衣加太祖身，眾皆羅拜，呼萬歲，即掖太祖乘馬。」綜合各方面的資訊，這場被稱為「陳橋兵變」的事件可以被大致還原如下：

身為劇目主角的趙匡胤在兵變的晚上並沒有參與策劃，據說是喝醉酒睡覺去了。

從表面看，兵變完全是官兵們的自發行動。被一個個預言所鼓動的官兵們整晚上議論紛紛。士兵既是國家的暴力支柱，又是容易被忽視的群體。大家擔心：「當今皇上年幼，不懂朝政。我們冒死為國家抵抗外敵，也沒人知道我們的功勞。倒不如先立趙點檢為天子，然後再北征。」官兵們希望透過擁立自己熟悉的將領稱帝來保障自己的利益。

這時，趙匡義、趙普等人就召集禁軍將領們專門開會討論。趙普從理論上總結了官兵們的情緒。他說：「興王易姓，雖云天命，實系人心。」改朝換代雖然是上天決定的事情，但實際上卻是人心在起作用。現在將士們要想長久地保富貴，擁立點檢趙匡胤為新皇帝是必然的選擇。趙普從將領們「長保富貴」的共同利益出發，提出了「興王易姓」的選擇，一下子獲得了所有將領的支援。

散會後，軍中更加情緒沸騰。有人喊：「趙點檢英武蓋世，是天下棟梁。不如先策點檢為天子，然後再北征！」

「皇帝年幼無知，不像點檢那樣了解我們的辛苦與功勞。」

「我們一塊找點檢去！」最後，官兵們都全副武裝，聚集在趙匡胤的大帳四周。

趙匡胤依然在熟睡，沒有被外面的喧囂叫嚷所驚動。

東方露出魚肚白的時候，趙匡胤終於被吵醒了，披衣走出大帳。官兵們列隊於四周，齊聲高喊：「諸將無主，願策點檢為天子！」不等趙匡胤開口，將領和親兵們就簇擁他到廳堂。這時，一件早已預備好的黃袍

罩在了趙匡胤的身上。

眾人隨即口呼「萬歲」，拜跪於地上。

趙匡胤最初的表現與武昌起義時的黎元洪非常相似，不僅推辭，還說：「你們這不是害我嗎？」趙普上前說道：「萬歲您素來愛兵如子，此次擁立如不應允，這些將校兵士將會落個大逆不道的罪名，死無葬身之地。萬歲您還是應允了吧！」

「我們衷心策立點檢為天子！」四周的將領官兵也都齊聲呼喊。

事已至此，趙匡胤裝得無可奈何的樣子，「只好」為部下的利益考慮，「替」大家去爭取榮華富貴了。趙匡胤畢竟不是一般的政治家，他利用大家急於改朝換代的心思，適時地提出：「你們想立我為天子，就必須聽我的命令。否則我絕對不應允！」將士們異口同聲地說：「我們願意聽皇上的！」趙匡胤說：「有兩條事情，全軍上下必須遵守。第一是返回京城後不得搶掠，不得騷擾百姓；第二，少帝和太后都是我曾經侍奉的，公卿大臣們都是我的同僚故友，全軍上下不得傷害他們。之前的改朝換代，都免不了血光之災。但是我們不能這樣，如有違反者，格殺勿論！」趙匡胤點出了五代十國時改朝換代的弊病，他公布的這兩條紀律保證了政變的成功。

在全軍同意這兩條紀律後，趙匡胤率大軍折回開封。

鎮守開封的是留守的禁軍石守信和王審琦的部隊。趙匡胤早就派親信郭廷斌祕密返回京城，與之約為內應。守備都城的石守信、王審琦等人一見大軍返京，主動開啟城門，對著趙匡胤三拜九叩起來。趙匡胤大軍列隊平靜地開進了開封。

禁軍從四面八方開進城裡的時候，開封城內的大小官員正齊集皇宮崇元殿前，與符太后和幼帝奏事早朝。把守午門的軍官將趙匡胤發起兵變的消息傳入朝堂的時候，大小百官手足無措，甚至有面如土色以至語無倫次的人。早朝秩序大亂。年輕的符太后被嚇得幾乎癱瘓在地，方寸

已亂，只是說：「全靠卿家去處理了。」說完，她撒手抱起小皇帝，哭著回後宮去了。

百官見狀，四散而去。當時的宰相范質匆匆走出午門，遇到一夥未來得及走散的官員，其中就有王溥。范質一把抓住王溥手腕，哭著說：「這次倉促派兵北征，釀成大亂。罪責在你我，怎麼辦，怎麼辦？」范質雙手抓得太緊，指甲切入王溥的手腕肌肉，痛得王溥大叫起來，繼而苦笑。范質見此，怕家眷危急，扔下王溥，跑回家照看家眷謀出路去了。

當時城中的將領只有侍衛親軍馬步軍副都指揮使韓通，在倉卒間想率兵抵抗。但韓通還沒有召集軍隊，就被巡城的趙匡胤親信王彥升的部隊所包圍。韓通大罵：「你們這群人貪圖富貴，有何面目見先帝於地下！我韓通絕不像你們一樣鮮廉寡恥。」一經交戰，韓通就被王彥升殺死。他成為了這次兵變中唯一殉難的周朝大臣。

陳橋兵變的將士兵不血刃就控制了後周的都城開封。

根據《舊五代史》的記載，在這天晚些時候，郭宗訓就下了禪讓詔書：「今上於是詣崇元殿受命，百官朝賀而退。制封周帝為鄭王，以奉周祀，正朔服色一如舊制，奉皇太后為周太后。」《宋史·本紀第一》的記載則詳細一點：「有頃，諸將擁宰相范質等至，太祖見之，嗚咽流涕曰：『違負天地，今至於此！』質等未及對，列校羅彥環按劍屬聲謂質等曰：『我輩無主，今日須得天子。』質等相顧，計無從出，乃降階列拜。召文武百僚，至晡，班定。翰林承旨陶谷出周恭帝禪位制書於袖中，宣徽使引太祖就庭，北面拜受已，乃掖太祖升崇元殿，服袞冕，即皇帝位。遷恭帝及符后於西宮，易其帝號曰鄭王，而尊符后為周太后。」

我們以《宋史》為藍本，結合《舊五代史》可以看出趙匡胤度過了相當繁忙的一天。大軍進開封後，趙匡胤除安排少數軍隊巡邏全城外，分令將士回營，自己回到家裡。不一會兒，將士們就押著宰相范質、王

溥等人趕來參見趙匡胤了。趙匡胤滿臉悲傷地告訴他們，自己迫不得已被披上了黃袍，違背了天地，才到了現在的地步。范質等人見趙匡胤以商量的語氣詢問，可能還想著斡旋一下。還沒等范質等人回話，趙匡胤手下的將領早已經手按重劍，環列這些文官四周，厲聲大喝：「我們這些人沒有君主，今天必須推出新的天子來！」秀才遇見兵，范質等人見這種陣勢，知道事情已經無法挽回，相視無言。

最後還是范質首先退到階下，向趙匡胤行君臣大禮。其他眾官也紛紛行起禮來。事已至此，大位已定。

趙匡胤很客氣地請各位官僚入座。范質斗膽問道：「皇上新即位為天子，不知道對幼帝如何處理。」趙匡胤還沒開口，在座的趙普就厲聲說：「自然應當傚法堯舜，舉行禪讓大典。捨此還能有他途嗎？」一群文官又是低頭無語。

趙匡胤最後總結道：「符太后和幼主都曾經是天下之主，你們各位都曾經臣事之。我們大家不能虧待他們。我早已經在軍中嚴令，優待柴氏家族不變。諸君不得騷擾輕慢。范公，就麻煩你召集百官，即日舉行禪讓大典吧。」范質、王溥等人慌忙行禮告別，去執行新皇帝交代的第一個任務去了。

當天范質、王溥等人就安排好一切。他們奏請符太后和幼主迴避別殿，讓出宮殿迎接新天子；同時召集文武大臣，參加禪讓大禮。趙匡胤隨即帶著趙普、潘仁美等親信在親兵的簇擁下進入宮中。宮殿中早已經是百官雲集，文臣以范質為首，武將以鄭恩為首，分列東西黑壓壓地環列殿前。一見趙匡胤到來，范質一揮手宮中樂曲驟起。范質、王溥親自扶趙匡胤到殿前站定。

樂聲停止，兵部侍郎竇儀走到趙匡胤面前，宣讀周幼帝禪位詔書：「天生蒸民，樹之司牧，二帝推公而禪位，三王乘時以革命，其極一也。予末

小子，遭家不造，人心已去，國命有歸。諮爾歸德軍節度使、殿前都點檢趙………稟上聖之姿，有神武之略，佐我高祖，格於皇天，逮事世宗，功存納麓，東徵西怨，厥績懋焉。天地鬼神享於有德，謳謠獄訟附於至仁，應天順民，法堯禪舜，如釋重負，予其作賓，嗚呼欽哉！祗畏天命。」

《舊五代史》中的這封詔書說了兩個意思：一個是後周承認自己已經失去了天下人心，現在能夠讓出皇位，如釋重負；第二個意思是說趙匡胤神武蓋世，功勳卓著，後周皇族自願將天下禪位給趙匡胤。

竇儀宣讀完，趙匡胤依例拜受詔書。隨後太監捧出黃袍侍候新天子更換，范質、王溥引導趙匡胤進入崇元殿登上御座，即皇帝位。趙普將在陳橋驛就已擬定的詔書取出當眾宣讀。新朝定國號為宋，因為趙匡胤此前擔任宋州歸德軍節度使；改年號為建隆，大赦天下，死罪以下罪減一等。詔書重申新朝優待周室，符太后改稱周太后，一切待遇不變，移居西宮；幼帝柴宗訓去除帝號，改封為鄭王，入西宮隨周太后居住。後周所有舊臣都依舊供職，當天在廣德殿大宴百官。

這一年是西元九六○年。

皇帝名位雖然在兩天內定了，但並不能說趙匡胤就真的坐穩了皇位。九五○年，也是河北軍報說契丹入侵，當時後漢朝廷派樞密使郭威率大軍北征。郭威軍隊抵達澶州（河南濮陽）時，郭威就發動兵變，自立為帝，回開封建立了後周政權。十年後趙匡胤領兵北征的時候，百姓們就覺得這是新兵變的前奏。「點檢作天子」的說法流傳很廣，更讓人們擔心當年兵變的翻版。當時京城就有流言說「出軍之日，當立點檢為天子」。開封城人心浮動，大為恐慌。一些官民還做了逃難的打算。因為五代十國的改朝換代總是伴隨著血雨腥風的大屠殺，百姓深受其害。趙匡胤雖然兩天內就奪取了皇位，但如何安定局勢才是最大的障礙。

趙匡胤雖然嚴令官兵不得騷擾暴行，還需要安撫那些前朝大臣、有

功將領和地方大員。趙匡胤即位沒幾日就升遷大批文臣武將。御弟趙匡義改名光義，封為晉王，鄭恩封為北平王；石守信為侍衛親軍副都指揮使、歸德軍節度使，高懷德為殿前副都點檢，張令鐸為馬步軍都虞侯、鎮安軍節度使，王審琦為殿前親軍都指揮使、泰寧軍節度使，張光翰為馬軍都指揮使、寧江軍節度使，趙彥徽為步軍都指揮使、武信軍節度使。其他有功將領，也都有升賞。范質、王溥、魏仁浦依然為相，並分別加以侍中、司空、右僕射的榮譽官銜；以趙普為樞密直學士，苗訓為翰林天文學士檢校工部尚書。有趣的是，趙匡胤厚葬反對兵變而死的韓通，追贈中書令的榮譽官銜，表彰他對後周皇室的忠心。對入京時，拒絕開城門的守城門官，官升三級；對開門迎降的守城門官，立即革職，永不敘用。開封大小臣工的情緒一下子就穩定了。

後周殿前副都點檢慕容延釗、馬步軍都虞侯韓令坤二人，在兵變時正領重兵屯駐在北方邊境。趙匡胤在兵變過程中及時地向二人通告情況。登基後，慕容、韓二人都送來賀表，表示擁戴。趙匡胤立即升慕容延釗為殿前都點檢、昭化軍節度使，韓令坤為侍衛馬步軍都指揮使、天平節度使。其他北方邊防將領韓重、孫行友、郭崇、王全斌等也都授予節度使的官職，仍令駐紮北邊防禦契丹。

各地節度使、州刺史們見狀紛紛上表稱賀，有的還申請朝見。趙匡胤一一照准，藉此撫慰地方官員，並厚加賜賞。

趙匡胤沒有對天下動屠刀，天下也就安穩地迎來了新朝新氣象。趙匡胤的皇帝算是坐穩了。正史都認為陳橋兵變是沒有預謀的，趙匡胤是天命所歸。但是近代史學研究表明：趙匡胤即位北宋再無出征，遼兵卻自行撤退；《遼史》也沒有當年南侵的紀錄；再加上軍中預備的黃袍、軍中草擬的禪位詔書、杜老夫人說「吾兒素有大志，今果然」等史實來分析，陳橋兵變應該是一起事先預謀的軍事政變。

功夫自在舞臺外

趙匡胤在十年裡實現了從平民到皇帝的身分跨越。

陳橋兵變基本上是一次和平兵變，既沒有縱兵大掠，也沒有喋血宮門，更沒有烽煙四起，兵連禍結，可謂是「兵不血刃，市不易肆」。除了趙匡胤等人精心籌劃、政治技巧出眾等因素外，趙匡胤掌握占絕對優勢的實力是最現實、最主要的原因。後周最強大的禁軍就掌握在趙匡胤手中，握有兵權的多數將領也都被籠絡在了趙匡胤周圍。正是因為超乎強大的軍事實力和將領支援，使得趙匡胤給了後周朝廷一個措手不及，朝廷大臣和京城百姓們也沒有受到太多驚擾和傷害。這又反過來使趙匡胤的登基顯得名正言順，眾望所歸。趙匡胤主導的兵變以最小的代價取得了最大的成功。

五代十國是古代歷史上最黑暗、最動盪的時期。短短的半個世紀時間裡中原經歷了五朝八姓十四位皇帝。在南方和山西，十個割據政權稱霸一方。他們都是唐朝後期膨脹的軍閥和兵強馬壯的將領勢力。臣殺君、君殺臣、兵掠民的現象時時刻刻都有。

趙匡胤登基後見母親杜老夫人老是悶悶不樂的，奇怪地問母親：「母親，兒子我都作了皇帝了，您還有什麼不高興的呢？」杜老夫人說：「你難道沒見過這幾十年來，登基稱帝的人數以十計嗎？做皇帝不見得是好事。」母親的一句話不禁讓趙匡胤渾身冒冷汗。

趙匡胤於是召見趙普詢問道：「唐亡以來的幾十年間，八姓稱帝。生靈塗炭，民不聊生，這是什麼原因呢？我想讓大宋王朝長治久安，趙氏家族永享天下，那應該怎麼辦呢？」這是每個新登基的皇帝，尤其是久亂之後的開國君主不可避免的難題。

趙普回答說：「方鎮太重，君弱臣強。這是天下動盪的根源。皇上想長治久安必須抑制掌握兵權的將領，削奪他們的兵權，管制他們的谷錢，收編他們的精兵。那樣天下自然就安定了。」

趙普這番話讓趙匡胤瞠目結舌。趙匡胤問：「卿家的話過重了吧。現在朝廷各位將領都跟隨我多年，很多人都是我的拜把兄弟。他們不會背叛我的吧？」

趙普冷冷地說：「皇上您不也是周世宗的親信嗎？萬一哪一天，朝廷各位將領的親兵們也將黃袍披在他們身上呢？到時候就由不得他們了。」

趙普的第二番話讓趙匡胤不寒而慄。聯想到自己被部將親信擁立的經歷，聯想到擁立自己的將帥和拜把弟兄有的是禁軍的高階將領，掌握著全國最精銳的部隊，如慕容延釗、韓令坤、石守信等人；還有的自恃擁立有功，已經出現不服管制的跡象，趙匡胤於是下定了削奪眾將兵權的決心。

九六一年的一個秋夜，皓月當空。

趙匡胤在宮中準備盛宴，以飲酒歡歌為名，要求石守信等手握重兵的將領聚會。酒過三巡之後，趙匡胤屏退左右，對石守信等人說：「各位兄弟，如果沒有大家的幫助，我也沒有今天。謝謝各位。但我覺得這當天子的日子還不如節度使快樂。從登基到現在，我是沒睡過一個安穩覺，時刻擔心啊。」石守信等人忙問緣由。趙匡胤說：「誰不覬覦天子的寶座，誰不想當皇帝啊？」

石守信等人聽後大驚失色，慌忙問道：「大位已定，誰還敢有異心？」

趙匡胤說：「我相信各位都沒有異心，但你們部下中有些貪圖富貴的小人。如果哪天，那些小人也把黃袍加在你們身上，難道還容許你們說不嗎？」

將領們一聽這話全都慌忙離席跪地叩首：「臣等沒有想到這些，請陛下指一條生路。」

趙匡胤說：「人生在世，彷彿白駒過隙，轉眼即逝。大家還不如積蓄錢財土地，替子孫後代著想，讓家族永遠興旺。軍旅勞頓，大家何不放棄兵權，出守地方，營建百世基業，自己享福，子孫也享福啊。我再同你們結成兒女親家，君臣無猜上下相安。大家以終天年，這不是很好嗎？」

石守信等人回家輾轉反側了一晚，第二天紛紛以年老、生病、家務等各種理由主動要求辭職，解除兵權。趙匡胤自然是一番挽留，大為安慰，但還是同意了將領們的辭職，給各位加以節度使的虛銜，出守地方，並大加賞賜。這就是歷史豔稱的「杯酒釋兵權」。

趙匡胤還乘機改組軍事機構，防止出現新的軍事將領。殿前都點檢因為是皇帝擔任過的職位，被永遠虛置。趙匡胤還撤消了大批軍職，人為地製造了一套複雜的軍事指揮系統，以職位低下的軍官和文官指揮軍隊；皇帝直接執掌全部兵權。同時趙匡胤「強幹弱枝」，把重兵、精兵布防在京師，削弱地方兵力，使地方部隊無法同中央相抗衡。從此兵強馬壯者當皇帝的情況一去不復返了。陳橋兵變因為將領掌握重兵而成功，也以他們被解除兵權作為尾聲而結束了。

再說那個禪讓皇位的後周幼帝，被移居在西宮，由符太后收養，頭頂著鄭王的封爵。趙匡胤下令恢復周世宗柴榮本姓，鄭王郭宗訓也改稱柴宗訓。三年後，柴宗訓出居房州。朝野稱他為「周鄭王」。「周」指的是前朝，「鄭」是新朝給他的封號。

宋朝皇室對柴氏家族是真正的厚待。趙匡胤死時在內宮的石壁上刻有三事，要求子孫後代必須嚴格遵守。這塊石壁只有皇帝一個人能夠看。每當新君繼位時，宮中挑選一個不識字小太監陪同新皇帝進密室觀看石壁。後來金軍占領開封的時候，皇宮陷落，無人看守。好事者斗膽看到這塊石壁，三件事分別是：不得加害柴氏後人；不得殺害士大夫和

上書言事之人；不加田賦。宋朝歷代君主始終遵守這三條祖宗遺訓。

西元九七三年的春天，年輕的柴宗訓的生命走到了盡頭。當年身為藩王駐守地方的時候，他還是不記事的兒童，在經歷了十三年「位在諸王之上」的「遜帝」生活後離開了人世。

《宋史》對此記載非常簡單：「三月乙卯朔，周鄭王殂於房州，上素服發哀，輟朝十日，諡曰恭帝，命還葬慶陵之側，陵曰順陵。」趙匡胤聽到柴宗訓的死訊後，親白穿素服哀悼。朝廷停止朝會十天。柴宗訓死後，被稱為「周恭帝」，葬在父親的慶陵旁邊。周恭帝的陵墓被稱為「順」陵。

《舊五代史》的記載相對詳細：「皇朝開寶六年春，崩於房陵。今上聞之震慟，發哀成服於便殿，百進名奉慰，尋遣中使監護其喪。」《續通鑑長編》：「開寶六年三月乙卯，房州上言，周鄭王殂，上素服發哀，輟視朝十日。以其年十月，歸葬於世宗慶陵之側。詔有司定諡曰恭皇帝，陵曰順陵。」《續通鑑長編》：「仁宗嘉祐四年，詔有司取柴氏譜系，於諸房中推最長一人，令歲時奉周祀。」可見趙匡胤不僅為柴宗訓的死痛哭，而且還派官員全程處理葬禮。因為柴宗訓非常年輕，沒有留下子嗣，後周皇室一度絕後了。到了北宋仁宗嘉祐四年（一〇五九年），朝廷從柴氏族譜中挑選年長的孩子繼承後周皇室，年年祭祀。傳說北宋政府給予了柴氏家族「鐵券丹書」，世代厚待。《水滸傳》中的柴進就是柴氏後人。

九七三年三月的一個晚上，外禪制度下的最後一個遜帝走了，外禪制度也就徹底走進了歷史。

古代中國式禪讓的真實面目

　　從禪位——受禪角度看中國古代歷史，我們會發現一個略顯「另類」的古代史。在驚奇於這段歷史的同時，我們會遺憾地發現自己之前對這一領域的忽視。在本書的最後，我們要一起回顧一下中國的禪讓傳統和其中的步驟、規律。

古代中國的「禪讓傳統」

原始的禪讓是傳說中上古時期的制度，最早記載在《尚書》之中。舉行禪讓時，部落中每個人都來推舉首領，少數服從多數。相傳堯為部落聯盟領袖時，四嶽推舉舜為繼承人。堯對舜進行了三年考核，讓他代理政事。堯死後，舜繼位，用同樣的程序，將大位禪讓給治水有功的禹。禹繼位後，又舉皋陶為繼承人。皋陶早死，禹又以伯益為繼承人。但禪讓制到禹時就終止了。因為禹的兒子啟公然破壞禪讓制度，建立了家族王朝——夏。

這種把帝位傳給聖賢，不傳給子孫的做法，大公無私，光明磊落。後世對遠古聖賢的禪讓十分推崇。孔子歌頌堯道：「唯天為大，唯堯則之」。又稱讚「舜、禹之有天下也，而不與焉。」孟子對禪讓制度的終結做了進一步解釋。他說，堯要禪位給舜，堯逝世以後，舜避到南河之南去，但是天下諸侯和人民不去找堯的兒子丹朱，卻去找舜。這就是民心所向，民心代表天意。舜禪位給禹，也是這樣。但是，禹要禪位給益，禹死以後，益也避到箕山之陰，天下諸侯和人民去找禹的兒子啟，而不找益。這樣，益未能登上天子的寶座，而啟自然繼承了帝位。按照現代的觀點解釋，孟子認為禪讓本質上還不是由少數聖賢決定的，而是真正的「多數決」，是民心決定天下的歸屬。大位是「天與之」，「民受之」。

儘管也有後人一直對禪讓的真實性存在爭議，但學理上的爭論通常不為政治實踐所重視。歷史上的政治人物選擇了扶持孔孟一派學說的政策，備加「推崇」聖賢禪讓（注意：不是真正的多數決，而是少數決），並一再應用於王朝更替的實踐。當臣子的，看重禪讓所包含的權力轉移的巨大誘惑，打著禪讓的旗號，請在位的皇帝退位，這樣既避免了「不

忠」的罵名，又給自己臉上貼上了「眾望所歸，民心所向」的金子。

從啟建立夏朝到宣統遜位的四千多年的歷史長河中，除了北魏、遼、金元、清五個少數民族建立的王朝和商、周、秦朝、兩漢和明朝是透過金戈鐵馬的征伐建立的之外，其他的王朝在法律上都是和平繼承前朝的統治而建的。漫長的禪讓歷史和高頻率的禪讓事件是值得我們思考的現象。

禪讓制如此有魔力，以至於該制度瀰散到各種權力轉移過程中，紛繁複雜。本書中所說的禪讓制特指最高權力更迭、導致山河色變的一種方式。具體而言，禪讓是指在位君主將最高統治權讓給他人。禪讓的形式可以是自願的，也可能是受脅迫的；禪讓的對象，可以是家族成員，也可以是外姓臣僚。如果權力禪讓給了同姓血親，我們稱之為「內禪」。內禪發生後，先王被尊稱為「太上皇」，朝代如故。內禪儀式平穩，無須修建受禪臺。如果登上受禪臺的是外姓人，我們相對稱之為「外禪」。外禪發生，皇室廢，國號易。

「古史傳說中的禪讓故事，以魏惠王欲禪讓於惠施為發端，宋太祖黃袍加身為終結，成為相對和平地交接政權的主要方式。從形式上，禪讓可以分為外禪和內禪兩種。外禪是指皇帝將皇位拱手讓與外姓異氏。內禪則是指皇帝在世時將皇位傳給繼承人，繼承人必須是皇帝親子或同姓宗族之子。兩者之間最大的不同點就是內禪並沒有改變國祚。從外禪的歷史發展脈絡來看，大致可分為兩個歷史階段：前期是禪讓學說時期，戰國諸子以堯舜禪讓、舜禹禪讓為依託，在歷史敘述的基礎上形成了一套完整的理論。後期則是禪讓制度時期，禪讓學說被摒棄，成為陰謀家手中的權術。其程序也被固定下來。」

古代中國是富有「禪讓傳統」的國家。

汗牛充棟的史籍中，遍布禪讓（本書在具體的論述中，禪讓專指外

禪）往事。清風吹過，一件件一樁樁地飄散而出：

傳說在春秋時期，古蜀國發生了一件怪事。有具屍體沿著長江從下游的荊楚之地逆流而上，來到郫都，竟然起死回生爬上岸來。這個來歷蹊蹺的怪人向驚訝的當地人自稱名叫「鱉靈」。執政的蜀王杜宇非常好奇，召見了鱉靈，被他的口才所打動，任命他為宰相，負責治理當時四川地區猖獗的洪水。鱉靈上任後，率眾鑿開巫山，疏通了被堵塞的河道，徹底平息了蜀國的水患，讓百姓安居樂業。杜宇見鱉靈功勛卓著，威望震天，對比自己的德低望輕便主動將王位禪讓給了鱉靈。鱉靈即位後自號「開明氏」，子孫延續了十二代，直到被翻山越嶺而來的秦國大軍消滅。禪位後的杜宇隱居在西山之中，後來又化為子規鳥，成為現代杜鵑鳥的祖先。這段傳說成為之後儒家推崇的經典，成為禪讓大戲的標準劇目。

但是現代研究表明杜宇禪讓不是真實的歷史。鱉靈是來自兩湖地區的原始部落首領，帶著部落人民進入四川。他的部落勢力不斷增長，尤其是鱉靈成功治理了水患，得到了蜀人的擁護，最後取代了原來的統治者杜宇。我們無法證明當時是否發生了大規模的權力爭奪戰爭，但是開明氏的統治者一直聲稱他們的權力是杜宇禪讓給他們的。

其實在春秋時代的中原地區，禪讓行為是真實存在的。根據呂思勉先生的統計，伯夷、叔齊、吳泰伯、曹隱公、宋宣公等人都有過禪位的舉動。西元前三三八年，秦孝公重病不起時就曾想禪位給商鞅，後者堅絕不敢接受。西元前三一六年，燕王將國君之位禪讓給丞相子之，並且「收印自三百石吏而效之子之」。子之南向稱王，而燕王稱臣，國事都決於子之。這是有史可查的最早的付諸行動的禪讓行為。遺憾的是，禪讓並沒有帶給燕國任何好處，相反三年後燕國大亂，齊國幾乎消滅了燕國，燕國的禪讓以失敗告終。

統一的中央帝國建立後，第一個實踐禪讓的是王莽。西元八年，西漢的孺子嬰禪位給新朝的王莽，新朝取代西漢。王莽為了裝點禪讓的門面，做足了工作，也付出了沉重的代價。儘管後世有人推崇他的理想主義和改革精神，但多數人將他釘到了屈辱柱之上。

二二〇年，東漢獻帝劉協禪位給曹魏文帝曹丕，魏代東漢。

二六五年，曹魏元帝曹奐禪位給西晉武帝司馬炎，西晉代魏。

這時候的禪讓多少保持著一點神聖和嚴肅。隨著三國之後的亂世開始，禪讓逐漸成為一種政治遊戲，規則被固定化、現實化、公開化，失去了之前的神聖和嚴肅。南北朝時期的禪讓在險惡的政治黑幕中將人性陰暗的一面淋漓盡致地展示出來。內憂外患不斷的形勢將權臣和軍事強人推上了政治舞臺，而不爭氣的末代皇帝們又給那些野心勃勃的權臣有機可乘。一模一樣的重複，無休無止的陰謀和殺戮讓人厭倦。儘管禪讓使得這些黑幕半遮半掩，但天下對這些遊戲規則和把戲一目瞭然。這時期也是中國皇權最低落的時期。

四二〇年，東晉恭帝司馬德文禪位給南朝宋武帝劉裕，宋代東晉。

四七九年，南朝宋順帝劉準禪位給南朝齊高帝蕭道成，齊代宋。

五〇二年，南朝齊和帝蕭寶融禪位給南朝梁武帝蕭衍，梁代齊。

五五七年，南朝梁敬帝蕭方智禪位給南朝陳武帝陳霸先，陳代梁。

五五〇年，東魏孝靜帝元善見禪位給北齊文宣帝高洋，北齊代東魏。

五五七年，西魏恭帝元廓禪位給北周孝閔帝宇文覺，北周代西魏。

五八一年，北周靜帝宇文衍禪位給隋朝文帝楊堅，隋朝代北周。

六一八年，隋恭帝楊侑禪位給唐高祖李淵，唐朝代隋朝。

唐宋時期，禪讓逐漸走入了歷史。對禪讓的過度使用讓天下人厭倦了其中的虛偽和凶殘。遼人有首〈伎者歌〉唱道：

百尺竿頭望九州，前人田土後人收。

後人收得休歡喜，還有收人在後頭。

儘管還有九〇七年，唐哀帝李柷禪位給後梁太祖朱溫，後梁代唐；九六〇年，周恭帝柴宗訓禪位給宋太祖趙匡胤，北宋代後周，但這兩次可算是外禪制度的絕唱。

西元九七三年的春天，年輕的柴宗訓的生命走到了盡頭。當年被移出皇宮的時候，他還是不記事的兒童，在經歷了十三年「位在諸王之上」的「遜帝」生活後，過早的離開了人世。《舊五代史‧周本紀》記載：「皇朝開寶六年春，崩於房陵。今上聞之震慟，發哀成服於便殿，百僚進名奉慰，尋遣中使監護其喪。以其年十月，歸葬於世宗慶陵之側。詔有司定諡曰恭皇帝，陵曰順陵。」《續通鑑長編》的記載與之相似：「開寶六年三月乙卯，房州上言，周鄭王殂，上素服發哀，輟視朝十日。」

外禪制度下的最後一個遜帝走了，受禪臺也就走進了歷史。

中國式禪讓的五大步驟

　　說了這麼多，那麼禪讓到底怎麼進行的呢？中國式的禪讓主要有五大步驟。

　　有心受禪的權臣首先必須完全掌握朝廷大權。實力永遠是通向皇帝寶座最有效的籌碼。權力的最明顯表現就是要位居高位。權臣們往往或稱相國，或擔任大司馬大將軍，掌控朝政。

　　南北朝之後，相國、大司馬、大將軍等逐漸成為虛職，因此從劉裕到李淵的幾代權臣都擔任了「都督中外諸軍事」的職務。這個名號聽起來就很嚇人，擔任了它就意味著你把兵權抓到了手裡。東漢末以來中國歷史新增了「假黃鉞」、「使持節」兩種稱號。黃鉞和節都是天子專有之物，大臣被允許使用這些禮節就意味著可以擁有天子的威風，甚至可以代天子行事了。少數民族建立的北朝則有「大塚宰」的官稱。大塚宰類似於後世的總理。而南朝則有一個「總百揆」的稱號，也就是總理一切事務的意思。

　　除了擔任中央宮職，權臣還需要將一些重要的地方官職和軍職抓到手中。比如東晉的桓溫、劉裕等都兼任過揚州、徐州、荊州等重要地區的州牧。對於割據江南的南朝來說，這些地區是主要的財政和軍力來源地。掌握了它們，也就掌握了國家的命脈。南朝之後還有一個重要的現象，就是禁衛軍在禪讓中扮演了越來越重要的角色。從劉裕到趙匡胤的歷代權臣，都重視禁衛軍兵權的得失，有些還直接兼任了禁衛軍的軍職。

　　周禮規定天下爵位分為：天子、公、侯、伯、子、男。一個人如果想成為天子，自己必須先成為貴族，在爵位的階梯上逐步上升。秦始皇之後，公爵之上又多了一個王，天子換成了皇帝。因此貴族等級實際上

變成了七級。在登基之前，權臣必須將自己的爵位盡量往前提升。

劉邦在世的時候規定漢朝非劉氏不得封王。後世執行得更嚴格，連公爵都沒有封給外姓之人。雖然在大一統的格局下，封爵並不表示受爵人可以直接裂土分治，但擔任爵位畢竟在名義上擁有了封地。獲得相應爵位的貴族還可以「建國開府」，擁有獨立的官僚班底和根據地。這是中央王朝不能容忍的。但是權臣才不管這些呢。王莽受封安漢公的時候，野心昭然若揭。曹操受封魏公時，以河北膏腴之地十個郡作為封地建立了國中之國。在這些權臣的封國內官職制度都和朝廷相同，人事權獨立。南北朝時期的權臣封王還有「王國制度，一如天朝」的慣例。這也就意味著該權臣已經建立了與皇帝完全相同的下屬和制度，只是微型的而已。一旦受禪，封國的人事和制度可以馬上替代原有的朝廷，輔助完成最高權力交接。

一旦一個大臣開國建制，也就意味著他表明了禪代之心，離皇帝寶座不遠了。

在地位上向皇帝靠攏後，權臣還要在待遇上向皇帝靠攏。直白的說，就是要提前享受皇帝專有的待遇。最常見的表現就是要求皇帝給自己「加九錫」。

周禮曰：「禮有九錫。」這裡的九錫是天子賜給諸侯、大臣中有殊勛者的九種禮器，是最高禮遇的表示。錫，通「賜」字。九錫分別是：車馬、衣服樂、朱戶、納陛、虎賁、斧鉞、弓矢、鬯。在歷史發展中，這九樣東西略有改變。這些對象有天子專用的格式歷史上的大臣往往為了避嫌，嚴防使用這九樣東西。譬如李嚴曾向諸葛亮勸進受九錫，諸葛亮雖然掌握蜀漢大權，但也斷然拒絕。在君權高漲的時候，大臣貿然使用天子器物，是殺頭的大罪。但是對有心篡位的權臣來說，它們則成為了身分和決心的象徵，象徵意義遠遠大於實際使用意義，表示自己承天命之意。

　　與九錫相配套的，還有羽葆鼓吹，班劍甲仗等儀仗，出警入蹕等特權待遇。前者也是帝王出巡的時候專用的。「出警入蹕」中的「警」是警戒的意思；「蹕」指的是帝王出行時，開路清道，路過的地方嚴加戒備。從字面上就可以看出享受這些待遇的人出入時的動靜和威儀了。

　　此外，權臣在朝堂上還有三項特權待遇：「劍履上殿」即可以攜帶武器、不脫鞋子進入宮廷，於是在廷議的時候只有皇帝與權臣兩人攜帶武器、穿著鞋；「朝覲不趨」說的是權臣可以在朝堂上悠閒地慢走，而一般情況下大臣是需要弓著背，在朝堂上快走的；「贊拜不名」就是說通常皇帝和值星官對大臣直呼其名，但對權臣卻不稱呼名字，而稱呼官職和姓氏。有了這三項殊禮，除了服裝的差別外，權臣和皇帝在宮殿上的待遇就一致了。

　　權臣還要將特殊待遇延伸到家人身上。東漢後，諸侯王的妻子和繼承人分別稱為「王妃」、「世子」；權臣往往讓皇帝下令給予自己「王妃曰后，世子曰太子」的待遇，也就是說將自己的妻兒分別叫做「王后」、「王太子」。此外，從劉裕開始，權臣在登基之前就以舊朝的名義大規模追封自己的先輩，追封祖宗為王公大臣，還按照諸侯的禮儀建立五廟，完全與天子類似。值得注意的是朝堂雖然給予權臣各種特殊的待遇，但是為了表示謙讓，權臣需要先推辭好幾次，才慢慢接受。

　　祥瑞又稱「符瑞」。如天現彩雲、風調雨順、禾生雙穗、地出甘泉、奇禽異獸出現，等等。儒家認為這是表達天意的、昭示現實的自然現象；朝廷非常重視收集研究祥瑞，正史中多有專設的《符瑞志》記載前代或歷代出現的祥瑞。

　　古代祥瑞種類繁多，大體分為五個等級。最高等級的祥瑞是「麟鳳五靈，王者之嘉瑞也。」（五靈分別為「麒麟、鳳凰、龜、龍、白虎」）此後分別為大瑞（泛指各種自然現象，也包括一些人們想像的根本不存

在的自然現象。如：甘露降、日月合璧、江出大貝、枯木再生）、上瑞（泛指各類動物，如白狼，赤兔等）、中瑞（各種飛禽）、下瑞（各類奇花異木及嘉禾等）。大臣官員往往把發現祥瑞當作自己的政績，因此祥瑞的種類越來越多，甚至出現了許多弄虛作假的情況。後來增加的祥瑞品種還有銅鼎、銅鐘、玉磬、玉璧等禮器，這些都被歸為「雜瑞」。比如玳瑁、珊瑚、比目魚、赤魚、神鼎、丹甑、玉甕、瓶甕、玉英、玉琮、白毛龜、白魚等，不勝列舉。

每一個權臣篡位前，都會組織一批祥瑞在全國各地出現，暗示自己的政績和即將到來的改朝換代。因此祥瑞的出現逐漸失去了儒家所認為的現實意義，相反越是政治黑暗的時期出現的祥瑞越多。儒家開始反對刻意尋找祥瑞，揭露出許多造假行為。唐太宗李世民時期，朝廷下令之後發現的祥瑞一般不再向中央政府報告。但直到清末，祥瑞的象徵意義在中國政治上依然存在。

除了祥瑞，還有諸如童謠、傳言之類輿論製造工具。比如《南史》的蕭道成本紀中不僅記載了蕭家祖墳冒青煙、讖言童謠、龍影朦朧等等吉兆，還說蕭道成在夢中遇到神人，神人告訴他「子孫當昌盛」。現在看來，這些所謂的祥瑞傳聞和吉兆其實都是虛假的。

萬事俱備後，就是皇帝被迫下詔，自己說自己的不好，承認天命已經轉移到了下一家，「主動」禪位給權臣。於是浩浩蕩蕩的貴族百官恭請權臣即位的鬧劇就開始了。為了表示謙讓，受禪者即使迫不及待，也要再三表示自己德行不夠，退讓掉皇位。然後群臣發動更大規模的勸進活動，天文官們一再陳述天象變遷，直到受禪者同意。歷史上只有陳霸先因為形勢所迫，沒有再三推讓，在幾天內就完成了這一步驟。

之後舊朝開始修築受禪臺。吉日到了後，新皇帝登壇受禪，公卿、列侯、諸將、四夷朝者成千上萬人出席見證。當場會舉行告天地儀式，

向上天傳達地上的王朝更迭情況。新皇帝再宣讀即位詔書，遜帝和眾大臣跪聽。最後新皇帝回皇宮，正式登基稱帝，封賞群臣。整個禪讓過程才算結束。

　　這五大步驟在每一次禪讓過程中都能夠尋找到。即使是再倉促的奪權也要將這五個步驟一一走一遍。隨著歷史變遷，禪讓逐漸程序化，各個步驟的間隔和花費的總時間日益降低。禪讓在古代歷史上有「便攜化」的趨勢。

中國式禪讓的五大規律

　　古代歷史上，忠君是臣子的鐵律。身為臣子的如何才能奪取皇帝的天下呢？這就需要在意識形態上找到突破口，為禪讓提供合理有效的理論學說。五德終始說在中國歷史上為王朝更迭提供合法依據，是歷代帝王信奉的理論學說。戰國中期鄒衍將五行相剋運用於政治分析，創立了此說；秦始皇借用此說來彌補法家思想缺少政權更迭和自然根據的不足。西漢中後期禪代之說興起，大學問家劉歆根據五行相生關係重新排列古代帝王系統，創立新五德終始說，成為「禪讓」式政權更迭的理論依據，沿用達千年之久。在這個理論分析中，每個王朝代表一個「德」。其數量不是固定的，是會消長的，會被新的「德」所取代。這個替代的過程是上天的意思，不能違背。篡位者所需要的就是證明自己就是新的天命的代表。

　　受禪者常用的手法就是往自己臉上貼金。比如為受禪者扯上耀眼的血緣關係。《宋書·武帝本紀》就說劉裕是漢高祖劉邦弟弟楚元王劉交的後代，還詳細記載了他顯赫的家族世系表：「交生紅懿侯富，富生宗正闢強，闢強生陽城繆侯德，德生陽城節侯安民，安民生陽城釐侯慶忌，慶忌生陽城肅侯岑，岑生宗正平，平生東武城令某，某生東萊太守景，景生明經洽，洽生博士弘，弘生琅邪都尉悝悝生魏定襄太守某，某生邪城令亮，亮生晉北平太守膺，膺生相國掾熙，熙生開封令旭孫，旭孫生混，始過江，居晉陵郡丹徒縣之京口裡，官至武原令。混生東安太守靖，靖生郡功曹翹，是為皇考。」《南齊書·高帝本紀》也記載了蕭道成的顯赫家世。實際上，劉裕出身於城市貧民家庭，蕭道成是落魄的南逃地主出身。由於年代久遠，要想證明權臣所列的世系的虛假性，難

度很大。

除了在血緣上做假外，一些人還在相貌上為受禪者鼓吹。隋朝的李德林《天命論》中說楊堅「帝體貌多奇，其面有日月河海，赤龍自通，天角洪大，雙上權骨，彎回抱目，口如四字，聲若釧鼓，手內有王文，乃受九錫。昊天成命，於是乎在。顧盼閒雅，望之如神，氣調精靈，括囊宇宙，威範也可敬，慈愛也可親，早任公卿，聲望自重」。大意是說楊堅長得很大氣，威武雄壯。李德林還將楊堅的身上特徵都和天命、日月等敏感事物聯絡在一起，極力論證楊堅的形象就注定了他必將成為皇帝。

當然了，最好的輿論準備工作就是卓越的政績。但這些虛假的宣傳也能在很大程度上迷惑百姓，達到輿論準備目的。

古代中國人多少是迷信的。從平民到天子的角色轉換多少讓人難以接受。即使是在政治的腥風血雨中搏擊起來的權臣也一時難以下定篡位的決心。

曹操挾天子以令諸侯，幾乎是自己重新打下了漢朝的江山。經過仔細權衡後，他最終還是放棄了受禪的計畫，將自己定位為周文王。曹操勢力壯大後，關於曹操有不臣之心的傳言就一直沒有斷過。對於自己與朝廷的關係，曹操在建安十五年（二一〇年）十二月公開發表了一篇《讓縣自明本志令》集中解釋了自己與漢室的關係。曹操先解釋了自己的志向：

「四時歸鄉里，於譙東五十里築精舍，欲秋夏讀書，冬春射獵，求底下之地，欲以泥水自蔽，絕賓客往之望，然不能得如意。」

「後徵為都尉，遷典軍校尉，意遂更欲為國家過賊立功，欲望封侯作征西將軍然後題墓道言『漢故征西將軍曹侯之墓』，此其志也。」

曹操說自己年輕的時候只想為國奉獻建功立業。如果自己死後沃下還有能記得他這個「征西將軍曹侯爺」他就很高興了。但是天意弄人，

歷史卻把他推上了政治的風口浪尖，縱橫天下。曹操毫不謙虛地概括自己的功績：「設使國家無有孤，不知當幾人稱帝，幾人稱王。」曹操的確為漢朝做出了巨大的貢獻，為漢朝延續了二十多年國祚。

那麼有人就說了，現在曹操你功成名就了，應該退休歸政了。曹操於是說道：「然欲孤便爾委捐所典，兵眾以還執事，歸就武平侯國，實不可也。何者？誠恐己離兵為人所禍也。既為子孫計，又已敗則國家傾危，是以不得慕虛名而處實禍，此所不得為也。」他說，自己不能回到封地武平縣去。因為自己的仇人太多了，為了自己的安全和子孫的利益著想，曹操不能放棄兵權和政權回家閒居。這可能是每個權臣共同的困境：權臣最後不得不透過加強集權來保障自己的利益甚至是最基本的人身安全。功成名就退隱山林的做法往往是曹操說的「得慕虛名而處實禍」。

整篇文章，曹操的說法的確在情理之中。他承認自己是權臣，承認自己的功績，也明確表明自己不會放權。有人說他是在向群臣暗示自己不會放棄軍政大權，並且要世代相傳的決心，是對天下的變相試探。這恰恰反映了一代梟雄晚年的困境。

南朝的蕭衍在關鍵時刻也猶豫不決，最後是親信沈約的勸說堅定了他篡位的決心。沈約勸進說：「現代與古代不同了，不可以用純樸的古風來要求當今社會了。士大夫們攀龍附鳳，都有建功立業的心思。現在連兒童牧豎都知道齊朝國祚已終。明公您正應當承其運。天文讖記都證明天心不可違，人情不可失，即使出現一些劫數，也是不得已的事情。」沈約這段冠冕堂皇的說辭，徹底打消了蕭衍的君臣大義和忠孝禮儀。蕭衍最終下定了篡位的決心。

還有些權臣苦於不能明確表達自己的野心。南朝的劉裕最後就處在極想受禪又難以啟齒的尷尬中。四二〇年，劉裕不甘心。他覺得受禪的

時機已經成熟，而且自己已經是五十八歲的老人了。一生的征戰讓劉裕遍體鱗傷，身體情況並不好。劉裕相信自己一定會在生命的時間長跑中輸給新皇帝司馬德文。因此他急於在有生之年稱帝。但是下面的大臣們卻沒有再出現劉穆之那樣知道他心意的。也許他們覺得主子剛扶立了一個新皇帝不到一年，不會馬上受禪登基的。或許還有人以為他要做第二個曹操和司馬昭。

於是他想了個方法，召叢集臣宴飲。席間，劉裕感嘆說：「祖玄篡位的時候晉室痛命發生移動。我首倡大義，興復帝室，南征北戰，平定四海，功成名就。於是我接受皇上的九錫之禮。現在，我也進入了遲暮之年，身分尊貴至此，生怕物極必反，不能久安。因此我計劃奉還爵位，歸老京師。」劉裕這番話的表面意思是回顧一生的成就，感嘆自己的遲暮之年。他宣稱退休養老的意思自然是裝出來的，實際上是希望群臣向他勸進。正如劉裕擔心的，自己已經位極人臣，一人之下，萬萬人之上，但也不是什麼好事，很容易物極必反。他想再進一步，不僅是自保的手段，也是胸中之志的展現。可惜大臣們都只理解了劉裕講話表面的意思，紛紛爭相拍馬屁，盛讚宋王的功德。只有中書令傅亮在回家的途中，突然靈光閃現，理解了劉裕的真實意圖，從而幫助劉裕順利達到了目的。

知識分子是文化知識的傳承者，不僅掌握著知識，而且被許多人視作天下良心所在。在古代歷史上，知識分子群體的分化非常嚴重。歷史上總是會出現一些慷慨激昂、清潔自守，以「留取丹心照汗青」為目標的知識分子；但多數知識分子是在舊的政治體制中成長起來的，是穩定秩序的維護者。後一群體往往在禪讓過程中成為受禪者的同盟軍。受禪者必須爭取後一批人的支援，才能完成禪讓的許多程序，才能製造出轟轟烈烈的輿論來。

　　前文提到過的劉歆就是王莽禪讓過程中的功臣，為王莽的受禪提供了強大的理論支援。遺憾的是知識分子卻進不了真正的權力核心。劉歆在新朝的地位既不如王莽族弟王舜，也無法與甄豐、甄邯等人看齊，甚至趕不上被稱作王莽黨羽的孫建。沈約的命運比劉歆好一點，但也處於痛苦的心靈煎熬之中。沈約是在南朝著名文學家，是能夠寫入中國文學史的文豪級人物。他與蕭衍並列為「竟陵八友」之一。南齊末年，沈約積極參預蕭衍的篡位活動，即位詔書就出自他的手筆。但有一次，蕭衍登基後因事嚴厲斥責了沈約，罵他：

　　「你說說，你是忠臣嗎？」這句話勾起了沈約埋藏很深的神經。回到家，沈約大病一場。他經常夢見被蕭衍殺死的齊和帝來找他算帳。齊和帝牌舞灌寶劍要割沈約的舌頭責備沈約這些文人誤國誤民。沈約求助於巫師，回：「你裝的是何方鬼怪？」巫師說：「大人的夢是真的！並非鬼怪作祟。」沈約慌忙辦起法場，親自給玉皇大帝寫奏章。奏章大意說：禪代之事，沈約身不由己，請上天放過我！

　　知識分子一方面需要參與現實政治實現自己的價值，但另一方面又不願意出賣自己的靈魂。沈約這種處於夾縫中的矛盾心態可以說是文人參與禪代的典型心理。

　　遜位的皇帝雖然被規定享有崇高的地位和優越的待遇，但是受禪者通常對他們抱有深深的懷疑。受禪者害怕這些遜帝的政治號召力依然存在，或為敵對勢力所利用，或自行復辟，因此總是嚴加防備。劉裕之後，除了柴宗訓外，所有遜帝都不得善終。受禪者們始終將前朝的遜帝當作巨大的威脅，欲除之而後快。

　　漢獻帝劉協遜位後，被封為山陽公，邑一萬戶，位在諸侯王之上。劉協在封地內行漢正朔，一直到五十四歲才自然死亡。曹魏以天子之禮將他葬在禪陵。

　　山陽國由劉協的子孫繼承，從建國至滅亡共傳國八十九年。曹魏的曹奐禪位後被封為陳留王，晉朝割十縣土地、三萬戶人口建立陳留國。曹奐也是自然死亡，陳留國一直傳到南朝。他們和柴宗訓三人，是禪讓歷史上最幸福的遜帝。因為他們都得以善終了。柴宗訓是在封地裡暴病不治死去，年僅二十歲。但沒有證據證明他是被害死的。他死後，柴詠繼承了他的爵位為崇義公。靖康之難時，崇義公亡於戰亂。宋室南渡後訪求柴氏後人，找到柴叔夏，襲封義公。崇義公爵位傳至宋末。

　　其他遜帝就沒有那麼幸運了。雖然大多數遜帝在位時期就是傀儡，沒有強硬的實力和功績；雖然大多數遜帝都是未成年的孩子（因為權臣總喜歡扶持幼兒作為前朝的末代皇帝），他們並不對新朝和受禪者構成實質性的威脅。但新的皇帝總欲除之而後快。陳霸先即位後馬上就派人去殺梁和帝蕭方智。蕭方智躲避士兵的屠殺，繞床而跑。他邊跑邊哭喊：「我本不願當皇帝。陳霸先非要我即位，現在又要殺我，這是為什麼啊？」這位十六歲的遜帝最後還是被士兵們亂砍死。在蕭方智之前的宋朝劉準生前哭道：「願後身世世勿復生在帝王家！」劉準的哭泣可謂是許多遜帝的共同心聲。

　　「後人收得休歡喜，還有收人在後頭。」中國式禪讓的最後一個規律就是禪讓前仆後繼，成為政權交替的一個重要現象。西晉代曹魏，唐朝代隋朝都是發生在半個世紀內的禪讓。南北朝時期的禪讓更是頻繁得驚人。

　　司馬家族的登基之路，充滿了血雨腥風。司馬懿就是靠軍功累積政治力量的，父子三人在鎮壓揚州反抗力量的時候大行殺戮，血洗淮南。高平陵政變後司馬家族誅曹爽。凡是曹爽的黨羽都夷及三族。各家的男女不論老少都一併誅殺，姑姨姊妹等已經嫁到別家去的女子也被追究殺害。最後，司馬家族終於獲得了曹魏的天下。司馬懿的弟弟司馬孚在晉

朝建立後依然在世，成為了晉武帝司馬炎的叔祖父，被封為安平王，尊貴異常。但是司馬孚一點榮耀驕傲的感覺都沒有，反而面露憂色，總覺得司馬家的天下來之不武，國運堪憂。

晉明帝時，王導在宮中陪坐。晉明帝問王導：「本朝前世是如何得到天下的？」

王導向皇帝陳述了從司馬懿父子創業，講了高貴鄉公的事，也講了一系列的政治事件。

晉明帝聽完，以面覆床，說：「如果真像你說的那樣，晉朝的國祚還能長遠嗎！」

宋末，劉準坐在車上，被人急速帶往宮外，在驚嚇過度的情況下反而不哭了。他問逼宮的王敬則：「你們要殺我嗎？」王敬則回答說：「你不能住在宮中了，要搬到別的地方住。你家祖先取司馬家的天下的時候就是這麼做的。」王敬則的一句話，點出了中國式禪讓的第五大規律。天下沒有長存之國，禪讓得來的也一樣。

中國人之前對禪讓這一歷史事物的疏遠感可能源於禪讓離我們實在太遠了。最後一次禪讓離開我們也已經超過一千年了。

如果讀者想尋找禪位──受禪的歷史遺蹟，建議您去河南許昌臨潁縣。那裡還保留著中國僅存的受禪臺實物。

在中國古代歷史中，受禪臺出現的頻率不少。但因為遺留的遺物遺蹟很少，受禪臺充滿了神祕色彩。臨潁縣繁城鎮的受禪臺是中國現存最完整的臺址。在上面，享有天下四百年的大漢帝國落下了帷幕，而另一個新的帝國──魏，則開始了它並不太長遠的征程。

許昌受禪臺位於許昌市西南十七公里的繁城鎮。臺高二十公尺，長寬約三十公尺，是魏文帝曹丕接受漢獻帝的禪讓，初建魏國的地方。建安二十五年（西元二二〇年）冬十月，魏王曹丕在繁陽（今繁城）築靈

臺，舉行受禪大典，接受漢獻帝的禪讓。魏代漢立，改年號為黃初。（中國歷史上的魏、蜀、吳三國時代正式開始）禪讓原本是傳說中推選部落首領的制度。這種只保留在典籍中的神祕制度已經距離曹丕時代兩千年之遠了。如何「復活」禪讓制度和儀式是對曹丕的巨大考驗。曹丕和魏國的大臣們以高度的智慧，將傳說中的「禪讓」概念賦予實踐，為後世樹立了「典範」。

曹魏君臣「復活」的受禪大典的盛況，裴松之引《獻帝傳》注云：「魏王登壇受禪，公卿、列侯、諸將、匈奴單于、四夷朝者數萬人陪位，燎祭天地、五嶽、四瀆。」翻譯成白話文就是：曹丕登上受禪臺接受漢獻帝的帝位，三公九卿、侯爵貴族、各軍將領和前來朝賀的匈奴單于、周邊少數民族來賓好幾萬人見證了這一儀式。整個儀式要燃起巨火祭告天地、五嶽和四瀆。許昌受禪臺前現存的兩石碑——〈受禪表〉碑和〈公卿將軍上尊號奏〉碑雖然在風雨飄搖後面目模糊，但依然忠實地向我們後人透露當時的盛況。

風雨飄搖的東漢王朝終於在漢獻帝劉協手裡走到了盡頭。權力日益膨脹的曹魏集團，已經不再滿足於甚至僅僅在表面聽從傀儡君王劉協的號令了。經歷了太多的政治血雨腥風，眾多的文臣武將、地方豪強考慮的是如何在亂世中博取更大的利益，如何成為曹氏王朝的開國功臣了。雖然九歲就登基做皇帝的劉協並不甘心失敗，不甘心交出權利，也曾發起了一次又一次的反抗與鬥爭，但都在曹氏集團的打壓下一次又一次地變成了泡影。為此，劉協還付出了許多血的代價：他的岳父董承為了捍衛他的權利而被滅了三族，董承之女董貴妃和腹中胎兒被一併誅殺；貴為皇后的伏氏及兩個皇子連同伏氏的家族也成了曹操的刀下之鬼⋯⋯

日子在驚恐憤怒、悲涼、無助中來到了建安二十五年的冬十月。無奈的劉協，自知迴天無力，為了保全自己的性命，無奈只得把祖宗的

帝國禪讓給曹氏。在推辭了四次禪位詔書之後，魏王曹丕才裝模作樣地「無奈」接受了這一禪讓。現存的受禪臺就是漢王朝最後的重大國家工程。

不知道漢獻帝跪在地上，是以怎麼樣的心情聽著昔日的大臣宣讀如下公告：

「皇帝臣丕敢用玄牡昭告於上皇后帝：漢歷世二十有四，踐年四百二十有六，四海困窮，三綱不立，五緯錯行，靈祥並見，推術數者，慮之古道，咸以為天之曆數，運終茲世，凡諸嘉祥民神之意，比昭有漢數終之極，魏家受命之符。漢主以神器宜授於臣憲章有虞，致位於丕。丕震畏天命，雖休勿休。顒公庶尹六事之人，外及將士，洎於蠻夷君長，僉曰：『天命不可以辭拒，神器不可以久曠，顒臣不可以無主，萬幾不可以無統。』丕祗承皇象，敢不欽承。卜之守龜，兆有大橫，筮之三易，兆有革兆，謹擇元日，與顒寮登壇受帝璽綬，告類爾大神，唯爾有神，尚饗永吉，兆民之望祚於有魏世享。」

曹丕的這篇布告，主要意思是魏代漢立是上承天意，下順民心的事情，而即位是眾望所歸。這篇布告為之後受禪臺上的表演奠定了基調。禪讓後的帝王雖然做不了天子，但還是可以做新朝的臣子的。非所有帝王下了受禪臺就歸天了。曹丕對劉協就很仁慈，「奉帝為山陽公，邑一萬戶，位在諸侯王上，奏事不稱臣，受詔不拜，以天子車服郊祀天地，宗廟、祖、臘皆如漢制，都山陽（今焦作修武縣）之濁鹿城」。劉協的「四皇子封王者，皆降為列侯」。先朝皇室受到了相當不錯的待遇。以至於在宋朝以後的演義傳說中，常常有所謂的「免死金券」的說法。曹魏青龍二年（西元二三四年）三月，遜帝劉協在禪位十四年之後，終於平靜地度過了餘生，終年五十四歲。八月，曹丕以天子禮儀把劉協下葬，賜名其陵寢為「禪陵」。

　　其實在三國百年裡，受禪臺一共築了三座。除了許昌的這座，長安和洛陽各一座。長安的那座最早，在二世紀末期。當時的王允集團為了將董卓騙至長安，殺之，謊稱獻帝（劉協還真是不容易）要禪位董公，敦促其「早登大位」。修建受禪臺就是假象之一。到了預定的日子，愚蠢的董卓被輕易地騙上了「受禪臺」人頭落地。可見，這受禪臺不是輕易能上得的。

　　洛陽的這座是曹家人為司馬家修築的。曹魏末代皇帝曹奐時期，「司馬昭之心，路人皆知」。但是這位曹丕的子孫不像劉協那般合作，哭著喊著不願意「禪讓」。鬧得司馬炎大為掃興，起身下殿而去，甩甩手發火了。史載當時「奐與賈充、裴秀曰：『事將急矣，如之奈何？』充曰：『天數盡矣，陛下不可逆之，當照漢獻帝故事，重修受禪臺，具大禮，禪位與晉王：上合天心，下順人情，陛下可保無虞也。』」意思是曹奐見司馬炎生氣了，忙向兩位大臣賈充、裴秀詢問：「司馬公生氣了，我該怎麼辦？」這兩位大臣自然向他大談天道輪迴，人心趨向。曹奐沒辦法，只好令賈充築受禪臺。

　　近兩千年後，當年許昌的受禪臺已經成為了重點文物保護單位。臺已風化。臺前的〈受禪表〉和〈公卿將軍上尊號奏〉的價值明顯超越了主臺。〈公卿將軍上尊號奏〉內容為四十六位文武大臣給漢獻帝劉協上的摺子，奏請曹丕當皇帝的理由。其實是寫給曹丕的效忠信，就是演義中的「勸進書」。〈受禪表〉是曹丕受禪稱帝之後，表白自己不願當皇帝，可是天、地、人都讓他當再三辭讓而不得；才登上皇帝寶座的「苦衷」與「救民濟世」的心態。這兩塊碑文由漢末名士王朗文，梁鵠書；楷書創始者鍾繇鐫字，被後世稱為「三絕碑」。即文表絕、書法、鐫刻絕。鍾繇和梁鵠是當時的重臣和著名書法家。王朗為大學問家，對禪讓一事最為積極，魏文帝時由御史大夫遷為司空。民間傳說他積極參與了殺伏后

逼玉璽的過程。

今天，前往許昌參觀受禪臺的遊客似乎並不關注主臺，而將追求藝術的熱情傾注在「三絕碑」上，進一步掩蓋了那段塵封的歷史。來許昌受禪臺鑑賞的歷史學家、考古學家、金石學家、文學家、自然科學家以及書法家歷代都有東晉的王羲之，唐代的顏真卿、徐浩、劉禹錫，宋代的歐陽修、蘇東坡，清代的康有為等，都曾登臨觀摩。

曾有人寫詩詠嘆這座儲存相對完整的受禪臺：

獻帝稱臣輦路傍，咸熙又見拜君王。

金庸城外山河舊，受禪臺前草木黃。

魏國規模如漢代，陳留蹤跡似山陽。

一還一報皆天理，今古令人笑幾場。

後記：水到渠成的政治鬥爭史

感謝讀者購買、閱讀此書。

本選題在進行之初，我的編輯好友指出：「張程，我覺得你這個選題在歷史觀上有錯誤。」我連忙問她錯在什麼地方。她說：「中國古代史是一部血腥的歷史，禪位——受禪的過程只是其中的小支流，不能代表古代歷史的主流。」我覺得她的意見有道理。中國歷史的確充滿血雨腥風。現在圖書市場上有關古代歷史的書向我們呈現了中國古代史戰爭、陰謀和殺戮的一面。但是我覺得它們也不能代表中國古代史的全部，而只是暴露了其中的一面。中國古代歷史的另一面是平和的，雖然裡面也存在刀槍和殺戮，但那只是區域性和短期的。古代政治鬥爭在我看來，是一個水到渠成的結果。如果政治鬥爭總是在血雨腥風中度過，那就證明整個中國古代的政治系統存在問題。政治系統的穩定性不允許動亂和革命反覆出現。現在圖書市場上關注的歷史熱點大多選取的是那些動亂年代的歷史，所以才呈現出了歷史的亂面。而我就是希望透過這個選題呈現出古代歷史上水到渠成的政治鬥爭史。

我選擇的切入點就是禪讓。

多數歷史人物是從舊的政治體制中成長起來的。完全打破原來的政治系「統重新」，塑造新的政治系統的代價太大。因此歷史人物更喜歡在原來的政治系統中施展拳腳，選擇禪位——受禪來完成最高權力交接。從王莽篡漢到趙匡胤黃袍加身，禪讓貫穿了大半個中國古代史。禪讓在古代歷史上不管從理論還是實踐都非常成熟，存在超過一千年的歷史。在這其中，我們能看到許多熟悉的身影和如雷貫耳的事件。我們會聽到

魏晉南北朝時期見證好幾次受禪的一代老人的話語和歌哭。蕭道成受禪時就有老人大哭：「何期今日復見此事？」我們還會看到四七七年七月七日那個深夜在建康城內發生的離奇一幕。我們會驚訝於那座小小的受禪臺是多少人付出多年的心血和汗水，經過反覆的政治較量後才修築起來的。一座受禪臺似乎掩蓋了許多的不快和黑暗，在一片歡慶、穩定中為一樁政治鬥爭的結果蓋棺定論。這也許是中國歷史人物所追求的更好的政治結果。我們完全可以透過這一不太熟悉的歷史事物去認識另一面的中國歷史。

在寫作過程中，我盡力向讀者呈現我心目中的平和歷史。但我不是歷史科班出身，在觀點歸納、史料遴選和運用方面，總會存在這樣那樣的問題，請讀者手下留情，也歡迎讀者批評指正。在寫作過程中，我主要依據二十四史和資治通鑑的原始史料，同時也參考了一些小說和已有的論文、圖書的內容。書中的錯誤由作者承擔責任。因為篇幅和市場考慮，這本書寫的只是外禪的內容。如果有機會，我想再寫一本內禪制度下的人和事。當然，這一切都要看讀者們的反應和願望了。

最後，我要感謝魏龍老師和陳學瑞老師。沒有他們的支援鼓勵和寬容，就沒有本書的完稿。在修改過程中，陳老師提出了許多有益的意見，為本書添色不少。同時我還要感謝所有為本書的編輯、出版、印刷、發行付出心血與汗水的人們。沒有大家，就沒有這本書的最終面世。謝謝你們！

再一次地謝謝大家！

張程

一把龍椅上，禪來禪去的歷史：

司馬昭之心、趙匡胤之袍、孺子嬰之死、宇文氏之亂……為求名正言順，「篡位」也可以講成「禪位」！

作　　者：張程

發 行 人：黃振庭

出 版 者：崧燁文化事業有限公司

發 行 者：崧燁文化事業有限公司

E-mail：sonbookservice@gmail.com

粉 絲 頁：https://www.facebook.com/
　　　　　sonbookss/

網　　址：https://sonbook.net/

地　　址：台北市中正區重慶南路一段六十一
　　　　　號八樓 815 室

Rm. 815, 8F., No.61, Sec. 1, Chongqing S.
Rd., Zhongzheng Dist., Taipei City 100,
Taiwan

電　　話：(02)2370-3310

傳　　真：(02)2388-1990

印　　刷：京峯數位服務有限公司

律師顧問：廣華律師事務所 張珮琦律師

定　　價：350 元

發行日期：2024 年 01 月第一版

◎本書以 POD 印製

國家圖書館出版品預行編目資料

一把龍椅上，禪來禪去的歷史：司
馬昭之心、趙匡胤之袍、孺子嬰之
死、宇文氏之亂……為求名正言
順，「篡位」也可以講成「禪位」！
/ 張程 著 . -- 第一版 . -- 臺北市：崧
燁文化事業有限公司 , 2024.01
面；　公分
POD 版
ISBN 978-626-357-871-5(平裝)
1.CST: 皇帝制度 2.CST: 中國史
573.511 112020284

電子書購買

臉書

爽讀 APP